股权激励法律实务

LEGAL
PRACTICE
OF
EQUITY
INCENTIVE

朱崇坤
谢心乐
/ 著

中国法制出版社
CHINA LEGAL PUBLISHING HOUSE

目录

第二章 股权激励的工具

第三章 股权激励计划的制定

第四章　股权激励的经典模型

第五章 非上市公司股权激励

第六章　上市公司股权激励

第七章　国有控股上市公司股权激励

第八章 高新技术企业股权激励

引言

世界顶级的会计师事务所——普华永道，自2008年起至2015年，在中国陆续开展了五次企业长期激励调研，据调研报告分享的数据，中国中小企业的平均寿命仅为2.5年，集团企业的平均寿命仅为7—8年，远远低于美国和日本中小企业的平均寿命，美国中小企业为8.2年、大企业为40年，日本中小企业为12.5年、大企业为58年。更有报道称，中国创业企业的失败率高达80%，大学生创业失败率甚至达到了95%，很多企业都在重复“一年发家、二年发财、三年倒闭”的道路。

造成这一现象的原因当然是多方面的，然而正如普华永道公布的调研报告中所总结的一样，中国企业“生于机会、死于变化”的内部根源还是在于缺乏一支能引领企业永续前进、随环境的变化而变化的核心人才队伍。

企业成立之初，创业者往往怀抱梦想并拥有优质的商业模式，能够迅速地招揽一批骁勇善战的员工，取得令人瞩目的“战绩”。企业的高速发展带来了规模的不断扩张，组织结构迅速膨胀，此时创业者很容易陷入是否放权的两难境地。不敢放权，自己忙得焦头烂额，企业效率日渐低下，曾经一起辛苦创业的员工没有施展的空间，逐渐离开并自己“另立山头”，企业沦为竞争对手的“黄埔军校”；敢于放权，在缺乏激励和约束管理机制的情况下，老板和经理人信息不对称，难免发生经理人不作为、欺骗老板、假公济私的现象。

为了解决这两大难题，避免企业陷入短寿的死胡同，越来越多的创业者、企业家选择用股权激励的方式，力图实现激励对象与企业的利益捆绑、留住人才的同时保障企业的运营的效率与业绩。近年来，我国实施股权激励的企业正呈几何式增长，数百家上市公司和成千上万家非上市公司都相继推行了股权激励机制。

股权激励的财富效应使越来越多的企业热情高涨，一旦企业找到适合的股权激励方案并加以实施，必然上下同欲、人聚财聚、多方共赢，然而股权激励并非“照单开方”，对谁实施股权激励、何时进行股权激励、如何实施股权激励等都有复杂的考量方法和系统的机制。

一些企业出于提升凝聚力、把蛋糕做大的初衷，满怀热情地实施了股权激励计划，结果却不尽如人意、事与愿违。

九阳股份是一家典型的民营上市公司，作为民营企业，资源和地位处于相对劣势，同时面对家电巨头抢占市场份额和团队成员被“觊觎”的严峻形势，九阳股份迫切地希望通过长期的股权激励计划吸引、留住人才，促进企业长足健康的发展。2011 年 2 月，九阳股份发布“2011 年限制性股票激励计划（草案）”，拟采用定向增发的方式向 246 名激励对象授予 426 万股的限制性股票。计划草案发布后，引发了激烈的讨论，其行权条件和行权价格受到了严重质疑，投资者指责该计划“违背股权激励应有本意”、“涉嫌大股东向激励对象输送利益”。九阳的股价因此受到严重的影响。

6 个月之后，面临完全出乎意料的负面局势，九阳股份发布“关于撤销公司 2011 年限制性股票激励计划（草案）的公告”，称“由于内外部环境发生重大变化，激励目标难以实现”，最终放弃了该次股权激励。就在公告当日，九阳股价再次大跌。

2006 年 4 月，伊利股份拟推出股权激励计划，对以新任高管层为主的员工实施股权激励，以期在竞争对手的有力进攻和行业平均利润率趋薄的形势之下，激发新任高管层全力以赴，提升竞争力，然而在董事会提出激励计划草案后，其条款因多处不合理被证监会要求修改。几经调整，直到当年 11 月才获得最终审核通过。2007 年，伊利股份修改股权激励计划中业绩考核计算口径，被质疑为降低行权条件。2008 年 1 月 31 日，伊利股份发布预亏公告，称公司 2007 年度净利润将出现亏损，但实际上伊利股份 2007 年前三季度已经实现了 3.3 亿元的净利润，其亏损像是发生在一夜之间。

直到在 2008 年 3 月 11 日公布的年报中，伊利股份才为公众揭示了亏损的真相，其大幅度计提 5.54 亿股权激励费用导致 2007 年亏损 1.15 亿元。公告当日，伊利股票就放量跌停，投资者损失惨重。与伊利的亏损截然相反，其高管层却通过股权激励获得了高达 5.7 亿元的股票期权收益，市场普遍质疑伊利股份的股权激励计划存在高管为自身谋福利的嫌疑。

九阳股份和伊利股份遭遇的情况并非个例，一些企业实施了股权激励，却未谨慎确定激励对象，或者将行权条件制定过低，导致人心更加涣散，员工的收益越来越高，斗志却越来越低；一些企业对风险考虑不足，或者将业绩指标制定过高，激励对象行权困难最终导致股权激励形同“鸡肋”。

越来越多的实践表明，股权激励是一把双刃剑，适合的方案为激励对象和企业带来共赢，可激励不当无异于自伤筋骨，人散财散。因此，企业一旦决定采用股权激励的方案，为避免落入短视、无统筹规划、无配套考核机制、不当分配等陷阱，必须因地制宜、量体裁衣。

那么，企业如何制定一套适合自己的、有效的股权激励方案？企业发展到什么程度才适宜推出股权激励计划？应当拿出多少股份用来激励员工？用于股权激励的股权从何而来？如何确定股权激励对象？在诸多的股权激励工具中应当如何选择？如何确定股权激励的行权价格？如何制定切实有效的股权激励管理、考核和应变机制？

本书结合股权激励的理论与实践案例，从思维和理论层面入手，在深刻揭示股权与股权激励法律性质和作用的前提下，剖析各类股权激励工具的功能与适用，详细地介绍实践中股权激励计划制定的方式和法律程序；结合我国目前股权激励实践的经验和教训，为广大企业家们介绍可参考的经典模型，为不同类型、不同发展阶段的企业在实施股权激励的具体过程中遭遇的特殊难题提供可参考的解决方案。本书还从非上市公司、上市公司、国有控股上市公司和高新技术企业四个特殊企业类型的角度，分析了目前实施股权激励的现状、特殊性、模式及范例。

希望本书能够帮助中国的创业者和企业家领略股权激励的魅力，触碰其精髓，并为有效解决当前中国企业股权激励实施过程中的普遍性难题提供参考和解决方案。期盼越来越多的优秀企业能够通过适合的股权激励方案创造价值，跻身世界知名企业的行列！

第一章 股权与股权激励概述

不管多么伟大的企业，都务必仰赖员工各自贡献才能和力量，才能创造出辉煌的成果。

——华特·克莱斯勒

（克莱斯勒汽车公司创办人）

第一节　股权概述

股权产生于投资人的所有权和其他财产权向股权和法人所有权转化的过程。投资人将财产交付公司后，公司享有独立的法人财产权，而投资人则因转让财产成为股东，依法获得股权。

在现代公司治理模式中，直接出资的股东并不必然直接参与公司经营，公司经营采用董事会中心主义，以保障决策的科学高效、应付瞬息万变的市场，但股东与董事、经理等经营者毕竟是各自独立的利益主体，当信息不对称、监督困难时，很容易出现经理人因一己私利作出假公济私、损害股东利益的行为。为了防患于未然，股东通过行使股权建立股东大会制度、董事会制度、信息披露制度、公司控制权市场竞争机制解决信息不对称和监督困难的问题，以期实现有效率的监督和管控；同时为了解决利益不一致的问题，股东们通过实施长期激励特别是股权激励制度，实现经理人与股东的利益捆绑，彻底理顺股东与经理人的关系。

然而，无论是约束制度还是激励措施，股东维护自身利益的一切方式都来源于其对公司享有的股权。在研究公司治理和股权激励时，首先理清什么是股权、股权包含哪些内容至关重要。

一、股权的内涵

对于股权内涵的表述，理论界众说纷纭，主要的观点有“股权所有权说”“股权债权说”“股权社员权说”以及“股权独立权说”，还有少数学者持“股权股东地位说”“股权综合权利说”“经济发展权说”等。在历经数个回合的学术论辩之后，以江平教授为代表的大部分学者主张的“股权独立民事权利说”渐渐成为通说。除“股权独立民事权利说”之外的学说，虽然都承认公司法人的财产所有权，有一定的合理性，但却存在不能自圆其说的理论缺陷，也不能概括股权的所有属性和特征，只有“股权独立民事权利说”最符合股权的本质。

首先，股权已不是所有权。尽管股权由所有权演变而来，但从权利的功能而言，二者截然不同。所有权人对物的直接支配和任意处置的权利在股权中已荡然无存，股东不能直接支配公司财产，只能通过行使股权间接地作用于公司的财产。股东是以放弃对实物性财产的所有权来取得股权的，而股权只是财产化了的权利，其客体已非实物性财产。

其次，股权也不是债权。股权产生于章程行为，二者产生的来源不同，权利的内容、时效性、消灭方式、清偿顺序等也不相同。将股权定性为债权无法包含股权中的表决权、经营管理参与权、选举权与被选举权等共益权，更无法解决请求权权利人——股东参与公司决策和享有剩余财产分配的理论依据问题。

再次，“股权社员权说”虽然避开了股权与公司财产权的冲突，考虑到股权的独立性，但该观点无法解释股权可转让、可继承的权利属性，股权与社员权在资格取得、核心权利内容、财产清算规则中也有诸多差异。在我国现有法律中并无社员权的规定，而社员权的性质本身也存在较大的学术争议，用本身内容和性质都不确定的社员权定义股权无法真正说明股权的内涵。

最后，“股权股东地位说”“股权综合权利说”“经济发展权说”都从不同角度肯定了股东的特殊地位、股权的特殊性和内容的综合性，但实际效果是回避了股权的法律性质，也不能完全揭示股权的本质。

股权具有综合性的特征，既有股息红利请求权等财产性权利，又具有选举权、表决权等人身性权利内容，股东享有股权仰赖于公司的合法成立和运营。尽管股权具有财产权利属性，但股东行使股权却不能直接作用于公司的具体财产，只能通过股东大会上表决权、选举权与被选举权等权利内容的行使才能将自身意志间接作用于公司财产。

“股权既不是所有权，也不是债权，不能在传统民法的物权和债权中寻求股权的归属，股权实质上是与所有权和债权并列的一种权利。”[①] 正是股东所有权向股权的转化，才形成了公司法人所有权，而只有股权独立化，才能产生公司所有权，公司所有权的产生必然要求股权同时独立化。

综上所述，我们可以将股权的内涵理解为：股东因向公司出资获得股东身份和地位，依照公司法以及公司章程的规定而享有的独立民事权利。

二、股权的外延

股权的外延，即股权的内容。各国公司法立法一般均未明确列举股东的全部权利，而是概括性地赋予股东核心权利，并赋予股东们章定股权内容的权利，即通过合法程序订立公司章程约定股东的权利义务。因此，股权是任何类型的公司股东都普遍享有的权利，但不同类型公司的股东或同一公司的不同类型股东，或同一类型的不同公司的股东，其股权的外延及表现形式都会有所差异。

我国《公司法》第 4 条对股权的外延作出了概括性的规定，即“公司股东依法享有资产收益、参与重大决策和选择管理者等权利。”根据该条和散见于其他各章节中关于股权的规定，我国《公司法》赋予股权的内容，即股权的外延主要包括从公司获取经济利益的权利、股东参与公司经营管理的权利和寻求权利救济的权利三方面内容。

（一）从公司获取经济利益的权利

1. 股利分配请求权

股利分配请求权即股东按照出资或股份比例请求分配股利的权利，它是股权的核心内容，各国立法实践都对股利的分配有比较严格的限制。我国《公司法》第 166 条规定，“公司弥补亏损和提取公积金后所余税后利润，有限责

---

① 石少侠：“股权问题研析”，载《吉林大学社会科学学报》，1994 年 04 期。

任公司依照本法第 34 条的规定分配；股份有限公司按照股东持有的股份比例分配，但股份有限公司章程规定不按持股比例分配的除外。股东会、股东大会或者董事会违反前款规定，在公司弥补亏损和提取法定公积金之前向股东分配利润的，股东必须将违反规定分配的利润退还公司。公司持有的本公司股份不得分配利润。”

2. 依法转让出资或股份及优先购买的权利

为维护资本充实的原则，各国立法普遍禁止股东抽逃出资，但同时赋予其根据公司法和公司章程享有转让其出资或股份的权利，以转移投资风险以及收回本金。由于股份公司为资合性公司、有限责任公司兼具人合资合双重性质，各国公司法立法对于股份有限公司和有限责任公司转让出资或股份分别予以规制。

对于有限责任公司股权转让，我国《公司法》将股东之间互相转让和向股东以外的人转让分别加以规定。根据第 71 条的规定，股东互相之间的股权转让不受限制，但向股东以外的人转让需经其他股东过半数同意，其他股东在同等条件下享有优先购买权。

股份有限公司股份的转让一般不需要其他股东的同意，但我国《公司法》对股份转让的方式，以及发起人、“董监高”等特殊人员转让股份进行了限制。例如第 141 条规定：“发起人持有的本公司股份，自公司成立之日起一年内不得转让。”

3. 公司新增资本或发行新股时的优先认购权

我国《公司法》赋予有限责任公司和股份有限公司的股东在公司新增资本或发行新股时享有优先认购权。根据第 34 条和第 133 条的规定，有限责任公司的股东除全体股东另有约定外，在公司新增资本时有权优先按照实缴出资比例认缴出资，而股份有限公司发行新股时，股东大会应当对向原有股东发行新股的种类及数额作出决议，这实际也为股份有限公司股东优先认购新股留足了空间。

4. 剩余财产分配请求权

根据各国公司法立法实践，一般情况下，股东在公司清算时，就公司剩余财产享有请求分配的权利。我国《公司法》第186条也赋予了股东这一权利，但股东可以请求分配的剩余财产应当是分别支付清算费用、职工的工资、社会保险费用和法定补偿金，缴纳所欠税款，清偿公司债务后所剩余的财产。

（二）股东参与公司经营管理的权利

1. 出席或委托代理人出席股东（大）会及表决的权利

股东表决权是股东的固有权利，是股权的基础与核心。股东对公司享有财产性权利，但其获取利润和分配剩余财产都不具有优先性，且不确定。相对而言，债权人享有要求公司到期还本付息的权利、职工有要求公司按期支付报酬的权利，都具有优先性和确定性。因此，股东是企业风险的最后承担者。然而作为企业风险的最后承担者，股东却不直接参与经营，只能通过表决权的行使才能将其意志转化为法律上的意思表示，众多股东行使表决权通过资本多数决的方式将大部分或全体股东的意志上升为公司的意思表示和治理规则，对公司的治理和经营产生约束力。

股东表决权可以亲自行使，也可以委托他人代理行使。若股东是法人，则只能委托自然人代理行使表决权。

鉴于资本多数决原则，各国公司法一般都会适用“一股一权”原则，即股份有限公司的股东所持的每一股份都只能对应享有一个表决权，有限责任公司股东按照出资比例行使表决权。这也是我国《公司法》规定的基本原则。但鉴于有限责任公司仍然保留的较强的人合性特征，《公司法》第42条赋予了有限责任公司股东可在其章程中对股东行使表决权的比例作出例外规定的权利；同时，为了保护股份有限公司中小股东的利益，还在《公司法》第105条中规定了股东大会选举董事、监事时的累积投票制度，使每一股份拥有与应选董事或者监事人数相同的表决权，且股东拥有的表决权可以集中使用。

2. 选举权与被选举权

选举权与被选举权是股东通过股东（大）会参与公司治理的一项重大权利，股东通过选举或更换董事、监事达到间接控制公司的目的。根据我国《公司法》第 37 条、第 99 条、第 105 条等相关条款的规定，股东有权通过股东（大）会选举他人成为公司的董事或监事，也有权在符合任职资格的前提下被选举成为董事或者监事。

3. 知情权与查阅权

股东参与公司重大事项的决策，必须以了解公司经营状况等必要信息为前提，因此，在公司法的立法实践中，股东普遍被赋予了知情权和查阅权，以便通过合法的途径随时全面掌握公司的经营状况。我国《公司法》在第 33 条和第 97 条分别赋予了有限责任公司和股份有限公司股东查阅公司章程、股东（大）会会议记录、董事会会议决议、监事会会议决议、财务会计报告等与公司经营密切相关资料的权利。

4. 建议权与质询权

由于有限责任公司和股份有限公司的所有权和经营权都有不同程度的分离，许多股东不直接经营公司，因此，股东普遍通过建议权与质询权间接地参与和监督公司的经营，他们有权就其认为有利于公司的经营措施和决策提出建议，也有权在认为公司经营不善时，通过口头或书面的方式对经营管理层提出质询，并要求他们解答。建议权与质询权往往相伴而生，股东可以通过行使质询权而将其建议融入其中。我国《公司法》第 150 条规定："股东会或者股东大会要求董事、监事、高级管理人员列席会议的，董事、监事、高级管理人员应当列席并接受股东的质询。"

5. 提议召开临时股东（大）会的权利

股东（大）会依其性质不需要经常性地召开会议，但在一个公司的经营过程中，有时会出现临时的重大状况而需要通过股东大会决议，此时一般赋予股东提议召开临时会议的权利。根据我国《公司法》第 39 条和第 100 条的规定，有限责任公司代表十分之一以上表决权的股东提议召开临时会议的，应当召开临时会议；股份有限公司单独或者合计持有公司百分之十以上股份的股东请求时，应当在两个月内召开临时股东大会。

6. 股东（大）会的召集和主持权

通常情况下，有限责任公司和股份有限公司的股东（大）会由董事会召集、董事长主持，董事会不履行该职责时由监事会召集和主持，但特殊情况下董事会和监事会都怠于履行职权时，股东（大）会不及时召开将影响股东行使股权，此时赋予股东召集和主持股东（大）会的权利能及时有效地保护股东利益。我国《公司法》第 40 条和第 101 条分别规定，有限责任公司代表十分之一以上表决权的股东，股份有限公司连续九十日以上单独或者合计持有公司百分之十以上股份的股东，可以自行召集和主持股东大会。

7. 临时提案权

区别于有限责任公司常常大部分股东也担任管理者参与经营的情况，股份有限公司的股东一般情况下只能通过股东大会参与表决，特殊情况下行使建议权和质询权影响经营决策，局限于只对董事会的提案表示赞成或反对，大部分股东特别是小股东的地位就会显得十分被动。为了有力保障股东，特别是小股东的权益，大部分国家的公司法都会赋予股份有限公司的股东提案权。我国《公司法》对股东提案权的保护体现在第 102 条，即“单独或者合计持有公司百分之三以上股份的股东，可以在股东大会召开十日前提出临时提案并书面提交董事会；董事会应当在收到提案后二日内通知其他股东，并将该临时提案提交股东大会审议。临时提案的内容应当属于股东大会职权范围，并有明确议题和具体决议事项。”

（三）寻求权利救济的权利

1. 异议股东股份收购请求权

股东参与公司的经营，只有当形成资本多数决得到大部分股东支持时，股东的意志才能真正得到贯彻，但许多股东并非公司的直接经营者，非控股股东也并不能直接控制股东（大）会。在股东（大）会作出影响其利害关系的实质决定时，持异议的股东将很容易陷入被动。为了保护这部分中小股东的权益、平衡各方利益，公司法制定了股东在这种情况下的退出机制，即要求公司以公平的价格收购他们手中的股份，从而退出公司的权利。

我国《公司法》对于有限责任公司和股份有限公司股东股份收购请求权的规定情形略有差异。根据第 74 条的规定，有限责任公司股东在三种情况下可以行使这一权利：公司连续五年不向股东分配利润，而公司该五年连续盈利，并且符合本法规定的分配利润条件的；公司合并、分立、转让主要财产的；公司章程规定的营业期限届满或者章程规定的其他解散事由出现，股东会会议通过决议修改章程使公司存续的；而第 142 条规定股份有限公司的股东在对股东大会作出的公司合并、分立决议持异议时才能行使股份收购请求权。

2. 强制解散公司请求权

特殊情况之下，当公司经营管理发生严重困难，继续存续股东利益将受到重大损害，通过别的途径不能解决，此时股东可以行使我国《公司法》第 182 条规定的强制解散公司请求权，即持有公司全部股东表决权百分之十以上的股东，可以请求人民法院解散公司。

3. 股东诉权

我国《公司法》规定股东通过诉讼维权主要有两种情形，一种是直接诉讼，即股东为自身利益、以自己名义对公司或其他侵权人提起诉讼；另一种是股东代表诉讼，即股东为保护公司利益，代表公司以股东自己的名义提起诉讼。直接诉讼规定于第 152 条，“董事、高级管理人员违反法律、行政法规或者公司章程的规定，损害股东利益的，股东可以向人民法院提起诉讼。”股东代表诉讼规定于第 151 条，即股东对损害公司利益的董事、监事、高级管理人员和第三人在书面请求监事会、董事会起诉被拒后，或者情况紧急、不立即提起诉讼将会使公司利益受到难以弥补的损害时，有限责任公司的股东、股份有限公司连续一百八十日以上单独或者合计持有公司百分之一以上股份的股东有权为了公司的利益以自己的名义直接向人民法院提起诉讼。

股权激励通过让经营管理层获得公司股权，让其能以股东的身份参与企业决策、分享利润和承担风险，从而实现公司股东和经营管理层的利益捆绑。因此，股权的激励作用和价值只有通过股权内容的实现才能得以实现。不同的股权激励工具在法律规定允许的框架之内，选择不同的股权内容重新排列组合，从而在保障股权激励性的同时，实现一定程度的约束性和长期性目标。例如，限制性股票一般约定授予激励对象不得随意处置股票，只有在完成特定业绩目标或在规定服务期限届满后才能出售，本质是限制了股东转让股份的权利，能够很好地激励经营管理层将更多时间和精力投入长期的战略目标，或者实现老员工的安全退出。

第二节　公司治理风险与股东权益保护

董事会制度、独立董事制度、监事会制度、信息披露制度、独立的外部审计制度、股权激励制度是公司治理其“形”，是公司治理得以实现的制度保障，但这些制度并非公司治理的本质，公司治理其“神”在于通过管理企业内部各种关系，实现妥善的权力安排。这可以科学地解释为什么建立了上述制度的公司仍然难以有效解决股东或其他利益相关者权利被侵害等各种问题。

一、公司治理的三种风险

“公司治理主要涉及三种人之间的游戏：企业家、职业经理人和资本家（在我国为资本出资者，即投资人等）。”[①] 大部分企业家也是公司的创始人，在创业之初，他们或其家族拥有公司的全部股权和绝对的经营权，在绝对的控制之下，上传下达顺畅，公司很难产生治理问题。随着企业发展，公司规模

① 马永斌著:《公司治理之道：控制权争夺与股权激励》，清华大学出版社 2013 年版，第 2 页。

不断扩张，员工数量攀升，组织结构膨胀，企业家原本的投资也不足以支撑更大的发展战略。为了解决这一系列问题，企业家需要聘请职业经理人管理公司，同时采用股权融资吸引新的投资进入。

公司的根本目的即是盈利，企业家、职业经理人和资本家本着不同的想法判断、通过不同的形式加入公司结构之中，最终目的都是为了盈利，但立场不同，利益诉求就会产生差异，每个人都希望自己的利益最大化，基于利益争夺而产生的公司治理风险就很难避免。

具体而言，公司治理的本质是管理企业内部各种关系，解决权力安排不合理而面临的三大风险：股东之间相互权利侵害的风险（主要指企业家、资本家和其他股东之间的利益争夺与侵害），职业经理人侵害股东权益的风险以及公司的实际控制人侵害利益相关者权益的风险（包括侵害企业员工、消费者、债权人、上下游原材料供应商与销售商、国家工商与税务机关利益等）。

在许多结构完善的上市公司中，公司治理的三种风险往往是相伴而生，同时交互存在的，其公司治理问题十分复杂，控股股东、权力巨大的职业经理人都可能通过关联交易、金融运作、资产置换、内幕交易、秘密收购、短期行为等诸多层出不穷的手段攫取公司、股东或者利益相关者的利益。

但从我国目前的国情来看，大部分公司都未上市，公司结构并不十分复杂，许多民营企业都只有一个老板，在公司治理的三大风险中最突出、最受关注的即是职业经理人侵害股东权益的风险。本书正是立足于我国企业发展的这一现状，帮助企业防范和解决这一突出的公司治理风险，提出现实可行的解决之道。

二、经理人侵犯股东权益风险的典型形式

经理人侵犯股东权益指公司职业经理人利用职务之便，在决策上对自身利益的考虑高于股东利益，或者故意利用手中权力谋取私利。在性质上，后者比前者更为严重，甚至构成犯罪。实践中，职业经理人侵犯股东权益主要有四种

典型的形式：不合理的在职消费、贪污腐败拿回扣、不作为和短期行为。

不合理的在职消费是最轻微也是最普遍的一种经理人侵犯股东权益的行为，常见的如公款吃喝、公款境内外消费、不合理报销等，不合理在职消费更进一步，就可能演变成贪污腐败拿回扣、触犯刑法。

除此之外，常见的经理人侵犯股东权益的情况还表现为经理人的不作为。在对利益的追求上，股东作为企业风险的最终承担者，力图以最少的资本投入获取最大的经济利益；而经理人并未在公司投入资产，以最小的努力、承担最小的风险，换取报酬的最大化对于他们而言更有吸引力。优秀的经理人有能力识别企业发展过程中面临的各种风险，甚至利用各种高风险的机会帮助企业发展盈利，但残酷的是，一旦失败，就很可能面临被扫地出门的窘境。因此，为了稳定的职业和回报，经理人在面临风险决策时很有可能采取回避和放弃的态度，最终使企业错失风险收益和发展壮大的契机。

短期行为是最隐蔽也是最难以防范的经理人侵犯股东权益的行为，之所以称之为短期行为的原因在于，经理人采取的行为往往短期内难以发觉甚至还会提升业绩，但对于企业的长期发展不利甚至是有害。其产生的原因常常与经理人有限的任期有关，以牺牲长远利益的方式换取短期业绩的繁荣，令股东难以察觉，防不胜防。常见的经理人短期行为包括：削减研发经费、广告费、维修费，在财务上利用会计估计和会计方法"巧妙"做账，不注重整体企业文化和企业未来人才的培养，用金融灵活操作把未来收益做到现期、做高当期账面利润，放弃并购、资产重组、长期投资等不利短期财务状况却有利长远发展的计划决策，等等。

案例 1.1

特别敏感职业经理人的短视问题

联想集团成立于 1984 年，从 1996 年开始，联想电脑销量一直位居中国国内市场首位，企业一路发展壮大并走向国际化。2004 年，联想集团收购IBM全球PC业务，这一被称为蛇吞象的壮举，使联想一跃跻身世界舞台，迅速成为世界500强。

2008年，受世界金融危机的影响，联想主营业务出现持续性业绩下滑，全年亏损2.26亿美元，创造了联想成立25年来最大的一次亏损记录。为了应对这一劣势，联想在短短几个月内掀起了数轮调整，从全球裁员、调整经营思路、组织架构大调整，到创始人柳传志复出重新担任董事局主席，联想通过大刀阔斧的改革，终于在柳传志的带领下止住了下滑势头，扭亏为盈，还将市场份额创出新高。

惊险渡过金融危机之后，柳传志在参加各类经济论坛和接受采访时多次透露，导致2008年联想陷入低谷的一个重要原因就是职业经理人的短期行为。当时联想的CEO是2005年被重金聘请的前戴尔全球副总裁阿梅里奥，柳传志认为，“阿梅里奥是一个典型的职业经理人，工作积极，但确实属短期行为，他本身在中国公司做5年就走，因此在一些必要的中长期的目标中要做的事情不做。”①

在柳传志看来，阿梅里奥被聘请于联想收购IBM全球PC业务后，且任期较短，为了个人名誉的提升，过分注重利润与股价的提升，反而故意对联想以后的发展投资摁住不动。经过此次危机之后，他对职业经理人的短期行为特别“敏感”，原因“一是PC行业不同于别的行业，如果没有正确的战略规划，企业就可能随时猝死，国际PC行业的发展进程已经证明了这一点。第二，我当时是非独立董事，看到公司的问题，自己心里有数却干着急。后来经济危机来了，再不换人企业就完了，所以就出手了。”②

① 引自“柳传志：前CEO工作积极但做事是短期行为”，TechWeb网站，http://people.techweb.com.cn/2010-02-27/545786.shtml，最后访问时间为2016年6月21日。

② 引自“柳传志：我特别敏感职业经理人的短视问题”，新浪科技网转载自中国经营报，http://tech.sina.com.cn/it/2010-04-25/11104106874.shtml，最后访问时间为2018年6月21日。

现实中由于每个公司的所处行业、股权结构、经营状况、经理人背景的差异，经理人侵犯股东权益的行为表现出复杂而各异的形态，也往往与公司治理中的其他问题同时交互存在，具有极强的隐蔽性，且取证困难，容易产生较大的争议。当股东们发现经理人存在侵犯其权益的行为，甚至仅仅是有侵犯其权益的重大嫌疑时，他们往往采用“用手投票”和“用脚投票”的方式，换掉职业经理人或者转卖掉其拥有股权以维护自身利益。

三、保护股东权益的公司治理制度设计原则

设计保护股东权益的公司治理制度，本质在于规避公司治理的三大风险，解决相关问题。防范股东之间相互权利侵害的风险，主要通过股权结构设计、控制权争夺、公司章程制定等制度实现；防范职业经理人侵害股东权益的风险，主要通过董事会制度、信息披露制度、股权激励制度等实现；防范公司实际控制人侵害利益相关者权益的风险，主要通过债权人保护的相关制度实现。

在我国企业的现阶段实践中，公司治理制度大多是从西方简单移植过来，却并未融会贯通，使用起来的效果大打折扣。事实上，并非西方实践中受欢迎的治理制度就适合我国所有企业，也并非传统的方式就应悉数抛弃。公司治理制度的设计本意是为了在保护股东利益的同时，保障企业健康有序发展。因此，无论如何选择，都应该立足企业发展现状，回归企业本身。在具体操作中，设计公司治理制度、保护股东权益应当遵守以下原则：

（一）兼顾成本与收益，便于掌控

公司治理包含多种制度，但并非所有制度都需要同时运用到一个公司之中。即便是同一个企业，其不同发展阶段基于不同的诉求可能会需要选择不同的公司治理制度。例如，大量引进外部资本后可能需要发挥股东大会制度和董事会制度的作用配置公司各部门权力；为了调动职业经理人积极性会用

到股权激励制度；上市后需要建立独立的外部审计制度、信息披露制度等。

对于每一个企业，都没有一种公司治理制度是最好的，也没有一种公司治理模式是放之四海而皆准，可以照搬照抄的。不同公司必须考虑到其实际所处的国家、行业、自身发展和现有实力，不落窠臼、尽可能地设计出成本最低、可创造的收益最好并且便于掌控的治理制度。

例如，在我国广泛的民营企业实践中有一种使用很广的“人盯人”公司治理模式，这类企业规模较大，但并未达到上市公司的规模程度，大股东出任公司董事长或者执行董事，外聘职业经理人担任总经理的职务。董事长可能鉴于自身能力有限，并不参与实际的经营，但每天保持与总经理同时上班下班，便于时刻监督总经理的一举一动。

对于有些企业而言，这种“人盯人”的模式是极度地浪费时间和精力；但对于我国许多地方民营企业来说，股东会、董事会、股权激励等制度对于老板而言实在是深奥难懂，学习成本较大，且难以把控，“人盯人”的模式反而是成本低廉、便于创造效益且容易掌控的。

（二）利用人性，打造利益共同体

公司治理风险根源于公司内部各个人物之间的利益冲突，公司治理制度是为了避免和融合这种冲突而设计的，制度的本质是对人的规范，其前提就应该是正确认识并利用人性。

人性并非绝对的善，也非绝对的恶。人性是混杂的，体现在公司治理之中的表现之一即是经理人既有诚实、勤奋的一面，也有虚假、贪婪、懒惰的一面，既有可能本着忠实义务把握机会和平台取得成绩、作出贡献，也有可能安于现状、懈怠逃避、以权谋私。

公司治理的制度设计必须根据人性混杂这一前提来进行，确保激励与约束相统一，扬善抑恶，打造利益共同体。利用经理人“善”的一面，采用精神和物质的激励手段，激发其主动地、积极地为企业作贡献；对于“恶”的一面，建立有效的监督、约束和惩罚机制。激励机制和约束机制单独使用不能取得良好的效果，但缺乏激励的约束和缺乏约束的激励都可能走入极端，催生经理人损害股东利益的行为，二者兼用才能真正地打造利益共同体，实现共赢。

（三）注重程序主义与权力制衡

如果说股东会制度、董事会制度、公司章程制定、信息披露制度和股权激励制度等是中国公司借鉴西方公司治理制度的“形”，那么其中的核心原则和精神就是程序主义与权力制衡。公司治理在选择上述制度时，必须把握好其核心原则才能融会贯通，做出正确的选择。

在公司治理制度设计中坚持程序主义，强调预先用合同或者法律规定的其他书面形式将企业家、经理人和投资人之间的关系固化下来，并严格按照合同约定执行。例如，股权激励计划的施行就要求激励对象与公司签订完备的合同，明确各方权利义务、考核与变动机制，同时公司需要配套通过股权激励相关考核办法，对股权激励合同中的考核内容进行更详细地规定。

权力制衡原则要求在公司治理制度的设计中明确企业家、经理人和投资人的权力分配与监督制衡，避免出现任意一方侵害其他方利益的行为，通过每一方一定程度合理利益的牺牲实现各方利益的最大化，从而实现公司利益的最大化。

第三节　股权激励的相关理论

近几十年，国内外学者对股权激励进行了大量的研究，呈现出丰富的研究和著述成果以及许多有代表性的理论。这些理论对于理解股权激励的实质，帮助企业家正确选用和设计股权激励方案都有积极的作用。

一、委托代理理论与公司治理

股权激励的根本制度价值在于解决公司治理中经理人侵犯股东权益的风险与问题，通过激励实现利益的共享与捆绑。股权激励是作为一种公司治理制度而提出的，因此，委托代理理论与公司治理是股权激励最主要的理论基础。

委托代理理论的代表人物是经济学家米歇尔·詹森和威廉姆·麦克林，他们在1976年发表的《企业理论：管理行为、代理成本及其所有权结构》一书中首次提出了委托代理理论。

这一理论认为，现代企业具有经营权与所有权彼此分离的特征，所有者委托职业经理人从事经营管理活动，所有者作为委托人，职业经理人作为代理人，二者之间形成委托代理关系。委托代理关系必然产生代理成本问题，该理论认为，代理成本包括：①委托人的监督成本，即委托人行使监督权力，建立和执行针对职业经理人监督制度的成本；②担保成本，指代理人用来保证其不采取损害委托人的行为所付出的费用以及采取该行为的赔偿；③剩余损失，即委托人因代理人代行决策而产生的一种价值损失。对于委托人而言，如何约束代理人的不当行为，最大限度地减少代理成本，将委托人利益予以最大限度的保障即是公司治理中的核心问题之一。

代理成本的支付方式有多种，包括现金激励、培训机会、带薪度假等，股权激励是代理成本的支付方式之一。委托代理理论认为，要降低代理人侵害股东权益的风险，对代理人实行长期激励特别是股权激励非常重要。委托人在确定股权激励之前，通多对企业和激励对象的考察评估，结合市场现状选择最佳的激励方案，力图将代理成本降到最低。“美国哈佛大学经济学教授奥德雷通过实证分析证明，当经理人拥有公司股权比重在5%—20%时，公司的盈利能力最强。过少的持股比例导致激励不足，过多的持股比例会削弱股东的利益和股东对经理人员监督任免的控制权。”①

① 胡八一编著：《股权激励9D模型之非上市公司股权激励》，企业管理出版社2010年版，第6页。

二、交易费用理论

交易费用理论是整个现代产权理论大厦的基础，其杰出代表人物是经济学家罗纳德·科斯，后经威廉姆森和库特等经济学家予以批判性地继承和发展。

1937年，科斯在伦敦经济学院学报发表《企业的性质》一文，首次使用了“交易费用”这一术语。在该文中，科斯创造性地认为：在没有企业存在的情况下，每一个物品所有者都直接参加市场交易，造成市场交易者数量巨大，交易摩擦激烈，解决摩擦的费用十分高昂，交易费用就十分高昂。企业作为一种组织，以内部交易代替外部市场交易，直接减少了市场交易者的数量，从而减少交易摩擦，降低交易费用。

通过后来学者对该学说的发展，进一步对交易费用理论进行了丰富的论述。根据该理论，“企业和市场是相互替代的两种资源配置方式，企业代替市场会降低利用市场机制的交易费用，但同时又会带来内部管理费用的上升。”① 为了有效地降低内部管理费用、降低交易成本、提高收益率，企业建立了股权激励制度，以股权为基础在企业与激励对象之间建立起一种约束机制，从而达到有效减少企业与激励对象之间的利益分歧，使企业经营管理人员内部化，成为企业的有机组成部分，减少甚至消除公司内部交易成本。

三、现代收入理论

现代收入理论是相对于传统经济理论的收入分配理论而言的，传统经济理论中对收入分配分析时所考虑的主要是收入、商品等福利主义概念，而现代西方经济学家在分析收入分配的内容时，考虑的范围不仅仅局限于收入或

① 胡八一编著:《股权激励9D模型之非上市公司股权激励》，企业管理出版社2010年版，第7页。

者商品了，自由、权利、能力等非收入和非商品信息也成为了收入分配的一部分。

现代收入理论的代表学者及其主张包括：哈耶克把分配的内容基本上限定为自由选择的机会；诺齐克在考虑收入分配内容的时候，也特别强调自由交换的权利；罗尔斯认为所有社会基本物品——自由、机会、收入、财富、自尊的基础等都要平等地分配；阿玛蒂亚·森认为国家再分配的目标不能仅仅局限于给低收入阶层适当的收入方面的照顾，更重要的是为提高他们的能力创造适当的条件，“授之以鱼不如授之以渔”。

股权分配是现代收入理论的题中之义，也是对传统分配理论的重大突破和贡献。将股权作为收入的一部分进行分配，相对传统分配方式技术性更强，不确定性远远大于工资等传统方式，但将股权纳入收入分配的一部分，远非当期劳动成果、责任贡献的报酬，而是基于对经理和技术人员等长期激励的需要，是对他们长期努力、责任贡献以及使企业取得长期绩效的报酬。

相对于工资、奖金等传统分配方式，股权分配能够更加有效地将员工利益与公司绩效联系起来，不仅是公司吸引和留住人才的“金手铐”，还是对传统收入分配理论的重大改良，对整个社会的收入再分配起到了良性、意义深远的突破与变革。

四、人力资本理论

20世纪60年代，美国经济学家西奥多·舒尔茨和加里·斯坦利·贝克尔创立了人力资本理论，开辟了关于人类生产能力的崭新思路。该理论认为在生产过程中存在着两种形式的资本：体现在物质形式上的物质资本和体现在劳动者身上的人力资本。物质资本指物质产品上的资本，包括厂房、机器、设备、原材料、土地、货币、其他有价证券和知识产权等；而人力资本则是体现在人身上的资本，即对生产者进行教育、职业培训等支出及其在接受教育时的机会成本等的总和，表现为蕴含于人身上的各种生产知识、劳动与管理技能以及健康素质的存量总和。

传统经济理论中，资本的概念仅包含生产资料和货币等物质资本，而忽视了人力资本。现代企业中，管理层的管理能力、管理经验和管理方法受到了越来越多的重视，与公司经营越来越密不可分，管理层的动荡甚至可能会对企业造成毁灭性的打击。因此，仅靠物质资本而没有人力资本的企业无法经营，人力资本与物质资本一样，是现代企业不可或缺的最基本的生产要素。人力资本是企业最重要的无形资产，企业的最终绩效取决于人力资本与物质资本的有机组合。

既然认识到投入企业中的人力也是一种资本，那么就必须承认劳动者拥有人力资本的产权。物质资本所有者在企业分配中享有剩余索取权，那么同理，人力资本的所有者也应当享有相对应的剩余索取权。如果所投入的人力资本不获得承认，那么人力资本所有者很可能采取投机行为。

西方经济发展的实践证明，人力资本投资的收益率要高于物质资本的收益率，充分承认人力资本的作用并给予其合理的剩余索取权，是充分发挥人力资本作用、提高企业运转效率的必然选择。

股权激励是对人力资本的最直接的承认和最有效的肯定方式，授予激励对象一定的股权，是对人力资本所有者的价值及剩余价值索取权的肯定，有利于及时消除企业经营管理者及其他核心员工的短期行为，从而引导他们与物质资本所有者一样更加关注长期利润。

五、博弈论

博弈论即对策论，既是现代数学的一个新分支，也是运筹学的一个重要学科，是研究具有斗争或竞争性质现象的数学理论和方法，这种方法考虑游戏中的个体的预测行为和实际行为，并研究他们的优化策略。博弈论已经成为经济学的标准分析工具之一，旨在研究经济交往中理性参与主体在冲突与合作的情况下的战略决策行为，达到决策的均衡结果。

依据博弈论个人理性的起点，在给定的约束条件和战略空间中，每个人都会选择最优战略以追求效用的最大化。经理人和股东都是理性的经济人，他们通过工作或权利的行使能够有效影响公司的运行，任何一项决策都会影响公司的相关利益，一旦个人利益与公司利益相冲突，就会追求自身利益的最大化而牺牲公司的利益。股东之间、股东与经理人之间、经理人之间都存在着博弈的关系，其行为都取决于所负的约束条件和所处的战略空间，最终的目标就是在各自的约束条件下实现个人利益的最大化。

公司经营剩余索取权，经营者索取剩余资本，追求利润的分享，这种公司的本质特征是经理人所处极其重要的现状，直接影响其决策安排。为了使股东与经理人达成共同的效率，实现利益的有效关联，就应该按照“激励相容”的原则采用股权激励的措施，使股东与经理人所处的约束条件和战略空间尽可能地接近，从而在实现个人利益最大化的同时，达到共赢。

第四节 股权激励的目的

股权激励制度出现的初衷，是为了解决职业经理人与股东的利益分歧，规避职业经理人侵犯股东利益的风险，实现利益的共享与捆绑。因此，无论何种企业采用何种股权激励制度最终都是要实现这个目的，只是不同的企业针对不同的激励对象，在不同的阶段，可以设定不同的阶段性目标。

一个公司决定采用股权激励制度，就必须要明确股权激励的目的。抱着不恰当的目的盲目实施很可能会适得其反。一些企业错把股权激励当作员工福利，提倡利益均沾，这种“撒胡椒面”的方式跟吃“大锅饭”“搭便车”一样，股权变成了非稀缺资源，不仅不能体现出对激励对象贡献和能力的肯定，反而因为人人皆有而难以产生激励的动力；一些企业迫于资金压力，为了筹集资金达到短期目标，以股权激励为幌子，设置形同虚设的对价实施股权激励，最终反而失去员工的信任；还有一些企业迷信股权激励，认为实施了股权激励，激励对象就会把自己当作公司主人，不用催促就会加班加点全力以赴，用股权激励替代了公司管理制度，最终反而造成了工资费用增加、企业利润却连续下降的尴尬局面。

目的决定行为方式，只有充分了解股权激励的目的，才能量体裁衣、有的放矢，进而设计符合目的的股权激励方案，达到预期的实施效果。以激励对象为标准进行划分，股权激励存在授予现有骨干“金手铐”、赠与过去功臣“金色降落伞”、为未来人才设计“成长金台阶”三种目的。

一、授予现有骨干“金手铐”

据相关机构统计，中国高管人才的流动率在60%以上，大多数企业都面临着人才流失的问题，特别是对于那些发展扩张中的企业来说，高管和专业技术人才等核心力量的流失很可能造成现有发展计划实施的障碍，甚至造成全局性的影响。为了留住现有骨干，对他们的已有贡献进行肯定，同时最大限度地挖掘其未来价值，实施股权激励计划就成为了企业的不二之选。

对现有骨干授予高额价值的股权，让股权回报在其薪酬结构中占绝大部分的比例，使股权激励与传统年薪制与年终奖制相比，具有更客观、更值得期待的价值，但通常情况下，对现有骨干的激励并不会毫无保留和限制的一次性授予，都会配套实施严格的内部考核机制与外部约束条件。这与传统的薪酬制度相比，就像是给了激励对象一个被打造为“手铐”的“黄金”激励。这副“金手铐”将激励对象与股东们的利益牢牢地捆绑在一起。

案例 1.2

限制性股票在美国的广泛使用

限制性股票模式的股权激励在美国的使用以2001年作为分水岭。

2001年以前，限制性股票主要是配合股票期权使用，股票期权被大范围地广泛授予，而限制性股票被用于在股票期权的基础之上授予公司的关键人才。关键人才的判断标准在于其离职是否会对公司造成伤筋动骨一样的影响。当时限制性股票的使用方式是，为激励对象设置一段较长时间的服务年限作为限制性条件。获得限制性股票授予后，激励对象就享有了一定数量的分红权和投票权，服务年限届满之后可以免费获得该被授予的股份，而在服务期限之内，如果激励对象离职，其享有的限制性股票将被公司无偿收回。

2001年爆发“安然事件”和“世通事件”之后，越来越多的知名企业被揭露财务造假丑闻，这直接引发了美国的CEO崇拜危机。在这个崇尚个人英雄主义的国家，一个拥有良好教育背景和优异个人能力的CEO往往受到企业极高的重视，CEO不仅具有高收入，还往往被授予相当可观数量的股票期权，对财富和利润的疯狂追求使得其在经营管理过程中片面追求高成长率和高股价，甚至跨越道德底线，联手会计师事务所、投资银行等通过做假账虚夸公司业绩炒高股价以牟取个人巨额私利。

为了改变“安然事件”等引发的系列信用危机，填补法律规则的漏洞，美国国会于2002年出台了《公众公司会计改革和投资者保护法案》，即后来广为各国借鉴的《萨班斯—奥克斯利法案》，该法案在会计职业监管、公司治理、证券市场监管等方面作出了许多新的规定，对信息披露制度进行完善，对会计师中介机构、投资银行和投资分析师的监管进行改革，还对股票期权的监管进行了重大改革，出台了新的股票期权计费会计标准。这些监管政策的调整一定程度上打击了美国上市公司实施股票期权计划的积极性，转而开始重视限制性股票的应用。

对于一些成熟的、业绩稳定增长的上市公司，鉴于其收益和盈利的稳定增长，他们渐渐将限制性股票作为主要的激励工具，股票期权仅仅予以配合使用，而此时限制性股票的限制条件不再局限于服务年限的限制，约定业绩指标即成为了广泛应用的限制性条件。

评价："金手铐"非常生动形象地体现出授予现有骨干股权实施激励目的的实质内涵。对现有骨干的激励一定要有"金"一般的价值，否则很难具备吸引力，但价值太高、缺乏相应的约束与监管条件很可能使其变作滋生罪恶的温床，几败俱伤。因此，对现有骨干的激励还必须有相对应且有效的约束与监管制度，让"金"的取得必须有"手铐"般的制约。现代公司的股权激励手段和工具都十分多样，不仅仅是股票期权和限制性股票，业绩股票、延期支付等每一种工具的选择都应当配套相对应的监管约束机制，从而真正实现为现有骨干戴上"金手铐"的目的。

二、赠与过去功臣"金色降落伞"

宋太祖赵匡胤"杯酒释兵权"在中国封建王朝兴衰更替的历史长河中一直广为传颂，与"狡兔死、走狗烹"的汉高祖大杀功臣的行为相比较，被称作宽和的典范。面对唐末以来藩镇割据、拥兵自立、跋扈各方的现状，为了实现宋王朝长久的兴盛，太祖不得不面临重建中央集权的挑战。酒酣之际，他用"黄袍加身"试探、敲打石守信、王审琦等禁军将领的忠心，收到他们诚惶诚恐的表态之后，又用"田产房屋""子孙家业""安度晚年"予以安抚，最终用和平的手段收回了兵权，实现了北宋王朝统一大业坚实的第一步。

虽然"杯酒释兵权"的故事参杂着浓重的封建主义强权与不平等的色彩，但仍然对现代企业的治理有着极大的启发意义。某种程度上，一个企业正似一个王朝，当渡过艰难的创业期开始高速发展时，曾经的创业元老虽然身居高位，但很可能年龄、阅历、知识结构、专业技能都不足以适应企业的发展节奏和需求，为企业壮大设置了瓶颈。这时企业要想继续发展壮大，就不得不考虑引进新鲜血液，并让元老们“安全着陆”。

创业元老的安顿并不简单，处理不恰当很容易埋下隐患。一旦元老们觉得创业价值没得到充分的尊重、不愿意急流勇退，联手起来争夺管理权，或者利用职权为企业发展设置绊脚石，或者负气出走投靠竞争对手，甚至带走核心人才另立山头成为竞争对手等，都会对企业发展产生难以估量的负面作用。

为了安抚元老，大多数企业都会考虑给予他们非常可观的离职补偿，一方面，能够促使元老们接受可以为股东带来利益的公司控制权变动，另一方面，减少元老与股东之间因此产生的利益冲突，以及元老为抵制这种变动造成的交易成本。

实际操作中，“金色降落伞”有多种表现形式，包括：一次性现金补偿、将持有的股权加速行权或归属、增加额外的股权奖励以及高额退休金补偿等，企业往往根据经营状况、元老贡献等选择一种或几种方式的组合进行安排。例如2011年，Facebook公司炒掉副总裁尤里奥特，其获得的补偿就包括：一次性遣散费675000美元，1184990美元的期权和1238850美元可以加速行权的限制性股票单位。

对于创业型企业，采用现金补偿的方式可能对企业短期的现金流产生影响，从而承担资金压力，采用“股权释兵权”的方式，不仅能达到安抚元老的目的，还能为企业一段时间的平稳发展赢得时间和资金稳定的保障，可谓让元老安全着陆的不二之选。

案例1.3

知名服装企业的“金色降落计划”[①]

企业家黄董经营的知名服装企业成功渡过创业阶段准备上市，但

① 参见臧其超著：《股权激励：让员工像老板一样工作》，广东经济出版社2014年版，第129页。

面临一个巨大障碍：一旦上市，曾经跟随黄董南征北战、立功无数的总经理李总，其能力将无法胜任。

李总缺乏关于金融资本运作方面的知识和能力，即便已经很认真地学习也难达到要求。另外，李总普通话不好，口音重，以后面对媒体时也将难以从容驾驭。

该服装企业随即根据这种情况，设计和实施了股权激励方案。根据该方案，李总在原有超额利润股权分红的基础上还将享有限制性股份，即在上市前会获得100万股的注册股份，占公司股份的5%，股份授予之日即享有分红权，但真正获得该股份需要公司上市2年后，且限制条件为李总放弃总经理的职位。

极具吸引力和可行性的激励方案很快就得到了执行，李总从总经理职位上退下之后被安排到董事会做专门董事，此时实现了持有股份的李总与黄董等其他股东的利益统一，在专门董事的职位上也能利用多年对公司的了解和经营经验“发挥余热”，为公司的长远发展尽心尽力。

三、为未来人才设计“成长金台阶”

所谓未来人才，主要来自三个方面：一种是现在不在公司，但配合公司发展未来需要引进的；另一种是已有股权激励计划的非重点激励对象，激励额度小，但他们属于储备核心力量，随着公司一起成长，未来可能走上主要岗位，需要作进一步激励；最后一种未来人才是虽然已经成为了公司员工，但并非已有股权激励计划的对象，从教育背景、能力水平等各方面来讲是公司核心管理和技术团队的“种子选手”。

一个企业实施股权激励计划，并非都是一成不变的，优秀的激励计划需要随着公司经营状况的发展变化、组织和人才结构的变化等作出相应的调整。如果把股权激励看作“一锤子买卖”，短期内的激励效果可能不会受到负面影响，但从长远来看，很可能后劲不足，反而造成员工之间贡献与回报不对等、分配不均。

例如，我国许多公司发展到一定规模的时候，为了上市推行股权激励计划，拿出 25% 的股份对过去功臣和现有骨干进行激励。计划实施后，如果公司在未来 5—8 年内上市，将不会有任何问题；但如果公司上不了市，旧的激励对象跟不上公司发展需要更换，或者带着股份离开，新任的管理层和技术骨干激励对象的激励股权来源就成了问题。老板需要再拿 25% 进行股权激励吗？如果勉强妥协，同样的事情继续上演，最终不仅会严重损害创业企业家的利益，股权激励也没有达到激励效果，公司也不会得到良性的发展。

因此，股权激励计划的制定需要和公司未来 10 年的资本战略、人才战略结合起来，考虑未来 10 年内公司要不要上市？如果上市，企业家要给自己留多少股份？用来做股权激励的股份是多少？算出可用作股权激励的比例之后，在制定计划时不能一次全部用完，除了过去功臣和现有骨干之外，一定要为未来人才的激励做好充分的储备，为他们和企业搭建共同的“成长金台阶”。

案例 1.4

联想的成长金台阶计划

自 1984 年联想前身——中科院计算所新技术发展公司注册成立以来，联想的股权激励计划几经变化和发展，在不同的发展阶段采用了不同的模式。

由于国有企业的产权属性，联想实施股权激励必须要规避国有资产流失的问题，在企业运行比较顺利的时候是无法实施的，只能等到企业出现问题且经理人勇于担当时，才有大的概率获得批准。因此，虽然意识到计算机技术行业人才的关键性质，联想成立后相当长的一段时间都没有实施股权激励。

1993 年，由于没有完成既定销售目标，产品库存严重积压，联想陷入前所未有的危机。柳传志认为，造成危机的主要原因是决策层知识、精力有限，很难再带领企业继续向前，最好的办法是让元老们退居二线，组建新的适应企业发展的决策层。在这样的契机之下，柳传志迅速获得中科院的批准，开始实施干股分红的激励方案，将联想每年可分配的利润分为三个部分，中科院占 20%，计算所占 45%，联想管理层和员工占 35%。

1993 年的这次改革正值国有企业所有者缺位、多头管理的特殊时期，联想选择干股分红避开动用真正的股份，同时在利润分配方面保障国家利益，可以避免长时间的程序拉锯，在最短的时间内实现内部人力的整合，最终让联想高效率地渡过了危机。

1997 年，北京联想的资产装入香港联想公司。1998 年，联想更名为联想控股，成为香港联想最大的股东。联想同时启动了由干股分红转向股票期权激励方案的股权改革，即将 35% 的分红权转变为股票期权，其中 35% 用于激励老员工——1984 年创业期的元老，20% 用于激励核心员工——1988 年 6 月 1 日以前入职的老员工，剩下 45% 用来激励未来的骨干。

联想的股票期权激励计划采用 35%∶20%∶45% 的比例，将用于激励的股权分配成三个部分，既肯定了退休元老的价值，让他们甘心退居二线，又为现有核心员工戴上了“金手铐”，而最大的亮点在于，联想为未来人才留存了 45% 相当高比例的股权份额。事实证明，联想的股票期权激励计划不仅为未来人才铺就了“成长金台阶”，也不断为企业打造出可靠、具有竞争力的核心人才团队，保障了企业在很长一段时间的核心竞争力和平稳发展。联想动态式的股权激励方案值得所有企业考察学习。

第五节　股权激励的作用

美国《财富》杂志曾有一项统计数据表明，20 世纪末到 21 世纪初的这段时期，美国排名前 1000 位的公司中，有 90% 的公司都实施了股权激励计划。全球前 500 强的大型企业也几乎都实施了股权激励机制。享誉世界的企业，诸如谷歌、苹果、沃尔玛、联想、微软、阿里巴巴，都是通过股权激励计划实现了企业成长。史蒂夫·乔布斯曾经被称为“一元 CEO”，但他手握大量的苹果公司股票期权，将他超凡的眼光、果决的魄力和卓越的才华牢牢地拴在了苹果公司的大旗之上，最终他实现了个人的成功，也带领苹果公司走向了顶峰。

根据企业状况合理设计的股权激励计划一旦得以实施，会有效地聚集各类资本和资源，并在人力资本最大化的基础上实现各类资本、资源的最优排列组合，最终实现个体和整体价值的最大化。概括起来，股权激励效用的最终实现得益于股权激励几大作用的实现，即创造企业利益共同体，业绩激励，约束经理人，降低人力成本的现金支出以及吸引人才、留住人才。

一、创造企业利益共同体

在经理人侵犯股东权益的四种典型行为中，通过股东大会制度、董事会制度、信息披露制度、独立的外部审计制度以及公司内部的规章制度、奖惩制度等能够较大程度地控制和避免不合理的在职消费、贪污腐败拿回扣的行为，但这些约束制度却难以完全有效地解决和避免经理人的不作为和短期行为。

通过股权激励重新设计经理人的薪酬结构，股权在其薪酬结构中占比越大，其不作为的成本越高。由于股权激励的长期性特征，经理人的薪酬大部分与公司较长期的业绩或长期业务指标捆绑在一起，经理人可以分享他们给股东带来的收益，就会把眼光放到公司更长远的目标之上，从而很大程度上避免了短期行为的发生。

从人力资本理论的角度，股权激励体现了拥有物质资本的股东对拥有人力资本的激励对象充分的肯定与尊重。在这种肯定与尊重之上，激励对象既能通过劳动获得相应的报酬，还能以其拥有的人力资本享有剩余索取权。对于企业和股东来说，将传统的资本分配方式转变为“资本＋知识”的新利益分配模式，变“资本雇佣劳动”为“资本与劳动的合作”；对于获得股权激励的激励对象来说，“人力资本剩余索取权”驱动他们不断努力提高公司业绩，确保在股东财富增加的前提下同时获得自身的更大收益。股权激励用这样的方式实现了企业长远发展、股东利润最大化与激励对象自身价值追求的高度统一，从而真正打造了企业、股东与激励对象“放眼未来、风险共担、利益共享”的利益共同体。

二、业绩激励

在现代公司治理中，股东和经理人利益不一致的一个重要表现是二者对待企业风险的态度有非常大的差异。一般来说，股东作为投资人，即便不偏好高风险项目，也属于风险中性者，会着重关注和倾向收益回报率高的投资项目，但经理人恰好相反，在传统的薪酬制度之下，他们不愿意选择股东偏好的可能带来高回报率的投资项目，而偏向于低风险的经营决策。因为高投资回报的项目往往是高风险的项目，风险越高失败率越高。选择了高风险项目获得丰厚回报，只能由股东独享，而一旦失败，经理人就要承担个人职业价值的损失。

股权激励理顺了股东与经理人及其他激励对象的利益关系，使得双方在利益上实现了很大程度的统一，激励对象有权分享剩余索取权时，能够分享高风险经营带来的高收益，也会站在股东的角度考虑问题，开始勇于挑战较高风险的项目。

股权激励由于实现了利益的转化与捆绑，会起到良好的导向作用，大大提高激励对象的积极性、竞争性、责任性和创造性，激励对象在这种预期收益或预期损失的导向下努力工作，有利于其潜力的发挥，大胆进行技术创新和管理创新，采用各种新技术降低成本，从而提升经营业绩，提高企业的核心竞争力。企业因此步入一种良性循环，生产效率大幅度提高。

三、约束经理人

设计得当，股权激励就是一种最有效的约束制度。股权激励的约束作用主要从两个方面实现，一方面是股权激励本身带来的内在约束性，另一方面是股权激励计划中与激励配套的行权方式、考核制度带来的外在约束性。

类似于香港公务员的高薪养廉制度，股权激励的内在约束作用体现在激励对象在享受股权激励带来的利益分享时，也加大了激励对象的失败成本，即“通过长期的股权激励计划诱惑经理人对其特质性人力资本进行投资，在企业依赖人力资本提高生产率的同时，加大了经理人离开公司的失败成本”。[①]

所谓特质性人力资本，是相对于那些对任何工作、在任何企业都具有同样价值的技能和知识形成的通用性人力资本而言的，特质性人力资本只在特定行业、特定企业才具有最大价值。例如，对于一个享受股权激励的经理人而言，他离开企业必须面临承担巨额的失败成本问题，即一方面失去激励股票及其带来的收益，另一方面其所在公司的人脉、权威和影响力是无法带走的，去另一个企业就要面临花费很长的时间重新投入人力资本获取利益。这些失败成本都是由于其与所在企业共同形成的特质性人力资本失去了创造收益的土壤而导致的，它从本质上决定了股权激励的内在约束性。

股权激励计划中的外在约束性主要通过配套的行权方式、考核制度实现。

---

① 马永斌著:《公司治理之道：控制权争夺与股权激励》，清华大学出版社 2013 年版，第 284 页。

以股票期权为例，所有标准的股票期权计划都会为激励对象设置一个行权条件，即行权时的股票价格不能低于授予的行权价格，除此之外，许多企业还会设置与激励对象业绩挂钩的行权条件，或者“一次授予、分次行权”、设置锁定期、收取风险抵押金等附加约束条件。

股权激励的内在约束性和外在的约束条件相结合，使其成为了一种非常巧妙的约束机制，其约束作用有力地将激励对象的行为框定在设计好的职业计划之内，同时也保障了激励作用和利益共同体的作用实现。

四、降低人力成本的现金支出

无论任何企业，现金流与人才都是关乎生死的重要因素。现金流就像企业的血液，市场经济条件下，即使企业盈利能力较强，但若现金周转不畅、调度不灵，不但生产效率低下，偿债能力弱化，还会直接影响企业的信誉，最终影响企业的生存，而人才好比企业的大脑和骨肉，很大程度上决定着企业的生存和发展能力。因此，企业的发展既离不开充实的现金流，也离不开优秀的人才。

几乎所有的企业在创业初期都存在资金压力，特别是现金流的压力，即便是已经发展到一定规模的企业也并非任何时候现金流都是充裕的，总会不时发生现金流紧张的情形。传统“工资＋奖金”的薪酬结构向员工发放大额的现金，无疑会对企业现金流造成很大的压力。

股权激励号称“不花现金的激励”，是在用市场的钱、未来的钱、员工的钱来激励企业经营者，作为固定薪酬支付的部分替代，本质上是利用社会的资源、市场的资源、未来的资源、上下游的资源、客户的资源等，在企业内部建立一套共赢机制。企业一方面给予激励对象更低的固定薪资，另一方面通过股权激励进行平衡，降低公司现金支出的成本压力。

在设计股权激励方式时，不少方式如股票期权、业绩股票、期股等，还需要员工花钱购买，不仅不会造成资金压力，还会帮助企业缓解压力，而延迟支付、红利转股等方式也可以有效缓解一次性发放现金过多给企业带来的资金压力。

五、吸引人才、留住人才

古语有云：军无财，士不来；军无赏，士不往。物质激励吸引人才、留住人才自古有之，享有从龙之功的人大多被许以高官厚禄，能够靠集聚人才称霸一方的枭雄也必然不能仅仅依靠精神上的激励。

随着历史车轮的前进，现代企业的情况变得更加新颖和复杂，“收买人心”的手段也不能再局限于“赏钱”，高薪已经不足以吸引和留住人才。留人的关键在于留心，留心的关键在于让优秀的人才成为企业的主人，让他们与企业同生共死。

传统“工资＋奖金”的薪酬结构风光不再，与传统的薪酬制度相比，股权激励成为一种极具市场竞争性的报酬方式。股权激励帮助企业形成开放式股权结构，不断吸引和稳定优秀人才。

股权激励对于经理人和技术人才等优秀人才的吸引力远比现金报酬大，即使他们在行权后离开公司，也可以通过已获得的股权来分享公司的成长。此外，股权激励除了能带给激励对象财富，甚至造就“一夜暴富”的神话之外，还有一种其他激励方式所无法带来的精神上的满足感，它给激励对象带来了同时实现财富梦想和个人价值的极大机会和可能。

正因如此，实施股权激励能吸引更多优秀人才加盟。真正具备企业家才能、对自己的才能有极大信心的优秀人才会被股权激励制度所吸引，他们甚至会主动地选择股权激励占薪酬较大比重的报酬方案，主动将自己的利益和企业的利益、股东的利益捆绑起来。

案例 1.6

华为的员工持股计划与"内部上市"

华为作为一家大型的综合通信设备制造企业，如今已经发展成为中国民营企业的一面旗帜，华为自 1987 年成立至今，经历了融资困难、员工流失、全球金融危机等诸多难题，一些耳熟能详的大型通信企业诸如西门子、北电、摩托罗拉、爱立信等都没有平稳渡过危机，市场占有率大幅度萎缩，很多都已经退出了历史舞台，但华为却大踏步地向前发展，销售额从 100 多万元增长到 6000 多亿元，员工也从当初的国内几十人发展到现在的遍布全球的十几万人，这不得不让我们深思华为公司成功背后的原因。

一个没有任何背景的民营企业，在承担巨大的开发投入的前提下，还要为吸引和留住人才而支付高薪，在很多人看来，几乎是不可能的，但华为就是做到了，而且相当成功。现在看来，华为的成功并非偶然，必须依靠诸多因素的综合作用，但其独具特色的股权激励制度是成功最重要的原因，它根据华为发展的不同阶段进行设计、调整，不同的发展时期的独特股权激励内容和形式都起到了举足轻重的作用。

华为的股权激励计划历程

一些分析华为股权激励的专家将华为的股权激励历程分为三个或者四个阶段，实际上，华为在施行股权激励计划的过程中，总共经历了五个阶段的实施、发展与转变。

第一阶段是股权激励计划的初始实施阶段。

华为 1987 年成立之初的定位为贸易公司，主要业务是香港电话交换机的代理销售，然而不同于众多其他的代理公司，华为将赚得的钱投入奠定华为行业地位的 C&C08 机的开发，开始崭露头角并赢得了创业初期的资本积累。

1990年，华为从贸易公司转型为自主研发型企业，处于转型期的华为一方面致力于市场拓展和扩大规模，另一方面为了提高竞争力需要大量科研投入，出现了资金紧张和融资困难的问题。在这种情况下，华为开始尝试员工持股制度，并将这种方式明确为员工集资行为。内部集资不需要支付利息，风险相对较低，也不需要像外部融资一样支付较高的回报率，还能同时激发员工努力工作。

1990年第一次实施的员工持股计划，当时参股的价格为每股10元，以税后利润的15%作为股权分红，向技术、管理骨干配股。员工持股计划实施后，华为员工的薪酬结构开始发生转变，成为由工资、奖金和股票分红三部分组成的薪酬结构，且三部分数量几乎相当。股权配发的参考因素是在员工进入公司一年以后员工的职位、季度绩效、任职资格状况等，配发股权一般用员工的年度奖金购买。如果新员工的年度奖金不够派发的股票额，公司帮助员工获得银行贷款购买股权。

华为采取这种员工持股的内部融资方式，一方面减少了公司现金流风险，另一方面增强了员工的归属感，稳住了创业团队，为企业赢得了宝贵的发展资金。员工持股计划实施一段时间之后，华为完成了“农村包围城市”的战略任务，1995年销售收益达到15亿元人民币，1998年将市场拓展到中国主要城市，2000年在瑞典首都斯德哥尔摩设立研发中心，海外市场销售额达到1亿美元。

第二阶段是《深圳市国有企业内部员工持股试点暂行规定》颁布后的增资改革阶段。

1997年，恰逢深圳市颁布了《深圳市国有企业内部员工持股试点暂行规定》，而华为已经持续实施了长达7年的员工持股制度，逐步从资金困境中解脱出来，开始进入高速增长时期。为了提高对人才的吸引力，华为参照这个规定对员工持股制度进行改革，完成了第一次增资。华为将在册的2432名员工的股份全部转到了华为公司工会的名下，占总股份的61.86%，在提高薪酬的同时也加大了员工配股力度。这次改革后，华为员工股的股价改为1元/股。此时随着公司效益的提升，华为的员工持股计划所发挥的作用不再局限于担负内部融资任务，同时也逐步发挥出越来越大的激励作用。

与此同时，华为设立内部员工银行贷款来帮助员工购买股票，解决新员工没有足够的购股资金的问题。进一步扩大的员工持股计划形成了强大的人才磁场，使华为聚集了大批行业优秀青年人才。

第三阶段是2001年网络经济泡沫时期的股权激励阶段。

2000年进入网络经济泡沫时期，IT行业受到毁灭性影响，融资出现空前困难。2001年年底，由于受到网络经济泡沫的影响，华为迎来发展历史上的第一个冬天。为了安全渡过危机，解决网络经济泡沫带来的系列负面问题，优化管理结构，华为聘请国际著名咨询公司进行第二次员工持股计划改革。

这场改革改实股激励为“虚拟受限股”，改革后，新员工不再派发长期不变一元一股的股票，老员工的股票也逐渐转化为期股，激励对象可以根据持有的虚拟股份享受对应数量的分红权和股价升值权，员工从期权中获得收益的大头不再是固定的分红，而是期股所对应的公司净资产的增值部分。员工享有的股权内容不包括所有权和表决权，不能转让和出售，在离开企业时自动失效。虚拟股票的发行维护了华为公司管理层对企业的控制能力，避免导致一系列的管理问题。

这次股权激励计划改革后，员工获得的期权行使期限为4年，每年兑现额度为1/4，自享受股权激励计划起第二年开始，激励对象可选择兑现差价、以1元/股的价格购买股票或留滞以后兑现等方式行使期权，也可以选择放弃。从固定股票分红向“虚拟受限股”的改革是华为激励机制从“普惠”原则向“重点激励”的转变。

第四阶段是华为在非典时期的自愿降薪运动。

2003年，尚未挺过泡沫经济的华为又遭受非典爆发的重创，同时与思科之间的诉讼案件直接影响华为的全球市场。为了进一步实施管理层收购，稳住员工队伍，共同渡过难关，华为内部以运动的形式号召公司中层以上员工自愿提交“降薪申请”，并进行配股。

相较于以往的配股方案，2003年华为配股额度非常大，接近员工已有股票的总和，但在兑现方式上作出了转变，即在规定3年锁定期内不允许兑现，但除锁定期外放开了其他兑现条件，往年积累的配股即使不离开公司也可以选择每年按一定比例兑现。在兑现比例上，一般员工每年兑现不超过个人总股本的1/4，对于持股股份较多的核心员工每年可以兑现的比例则不超过1/10。对于购股资金，华为也像历次股权激励一样为员工提供辅助——由公司出面，以银行贷款的方式解决。

此次改革帮助华为顺利渡过非典困难时期，还实现了销售业绩和净利润的突飞猛涨。

第五阶段是2008年后新一轮经济危机时期的激励措施。

2008年，为了应对美国次贷危机引发全球经济危机带来的冲击和经济形势的恶化，华为又推出新一轮的股权激励措施，仍然配发虚拟股票，股票价格为每股4.04元，年利率逾6%，涉及范围几乎包括了所有在华为工作时间一年以上的员工。

第五阶段配股的关键改革在于“饱和配股”制度的确定，即为不同工作级别的员工配发不同持股量，设置配股上线，比如级别为13级的员工持股上限为2万股，14级为5万股。由于华为大部分老员工持股量已达到配股上限，这一阶段的配股对象主要是新生力量。与以往类似，此次股权激励仍然支持以公司名义向银行提供担保，帮助员工购买公司股份。

华为股权激励计划的作用与“内部上市”

在许多公司治理与股权激励的专家看来，华为的股权激励是很难复制的，因为其被深圳市特区体改委的红头文件批准允许作为试点，华为在法律上规避了一个重大风险：以内部员工购股的方式来形成员工持股计划，可能会被相关部门定性为非法集资。在无法合法规避这一风险的情况下，华为的员工持股计划很难在其他企业广泛推开。即便如此，华为的成功经验仍然值得学习借鉴。

首先，作为新兴的高新技术企业，华为在成立之初从贸易公司向自主研发型企业转型时，就认识到创新和人才的重要性，积极地作出有益的尝试，不拘一格降人才，虽然是“广撒网”的员工持股计划，但却在创业的关键时期就迅速地打造了企业、股东和员工的利益共同体，最大程度上发挥和整合了员工个人力量，其后的数次改革和优化设计都在不断地巩固此利益共同体。可以说，华为的员工持股计划成功地将员工的人力资本与企业的未来发展紧密联系起来，形成了良性的循环体系。

其次，华为的员工持股计划虽然历经改革，但高分红高配股的原则一直不变。员工红利的多少完全取决于企业的效益，这就使得全体人都关心企业的发展。由于在成立之初就创造出很高的利润率，华为历年的分红比例都保持在70%的高位，立竿见影的回报一方面极大地促进了员工自身创造业绩的积极性，另一方面间接提高了激励对象的失败成本，实现了对激励对象的间接约束。员工真实享有的福利吸引了无数的优秀人才加入、留在华为，为华为的中长期发展储备了充足的中坚力量。

最后，从员工持股计划尝试开始，到股权激励改革，华为都通过股权激励为公司吸纳了充足的资本，内部融资一次又一次地帮助公司渡过了现金流困境，结合高效可执行的配套制度，形成了独特的华为“内部上市”机制，真正实现了“人聚财聚”的良性生态。

第二章 股权激励的工具

工欲善其事，必先利其器。

——春秋·孔子《论语·卫灵公》

足不强则迹不远，锋不铦则割不深。

——汉·王充《论衡·超奇篇》

第一节　股票期权

股票期权，是指公司授予激励对象在未来一定期限内以一个预先确定的价格和约定的条件购买本公司一定数量股票的权利。激励对象有权行使这种权利，也有权放弃这种权利，但一般情况下不得用于转让、质押或者偿还债务。

从各国股权激励的实践来看，股票期权是最经典、使用最广泛的股权激励工具。虽然股权激励制度发展至今，已经演变出多种工具和模式，但股票期权仍然是最基本、最简单的激励工具，也最能体现长期激励的功能，许多其他的股权激励工具都是由其演化而来。

一、股票期权的主要功能

金融市场的期权分为看涨期权和看跌期权。看涨期权又称买进期权、买方期权，指期权买方向期权卖方支付一定数额的权利金后，即有权在期权合约约定的有效期内，按事先约定的价格从期权卖方手中买入一定数量的特定商品，期权买方不负有必须买进的义务，但期权卖方有义务在约定有效期内，应期权买方要求按约定价格卖出特定商品。看跌期权又称卖权选择权、卖方期权，指期权买方按约定价格向期权卖方卖出一定数量的特定商品，期权买方不负有必须卖出的义务，但卖方有义务在期权规定的有效期内，应期权买方的要求，按照约定买入特定商品。

股票期权是看涨期权的一种，如图 2-1 所示，公司授予激励对象股票期权，在授予之时与激励对象约定期权的行权禁止期限、可行权期（生效日与失效日）、行权条件、执行价格、可购买数量等关键信息。

行权禁止期限，又称行权限制期、等待期，是指股票期权自授予之日起至股票期权生效日（可行权日）止的期限。实务中股票期权激励计划都会约定行权禁止期限，激励对象在被授予股票期权后必须经过约定行权禁止期限后才能执行股票期权购买股票。例如，《上市公司股权激励管理办法》第30条明确规定，股票期权授权日与获授股票期权首次可行权日之间的间隔不得少于12个月。

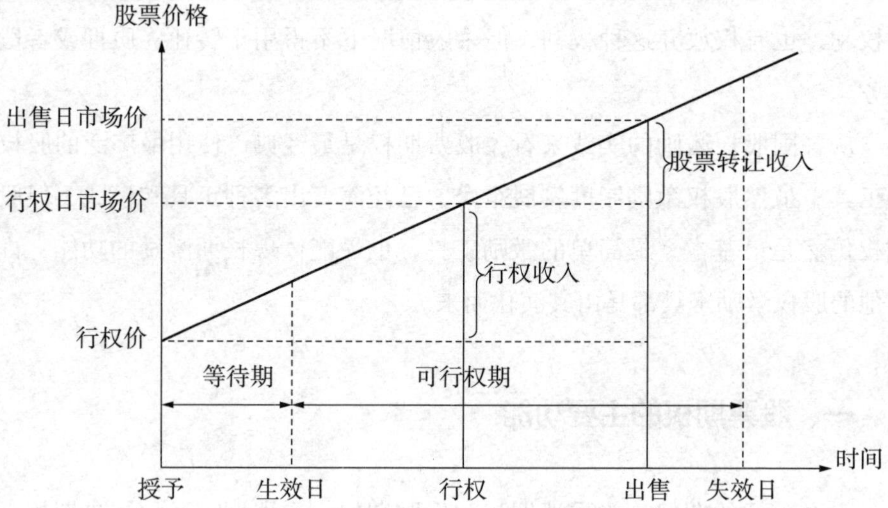

图2-1　股票期权激励示意图

行权禁止期限经过之后，股票期权生效日至失效日之间的期限就是股票期权的可行权期。在可行权期内，激励对象能否行权往往有两方面的决定条件，一方面是股权激励计划中的行权条件，即事先约定的激励对象必须达到的绩效考核目标；另一方面是有效期内的股票市场价格：如果公司股票的市场价格高于约定的行权价，期权就处于“实值”状态，激励对象就可以选择执行期权，按当初约定的行权价买进公司股票，再按照股票市场价格卖出，其间的差额就是激励对象股票期权的收入；如果公司股票的市场价格低于约定的行权价，这时期权就处于“虚值”状态，激励对象就只能放弃行权。

股票期权的激励模式将激励对象的收入与公司未来股价高度挂钩，激励对象为了使股票升值而获得价差收入，会努力提升公司业绩，使公司股票的价值不断上升，这样就使股票期权具有了长期激励的功能，实现了激励对象、股东与公司的长期利益“捆绑”。

与此同时，由于股票期权的授予一般都是无偿授予[①]，无论是企业还是激励对象在授予时都没有或只有很少的现金支出，激励对象的收益也是通过证券市场实现的，即所谓“公司请客，市场买单”。这在很大程度上节约了现金支出，激励的同时也保障了稳定的现金流。

二、股票期权激励的适用企业

股票期权有诸多优点，但并非适用于每一个企业，适用股票期权的企业也并非每一个发展阶段都适合使用该种激励方式。想要使股票期权激励模式发挥最大的功能，必须依赖有效性高的股票市场，且企业本身需要成长性好、约束机制健全。在以上前提下，所在行业竞争激烈且人力资本依附性强的企业采用股票期权激励模式才会达到理想的效果。

采用股票期权激励模式的企业需要至少具备三个基础条件：

第一个条件是企业处于竞争性行业。处于垄断地位的企业只需要通过提高产品价格等手段就能轻易地保持高收益，对员工进行股票期权激励不仅不能达到利益捆绑和提升业绩的作用，反而可能助长不劳而获的怠惰情绪。而企业一旦面临激烈的竞争环境，其境遇就截然相反：企业只有不断推陈出新、锐意进取才能适应“适者生存”的残酷法则，此时对员工进行股票期权的激励，能够最大限度地开发和集合员工潜能，实现利益的捆绑，从而保障企业在市场竞争中处于长期有利地位。

第二个条件是企业具有良好的成长性。所谓成长性良好，是指企业处于创业黄金期或发展扩张期，正有广阔的市场亟待开拓，相对于成熟稳定的企

① 少数公司在授予时为了增加对激励对象的约束力会要求激励对象支付少量的“期权费”或“风险抵押金”。

业来说具有更大的增长可能性。这种条件下，只要公司进行有效激励，就会催发激励对象努力工作，为企业创造更大的价值。

第三个条件是企业具备较强的人力资本依附性。对于这类企业，人才资源和人力资本所起的作用有时甚至不亚于物质资本的作用，其能否发展壮大的关键就在于是否能留得住企业经营发展必须的专业人才。股票期权将企业所需要的人才与企业牢牢捆绑在一起，有利于实现激励对象成就个人价值和企业成功发展的双赢局面。

以上述三个条件作为考量标准，一般认为处于创业初期和快速成长期的生物医药、网络通信、电子、软件、投融资、培训咨询等企业竞争性很强且人力资本依附性高，较为适合采用股票期权的激励方式，实践中这些行业也是采用股票期权激励的代表行业。与传统企业相比，这几类属于智力密集型和技术密集型的企业，人工成本较高、人才依赖性强，实施股票期权激励计划一方面对现金流量不会产生负面影响，另一方面在较长一段时间内将激励对象的未来收益与企业股票紧密联系起来，既降低了当期激励成本，又留住了人才，达到了长期激励的目的。

三、股票期权激励的应用案例

案例 2.1

仁会生物新三板挂牌前股票期权激励

上海仁会生物制药股份有限公司（原名上海华谊生物技术有限公司，以下简称“仁会生物”）于 1999 年 1 月 12 日在上海市工商局登记成立，是一家专注于创新生物技术药物研发、生产和销售的高科技生物制药公司。

2014 年 1 月 27 日，仁会生物以发起方式整体变更设立为股份有限公司。为了持续激励和保留公司各级管理人员、核心研发人员、技术人员和业务骨干，同时增加公司未来引进高端人才的吸引力，仁会生物决定制定实施股权激励计划。

同年2月24日，仁会生物即在第二次临时股东大会审议通过了《公司第一期股票期权激励计划》。根据该计划，仁会生物拟对中高层管理人员、核心技术人员及业务骨干授予股票期权共计317万股，占激励计划签署时股本总额的3.52%，激励股票全部来源于公司向激励对象定向发行普通股股票。激励计划有效期为10年，自股票期权首次授予之日起算，分四次授予。

第一次授予股票期权76万份，行权价格为1元/股，目的在于确保公司在2015年12月31日前能够实现“谊生泰注射液”新药证书、生产批件、GMP认证证书“三证齐全”，第一次授予的激励对象为在公司工作满6年且为公司主要产品“谊生泰”研究和开发工作做出重大贡献的高级管理人员、中级管理人员及核心研发技术人员共计7人。激励计划预留股票期权241万份，预留部分的激励对象由公司董事会提名，经股东大会批准后确定。

首次授予的可行权日为授予之日满24个月之后，行权条件即是达到上述“三证齐全”的目标。若未达到行权条件，则按一定比例进行折扣后分期行权。

2014年8月，“仁会生物”股票（代码：830931）成功登陆新三板。

截至2016年年初，仁会生物的股票期权激励计划开展顺利，2015年5月22日召开2014年年度股东大会，结合《第一期股票期权激励计划》，确定并审议通过了《第一期股票期权激励计划二次授予方案》进一步对公司的中高层管理人员、核心技术人员及业务骨干进行股票期权激励。

案例 2.2

微软放弃股票期权激励机制

为了保留和激励优秀人才，微软公司自20世纪80年代开始实施股票期权激励计划，一直被认为是最早采用股票期权激励机制的企业之一。微软公司把员工基本工资压得比同行业竞争者低，却给予员工高比例的股票期权，创立了“低工资高股份”的典范。在当时美国经济复苏、股市“持续牛市”的大背景之下，股票的增值收益远远超过了基本工资，成为了微软员工的主要收入来源。

微软用股票期权激励的方法吸引、保留了大量的行业顶尖人才，保证了微软公司的核心竞争力、高股价和长时间屹立不倒的行业领先地位。但到了21世纪初，实施股票期权激励的微软公司本身的状况和整个社会背景都发生了根本性的变化：首先，微软公司经过近30年的发展已经从创业和扩张期步入成熟稳定期，股票价格也相对稳定，长期实施股票期权计划面临越来越难以忽视的高成本问题；其次，随着股票期权的广泛应用，其本身一些弊端也逐渐暴露，“安然事件”的爆发让投资者们意识到，受激励的员工，特别是高级管理人员可以利用投机性或赌博性经营牺牲长远利益赚取眼前利益，甚至铤而走险做假账来满足私利，这远远背离了股权激励利益捆绑的初衷；再次，股票期权的众多争议和丑闻促使美国财务会计委员会制定并发布新的会计准则，以严格控制股票期权的发放，新的会计准则将原本不作为经营成本的股票期权列入公司经营成本，这直接导致企业净收益大幅减少；最后，以2000年纳斯达克科技泡沫破裂为标志的美国股市开始一蹶不振、陷入低迷，微软的股票期权激励效果大打折扣，不仅不能激发积极性，反而导致员工士气低落、业务骨干纷纷跳槽。

2003年7月，微软公司宣布取消股票期权的激励计划，代之以限制性股票激励计划，从高级管理层到普通员工，全部停发股票期权。自当年9月开始，微软公司以奖励形式向员工发放限制性股票，用5年的时间逐步转移到员工手中，所有员工必须将这些股票保留5年，5年后还在微软就职才有权卖出。

微软公司放弃施行了17年的股票期权激励计划，改发限制性股票无疑引起了业界的大地震，它掀起了薪酬制度改革的风潮。自微软之后，越来越多的成熟型高科技企业纷纷开始审视自身的股权激励和员工薪酬制度，放弃股票期权进而选择限制性股票激励。

从行业竞争性和人力资本依附性的角度，仁会生物和微软公司都是适合股票期权激励的企业。仁会生物实施股票期权激励计划时正处于高速成长扩张的阶段，急需企业上下团结一心创造价值，微软公司的企业发展和股票价值都步入了稳定期，企业基础土壤已经不适合股票期权激励。

以微软公司为代表的企业逐渐选择放弃股票期权的激励方式，提醒我们不得不重视股票期权的两大问题。

第一，股票期权激励计划中股票出售价格的科学性问题。

对于上市公司而言，股权期权激励计划中股票出售价格的科学性取决于股票市场的有效性，即企业真实价值发生变化时，企业市场价值同步发生变化的程度。经济学家根据信息对称程度将资本市场分为强式有效市场、半强式有效市场、弱式有效市场和无效市场。股票期权激励计划在美国上市公司得到广泛应用的重要原因之一就是其拥有较为良好的资本市场有效性，股票价格基本可以作为企业经营业绩的衡量指标，但我国资本市场有效性较差，一些学者认为是弱式甚至无效市场，上市公司价值变化与公司股票价格变化很难保持一致，这一现状很难将股票价格变化与激励对象的被激励努力程度相联系，反而有可能打击激励对象的积极性或者为其短期行为提供温床。股票期权真正能够发挥作用，必须仰赖资本市场有效性的提高、信息对称程度的提高，仰赖完备的资本市场信息披露法律制度的建立。

对于非上市公司而言，股票出售价格取决于实施股权激励企业计划采用的定价方法。目前绝大多数采用股票期权激励的非上市公司采用每股净资产值作为主要甚至唯一的依据，虽然简单易行，但客观性、准确性和公正性存在较大的异议。因此，选用正确的定价方法是非上市公司采用股票期权激励的重要环节。

第二，股票期权激励计划中经理人的短期行为问题。

避免经理人与投资人利益不一致导致经理人通过短期行为损害公司利益、追逐私利是股权激励的初衷之一，但由于股票市场有效性差、考核约束不健全、股市波动等原因，反而为经理人的短期行为提供了动力和条件。在巨大的利益诱惑之下，一些经理人很可能采取片面追求股价提升的短期行为，放弃有利于公司长远发展的重要机会。

因此，一个健全、执行力强的股票期权激励计划，除了要有完备的激励计划之外，还必须有适用于企业本身的与激励机制配套的管理机制、考核机制和应对经济形势、企业和员工各类变化的调整机制，才能有效避免经理人的短期行为，避免激励不当导致的企业风险。

第二节　期股

期股又被称为股份期权，是企业通过“部分首付、分期还款”的模式授予激励对象企业股份的一种股权激励工具。

在我国，期股激励的实践实际是股票期权激励的变通改造结果。2005 年《公司法》修订之前明确禁止公司回购本公司股票，法定资本制也不允许公司在成立和发行新股时预留股份，这就使当时上市公司实施股权激励计划的股票来源成为了重大难点。为了解决激励股票的来源问题，北京、上海和武汉的一些国有上市公司创造性地采用了期股模式，在当时受到了广泛的追捧。

2005 年《公司法》修订实施后，股票期权的激励股票来源问题得到相应解决，同时由于实施过程中出现了一些问题，国有上市公司的期股计划被迫叫停，但由于其表现出极其有效的利益捆绑和长期激励的作用，得到了诸多非上市的民营和国有企业的青睐，至今仍然焕发着不可忽视的生命力。

一、期股的主要功能

与股票期权激励实践中的无偿授予不同，期股激励要求激励对象在期股授予时进行“首付”以获得激励资格。首付之后，激励对象获得该笔现金出资对应的实股和约定倍数的期股，但实股和期股都不能马上兑现，激励对象享受实股和期股的分红权和配股权，但没有投票权和处分权。

根据约定，激励对象要在期股期限内按照约定价格分期购买期股所有权，购股资金首先来自期股分红，期股分红不足以支付当年应付期款时由实股分红补足，实股分红不足时则会要求以激励对象的其他资产或现金冲抵。如果期股分红大于当年应付期款，可将超过部分作为投资收益发放现金，也可以留存用于支付下一年期款。

如果激励对象在约定的期股期限内通过利润分红回填股份方式完成全部期股的购买，期满后一般还会经历一定年限的锁定期用来审计激励对象在期股期限内是否存在重大决策失误或弄虚作假，但锁定期后激励对象就拥有了所有购买股份的股权。激励对象可以选择成为真正的股东参与公司治理并继续分红，也可以转让变现。

从期股激励的操作模式不难看出，它是一种具有强制性的权力安排，一旦激励对象选择了期股，就意味着以赊账的方式购入了预定价格的有限制条件的股票，必须在约定年限内努力工作，提升业绩、创造利润获取分红，才足够分期支付所得期股的对价。与此同时，期股激励对象受到的任职期限和业绩考核约束也远高于其他股权激励工具：如果激励对象任期未满而主动要求离开或者未能达到约定的业绩考核标准，均属于违约，很可能根据合约被取消拥有的期股股权及收益，个人现金出资部分也可能被作为风险抵押金进行相应扣除。正是因为期股的这种强制约束性，使其在利益捆绑和长期激励的功能上表现出了比股票期权更强的效用。

二、期股激励的适用企业

期股作为股票期权的变通模式，其设计原理和激励原理都与股票期权十分相近，但因为需要激励对象从授予开始就实际出资，激励对象也没有随时退出的权利，因此相比股票期权的约束性更强，有鉴于此，期股激励适用的企业与股票期权也有一定的可比性。

首先，所有适合股票期权激励的非上市公司都可以适用期股激励模式。对于处于竞争性行业、具有良好成长性和较强人力资本依附性的非上市公司，确定采用期股或是股票期权激励的关键，是该公司是否决定加强对激励对象的约束。激励对象的出资、严格的业绩考核和惩罚式的违约责任的组合加大了激励对象的失败成本，无形中赋予他们一往无前、破釜沉舟的勇气。对于适合股票期权激励的非上市公司来讲，如果认为股票期权激励模式缺乏强有力的约束力，那么期股模式就是非常好的选择。

其次，具有明确上市计划的非上市公司也适合选择期股激励。虽然非上市公司尚未公开发行股票，但因为明确的上市计划，会在计划时间内完成股份制改造、建立法人治理结构，这就为期股实施创造了前提，而这类企业正处于上升势头，一旦股票上市发行，股价上升是必然趋势，这种可预期的利益无疑会刺激经理人加倍努力工作，以提升业绩创造收益。期股能够最大程度地增强公司的凝聚力，为非上市公司实现上市提供强大动力。

最后，经改制的国有资产控股企业、国有独资企业配合股改适用期股激励效果显著。国有企业的股份制改革着眼于引进民间资本、优化资本结构、转换经营机制，从而扭转国有企业严重亏损、效益低下的局面，使其适应市场经济的发展。在股改过程中引入期股激励的制度，有利于调动激励对象，特别是经营管理层的积极性，保障了改革过程中经营管理层的稳定，较大程度避免了大幅度改革容易造成的动荡风险，有利于国有资产的保值增值。

三、期股激励的应用案例

案例 2.3

吴忠仪表产权改革与复合模式股权激励[①]

吴忠仪表股份有限公司（以下简称“吴忠仪表”）成立于 1959 年（原身是吴忠仪表厂），是我国流程工业自动化控制领域中控制阀行业的龙头企业，也是国有资产控股的高新技术企业。2000 年 7 月，吴忠仪表通过实施股票期权、期股和员工持股计划的议案，拟通过三种方式有机结合的复合模式，实现国有股逐步减持，同时达到转换企业经营机制、对企业现有人才进行有效激励与约束、广泛吸引人才和使经营者更关心企业长远发展的目的。

根据复合模式的计划方案，第一部分激励方案为股票期权激励，所需股票来源渠道为二级市场流通股票或公司定向增发新股。该方案采用了经典的股票期权激励模式，主要采用价格激励原理，激励对象通过在约定的行权期内行权买入卖出公司股票获取差价盈利。此外，为了加强约束力，吴忠仪表还为激励对象设置了从期权赠与日到期权行权这段时间公司每年利润增长率和净资产收益率的目标，除等待行权禁止期通过外，激励对象还必须努力工作为公司创造收益达到约定目标才能行权。

① 参见汤谷良、尤丽：“构建激励约束机制与企业产权改制并行——吴忠仪表的‘期权 + 期股 + 员工持股公司’模式探讨”，载《财务与会计》2000 年 08 期。

第二部分激励方案是期股激励，所需股票来源渠道为公司定向增发新股和国有股转让。激励对象根据约定将其薪酬的一部分按照约定价格用于逐年购买本公司股票，锁定两年期限，自第三年开始允许期股持有者行权，第三年可行权的最多量是第一年执行期股的20%，第四年可行权的最多量是第一年执行期股的50%，第五年以后可行权最多量为第一年执行期股的全部股权。

第三部分激励方案是员工持股方案，即吴忠仪表公司员工作为发起人，根据员工学历、工龄和在公司所在岗位等因素综合确定每一发起人可认购的股份，以货币或实物作价出资，设立的一个新的规范股份有限公司，以企业法人形式受让部分上市公司的国有股份，从而实现员工间接持有吴忠仪表的股份。

吴忠仪表复合模式股权激励方案的实施让员工受让国有股份合计占到了当时股本比例的17.39%，即3300万股，成功地将国家持股比例由47.37%降低到30%，即国有股由9000万股减持到5700万股。其改制不是一次单纯的产权改革，而是着眼于公司的长期稳定发展所进行的全方位改革，一方面实现了国家股的逐步减持，是国有股权减持和上市公司股权重组的一种有效方式，另一方面在股权结构重组的基础上施行相应的激励约束计划，充分调动了各个层面的积极性，从而推动公司发展战略、管理制度、经营机制作出相应的深层次改革。

第三节　业绩股票

业绩股票是一种非常常见的股权激励工具，运用于上市公司激励时被称为业绩股票，运用于非上市公司激励时被称为业绩股份，是指公司将普通股作为长期激励性报酬支付给激励对象。只要激励对象达到事先约定的业绩指标，公司即提取一定的奖励基金购买公司股票授予激励对象，或者激励对象直接获得一定数量的股票或股份。

一、业绩股票的主要功能

业绩股票激励方案有三个设计要点：

1. 确定业绩指标，即公司根据现有业绩情况、市场状况和未来的发展潜力给激励对象设置若干年的考核期限和与之对应的业绩目标、授予的股票或股份数量或激励基金的提取额度。

2. 设置禁售期，即根据不同的激励对象设置不同的禁售期。通常情况下，若激励对象是董事会成员或高管，其所获业绩股票只能在离职 6—12 个月后才能出售；若激励对象是核心骨干，其所获业绩股票必须经过 3 年左右的禁售期，自第四年开始可以出售，但不能一次售出，一般第四年、第五年和第六年可售的比例分别为 30%、60% 和 100%。

3. 设置限制条件和风险抵押金。为了增强约束性，实践中业绩股票激励方案常常会设置严格的限制条件，或要求激励对象缴纳风险抵押金。如果考核期内出现激励对象业绩未能达到约定指标、提前辞职或激励对象作出损害公司利益行为等情况，公司就有权取消激励对象获得业绩股票的资格，风险抵押金也可能被没收。

业绩股票使激励对象的绩效和报酬与企业的经济收入紧紧联系在一起，

激励效果实在，能形成双方共赢的格局。由于业绩股票的授予和兑现取决于工作绩效，几乎不涉及股市风险等难以控制的因素，对于股东而言，业绩股票的激励模式权责清晰、结构简单、可操作性强、受到的政策限制较少，一般只要股东大会通过即可实施，不需要向监管部门申报批准，因此，该模式在我国很早就得到了推广，且应用非常广泛。

二、业绩股票激励的适用企业

虽然业绩股票结构简单、操作性强，也避免了股票市场有效性差带来的不可控风险，但并非所有的企业都适用该种模式，原因在于业绩股票激励存在三个难以避免的弱点：长期激励力度相对较弱、激励成本高、业绩指标和业绩考核标准难制定。

首先，业绩股票的设计和实施远不如股票期权和期股复杂，但其业绩考核的周期相对不能过长，长期激励的效果比之股票期权和期股就弱一些。

其次，大多数选择业绩股票进行股权激励的公司往往采用提取激励基金购买股票的方式，而非直接奖励股票，这就要求公司在整个激励计划的业绩考核期内定期支出一定的现金提取购股资金，无形中加大了公司的现金支出压力和激励成本。

最后，在业绩股票激励方案中，最核心也最难的部分就是确定业绩指标和业绩考核标准。这需要综合公司制定计划时的业绩表现、人才力量、未来发展空间、市场整体状况等因素来进行考量，没有直接的范本可以参照。业绩指标设置太高、考核标准过于严苛将打击激励对象的积极性；业绩指标设置太低、考核标准不够严格，激励对象轻易获得业绩股票也达不到激励的效果。另外，如果业绩考核没有配套可行的约束机制和管控机制，还容易导致激励对象为了获得业绩股票而弄虚作假，最终损害公司利益。

有鉴于业绩股票的上述弱点，选择该种激励方式的公司通常情况下应当具备业绩稳定、现金流量充足、法人治理结构和公司各项制度完备的基本条件，最好是处于成长期后阶段或成熟期的上市和非上市公司。

三、业绩股票激励的应用案例

案例 2.4

天津泰达与“第一部股权激励成文法”

天津泰达股份有限公司前身是天津美纶化纤厂、天津美纶股份有限公司，于 1997 年 9 月 24 日经天津市工商行政管理局批准成为天津泰达集团有限公司控股的子公司，更名为天津泰达股份有限公司（以下简称“天津泰达”），主要经营领域为金融、区域开发等。1999 年 9 月，天津泰达开始施行股权激励计划，正式推出《激励机制实施细则》，被称为我国 A 股上市公司实施股权激励措施的第一部“成文法”。

根据该实施细则，天津泰达采用了业绩股票模式，即在每年年度财务报告公布后，根据年度业绩考核结果对激励对象实施奖罚。当激励对象绩效考核合格时，天津泰达将提取年度净利润的 2% 作为对董事会成员、高层管理人员及有重大贡献的业务骨干的激励基金，基金只能用于为激励对象购买泰达股份的流通股票并作相应冻结；与此相反，如果激励对象达不到考核标准，就要遭到相应的处罚，且必须以现金在 6 个月之内清偿。为了保障激励机制按计划进行，天津泰达专门成立了激励管理委员会，由公司监事、财务顾问、法律顾问组成，共 5 人，专门负责奖惩的实施，对股东大会负责，可向董事会汇报，但董事会没有支配权。

天津泰达在业绩考核上参照了五大指标：资产保值增值率（净资产增长率）、主营收入增长率、主营利润增长率、净资产收益率、净利润的现金含量。其中，最主要的是每年 15% 的业绩增长率，得到了严格的贯彻。下图是1997—2003年天津泰达的业绩和激励方案实施后股东的持股情况[①]：

天津泰达1997—2003年业绩表现

	1997	1998	1999	2000	2001	2002	2003
利润总额（万元）	8360.70	14796.87	18690.21	15571.28	13224.92	13934.96	13082.05
净利润（万元）	7139.94	13050.39	16720.53	14020.05	11952.22	9848.86	9355.42
净资产收益率（%）	28.68	34.38	30.15	21.19	9.22	7.13	6.39
业绩增长率（%）		82.78	28.12	-16.15	-14.75	-17.60	-5.01

天津泰达1999—2004年总股数及高管持股情况

	1999.11.29	2001.3.26	2002.6.26	2003.4.28	2004.7.6
总股数	26515.49	30027.96	45041.94	81075.49	105398.13
高管持股	5.53	0.00	68.30	95.84	103.61

天津泰达推出股权激励计划时，正值内部管理机制及行业、产品业务结构的重大改革期，同时实施股权激励计划有利于公司管理制度的整体设计和与其他管理制度之间的协调和融合，降低了制度安排和运行的成本。而作为一家综合类的上市公司，其业绩较为平稳，现金流量也较为充裕，业绩股票的激励工具选择也十分恰当。其激励管理

① 天津泰达股份有限公司1997—2003年业绩表现和高管持股情况参见“天津泰达股权激励案例分析”，http://wenku.baidu.com/link?url=Xe-coKJ8UwkYbo8RlKI0G2IbGr_p8mPc9sSdB3JcLLFqe5dY4PGxGz_BoJzzaMIq2fTA4iUUS7ejtYp87lcyFnGnbGgWiknpBI2VAaEMADa，最后访问时间为2016年8月24日。

委员会的建立和职能履行也具有开创性的作用。有鉴于此，业绩股票激励计划的实施在前期取得了较好的成绩。

但该计划从制定到实施并未有效地改善业绩股票计划的几个常见弱点，造成了后期激励效果并不理想的结果。

首先是购股基金提取比例较低，激励力度偏小。天津泰达确定的激励力度为当年净利润的2%，与同时期实施业绩股票激励的其他上市公司对比相对较低，加上激励对象人数较多，每一个激励对象最终能够分得的基金及对应的股票都不高。尤其在股权激励计划开展的同时，天津泰达的主营业务逐渐向基础设施公用事业和投资一些技术含量高、附加值高、市场潜力较大的高科技化纤产品方向转移，相比同时期的高科技企业，天津泰达的业绩股票激励力度对于人才的吸引力尤显不足。

其次是业绩目标的设定缺乏弹性。从天津泰达 1997—2003 年业绩表现表中不难发现，其激励计划实施的前三年，公司的业绩表现比较好，远远超过了 15% 的业绩指标，但从 2000 年开始直至 2003 年，业绩表现急剧下滑，出现了负增长的情况。事实上，在成熟的市场环境下，企业要常年保持 15% 的业绩增长率并非易事，加上市场和企业本身的情况也不断变化，固定不变的业绩指标很难保持长期有效的激励作用。

天津泰达的实例为选择业绩股票激励的广大企业作出了重大提示：制定业绩股票激励方案必须慎重确定激励力度和业绩指标。

对于激励力度而言，太高容易导致企业激励成本上升，现金流压力增大，但过低的激励力度无疑会大大减损激励的效果。公司确定激励力度应当综合考虑行业、市场、公司、员工等各种因素，找到激励成本、现金流压力和激励效果之间的平衡点。

对于业绩指标而言，企业选择固定的业绩指标，就必然面临内外部环境发生变化时难以适应的情境，如果不随机进行调整，将直接影响股票激励的最终效果。因此，企业在制定业绩股票激励计划时就应当赋予业绩指标一定程度的灵活性，以保障计划的顺利实施和激励目的的实现。例如，企业完全可以参考行业的业绩增长率、银行的同期贷款利率等设计业绩指标，不仅有效提高计划的灵活性和适用性，也省去了方案修改和决议的程序性负担，通过计划本身的设计最大程度地避免修改滞后的不利影响，更好地实现激励目的。

第四节　干股

干股又称身股、利润分享计划，是所有股权激励工具中操作最简单的一种，实际就是企业赋予激励对象一定比例的分红权，公司每年从净利润中拿出一定比例，按照事先约定的规则分配给激励对象。

一、干股的主要功能

从股权的外延来看，干股与前述几种股权激励模式存在着巨大差别。无论是股票期权、期股还是业绩股票，激励对象经过约定的考核期、禁止行权期等约定期限后，行权获得的都是法律意义上权利义务内容完整的股票或股份，而干股与其说是股权激励，不如说是公司股东基于其股利分配请求权，一致协议向激励对象让渡或赠与一部分经济利益。因此，干股的激励不涉及所有权问题，不需要激励对象出资，一般通过协议方式取得。

实践中，干股的授予都与岗位相关，分红可能来源于部分股东的赠与，也可能来源于全体股东，视公司整体情况可以选择附条件的方式，也可以选择无条件的赠与。干股的激励对象也不局限于经理人或者核心技术人员，一些人力资本依附性较高的公司甚至将干股激励用于大多数普通员工。

干股激励在计划设计上一般不会像其他模式一样设定业绩指标，因为分红来源于公司净利润，如果激励对象无法创造可观的业绩，就无法获得足够的分红。只要是获得干股激励的对象，一定都会着重于利润创造。

由于设计简单、操作方便，干股激励的功能和效用容易在短时间内得到体现，这也是许多企业选择干股激励的最主要原因。

二、干股激励的适用企业

对于激励对象而言，其受激励的分红收益只有一年的周期，兑现上一年分红收益后，即便激励对象离开公司，他得到的利润也不会受到减损，干股激励的约束性和利益捆绑的长期性低于许多其他的激励工具。加上一定比例的分红赠与，干股激励还会占用企业现金流。有鉴于此，现金流不充足或者希望选用长期性激励工具的企业都不适宜单独使用干股进行激励。

但干股模式仍然被许多企业青睐，原因在于，一旦干股与其他股权激励工具结合起来，发挥综合作用，对于帮助企业选用其他激励工具进行过渡，或者作为其他模式的补充、消除利益不平衡有不可替代的价值。

如果一家公司想要实施股票期权、期股等激励计划，但各方面时机还不成熟，完全可以选用简单易行的干股激励模式进行尝试，一方面积累股权激励的经验，另一方面还有利于激励对象积累后续激励计划的购股资金，待时机成熟即可实现顺利过渡。联想集团 1993 年至 1998 年的干股分红方案即是利用干股激励实现平稳过渡的最好范例。①

① 参见第一章【案例 1.4】“联想的成长金台阶计划”。

三、干股激励的应用案例

案例 2.5

《乔家大院》的晋商“身股制”

电视连续剧《乔家大院》以清朝嘉庆年间山西十大财东之冠的乔家为原型，讲述了晚清时期一代晋商的代表人物乔致庸以商富民、以商兴国的人生经历，表现了晋商节俭勤奋、明理诚信、精于管理的人文精神。该剧自播出起收视率居高不下，掀起了全国范围“看乔家大院，品中华美德”的热潮，也让促使晋商成为中国商帮翘楚、称雄商界500余年的“身股制”得到了广泛的研究和推崇。

晋商“身股制”起源于19世纪20年代清朝道光年间，以山西商人“日升昌”票号的身股制为诞生的标志，票号“出资者为银股，出力者为身股”。银股也称财力股，是商号“东家”在开办商号时投入的资金，每股面值为2000～10000两白银不等，银股可以继承和转让。身股俗称“顶身股”，是商号的职员以个人劳力折成股份，并享有与银股等量分红的权利，且不必承担亏损责任，身股不能继承和转让，顶身股者离职或死亡后其身股自然终止。

自乔家到第三代乔致庸开始，“身股制”得到了巨大的改革，激励对象由原先的掌柜“管理层”，扩大到掌柜和伙计都可以顶身股，但同时也设计了更为细致的激励计划。

根据乔家的“身股制”，人员级别不同，所顶股数也就不同：大掌柜一般可顶一股（即十厘），二掌柜、三掌柜可顶七八厘，伙计大多可顶一至四厘，但并非所有员工都能顶身股，只有达到规定的工作年限和工作业绩的员工才有资格。除此之外，身股的数量主要取决于工作业绩，每逢账期（一般为4年）可增加一二厘，且份额的增加不一定完全循序渐进，而是根据业绩或贡献大小来决定提升的幅度。如果业绩不佳，就会原地踏步甚至减少份额。

自乔家之后，晋商“身股制”日趋完善，等级层次逐渐分明，从一厘至十厘每半厘一个等级，共19个等级，员工只要努力工作，就可以享受到可观的身股分红收入，这对于已有身股和没有顶上身股的员工来说，都具有极大的吸引力和诱惑力。如乔家大德通票号，1889年银股为20股，身股为9.7股，到1908年时银股仍为20股，而身股增加到了23.95股。

正是晋商的身股制度帮助其留住了核心人才，在整个行业形成了竞争优势，使得晋商在中国农业社会中最贫瘠的黄土高原上，集中了中国50%以上的金融资产，使黄土高原的富裕程度胜过江、浙地区。

案例 2.6

天津文光的身股创新激励

天津文光集团（以下简称“天津文光”）是一家位于天津市的五金连锁经营企业，主营五金、化工、机电、电料、工具、水暖六大类两万余种品项商品，是当地五金销售领域的知名企业。从2007年开始，其他五金销售连锁企业的入驻使天津文光毫无准备地面对强大的竞争对手，加之受到金融危机的打击，天津文光陷入内忧外困的境地，销售额徘徊不前，费用激增，员工工作积极性下降，经营每况愈下，遭遇前所未有的重大困难。

为了应对危机、挽救企业，天津文光自2009年开始实施股改，先关闭先天不足的门店，保留26个门店，实行二级管理的独立核算。门店实施超额利润身股分红的方案，以上一年实现的利润为基数（亏损门店利润基数为零），超额利润按照4:4:2的比例在公司、店长以及员工之间进行分配，将店长模拟为老板。此方案切合天津文光的经营实际且简单易行，实施两年后即取得了显著的成果，2010 年的利润比 2009 年翻了 10 倍。

享受到股改和股权激励带来的成果之后，天津文光陆续推出了新的股改方案，每一期都在上一期成果的基础上调整激励方式，并引入功劳身股的概念，根据各店利润基数的大小确定功劳身股的分红比例，实现高利润的门店店长除享受超额身股分红之外，还会根据其贡献享受功劳身股，加大了激励力度。

为了进一步抢占市场，加快新门店的开发步伐，天津文光在后期开始实施银股，推出了员工创业计划。组建新的分店时，鼓励新分店店长出资 10 万元占 20% 的股份，一旦盈利，店长还将额外获赠 10% 的股份。店面亏损期间领取基本工资，盈利后除享受出资部分实股分红外，仍然采用功劳身股和超额身股相结合的方式进行分红。

通过极富创新性的股权激励模式，天津文光将干股激励与实股激励、管理层激励与员工激励高效地结合起来，充分调动了各个分店的店长和员工的积极性，有效解决了经理人动力不足的问题，同时建立起配套的二级管理与分级核算的组织架构，迅速带动企业脱离困境，全面提升了品牌价值。

第五节　限制性股票

在美国，2003 年以前，限制性股票的使用频率仅次于股票期权，常常与股票期权配合使用，被授予公司的关键人才实现长期激励。2003 年之后，“安然事件”“世通事件”等事件的爆发促使了美国金融市场及监管制度的改革，目前已经有越来越多的公司将限制性股票作为主要的激励工具。

我国《上市公司股权激励管理办法》将股票期权和限制性股票作为两种主要的股权激励工具予以规定。由于限制性股票的激励效果对资本市场有效性的要求远不如股票期权之高，鉴于我国资本市场有效性较差的现状，限制性股票逐渐成为我国上市公司选择最多的股权激励工具。

限制性股票是上市公司的一种股权激励工具，运用于非上市公司时被称作限制性股份。限制性股票或限制性股份激励模式是指公司为了实现某一特定目标，按照预先确定的条件免费或以较低的折扣价格授予激励对象一定数量的股票或股份，但激励对象持有与出售被授予的股票和股份受到一定程度的限制，即只有在规定服务期限经过后或完成特定的业绩目标时，才可以出售限制性股票并从中获益。如果激励对象在服务期内离职或预定目标没有实现，则公司有权将免费赠与的限制性股票或股份无偿收回，或者以激励对象购买时的价格或更低的市场价格予以回购。

一、限制性股票的主要功能

限制性股票激励计划的一般设计为：

1. 董事会提交股权激励计划，股东大会审议通过后赠与或以较低的折扣价格授予激励对象限制性股票；

2. 激励对象在获得股票后，不能立即出售，必须受到禁售期（锁定期）的限制。禁售期的长短由企业根据自身情况在股东大会通过的激励计划确定，但一些国家对限制性股票的禁售期有特别规定。例如，在《上市公司股权激励管理办法》颁布实施前，我国证监会上市公司监管部《股权激励有关事项备忘录 1 号》[①] 第三条规定，如果标的股票的来源是增量，即通过定向增发方

① 已失效。

式取得股票，其实质属于定向发行，则参照现行《上市公司证券发行管理办法》中有关定向增发的定价原则和锁定期要求确定价格和锁定期，同时考虑股权激励的激励效应。（1）发行价格不低于定价基准日前20个交易日公司股票均价的50%;（2）自股票授予日起十二个月内不得转让，激励对象为控股股东、实际控制人的，自股票授予日起三十六个月内不得转让。若低于上述标准，则需由公司在股权激励草案中充分分析和披露其对股东权益的摊薄影响，我部提交重组审核委员会讨论决定。

3. 禁售期经过后进入解锁期。激励对象必须达到约定的解锁条件后才能解锁限制性股票，解锁条件包括业绩条件和非业绩条件。实践中限制性股票常常不会被一次性解锁，而是按照一定的年限分期解锁，而企业往往对每一期解锁都会设置不同的解锁条件，激励对象要想解锁全部被授予的限制性股票必须满足每一期的解锁条件。与禁售期一样，解锁期的长短也是由企业根据自身情况在股东大会通过的激励计划确定，但仍存在特殊规定。例如，我国《国有控股上市公司（境内）实施股权激励试行办法》第22条规定："在股权激励计划有效期内，每期授予的限制性股票，其禁售期不得低于2年。禁售期满，根据股权激励计划和业绩目标完成情况确定激励对象可解锁（转让、出售）的股票数量。解锁期不得低于3年，在解锁期内原则上采取匀速解锁办法。"

从激励模式来看，虽然股票期权与限制性股票一样，都是最主要的股权激励工具，但二者在设计原理和功能效用上存在着很大差异。

股票期权被授予的并非实股，而是期权，激励对象通过在行权期内买入卖出股票赚取溢价收益；而限制性股票的激励对象在授予时获得的就是实股，只是这种实股不能马上兑现，有一定的限制条件。

在激励功能效用上，二者的差异主要由股票市价的变动决定。由于股票期权的收益实际来源于行权价与行权日市场价、出售日市场价的差价，所以价格差越大，激励对象的收入越多，如果行权日市场价低于行权价，那么股票期权不值得执行，激励对象就无法获利。而限制性股票不同，由于获得的是实股激励，激励对象全部解锁限制性股票后出售获利，出售日市场价越高，激励对象收入越多，即便出售日股票价格偏低，激励对象也可以获利，规避了股票大幅波动而使激励对象“白干”的风险。

二、限制性股票激励的适用企业

限制性股票的激励周期较长，对激励对象的约束性较好，受市场波动影响较小，因此，无论是上市公司还是非上市公司，都对它非常青睐。

上市公司的限制性股票分为两种类型：折扣购股型和业绩激励型。

折扣购股型限制性股票通常采用定向增发的方式，公司以低于二级市场的价格授予激励对象一定数量的本公司股票，激励对象需要自筹资金购买，具体授予价格或价格确定方法一般由董事会下设薪酬与考核管理委员会确定。激励对象获授限制性股票后，在禁售期内持有但不得出售，在解锁期内达到约定的解锁条件后分期解锁。

业绩奖励型限制性股票是激励对象达到规定的激励条件时，由公司从净利润或约定的超额净利润部分中按比例提取激励基金，用激励基金从二级市场上回购公司股票授予激励对象，但我国公司法规定，公司回购用作激励的股票应当在三年内转让。该种激励方式一般无需激励对象自筹资金或者只要求激励对象筹集部分资金，但激励对象在获授后禁售期内仍然只能持有不能出售，在解锁期内达到约定的解锁条件后才能分期解锁。

非上市公司限制性股份激励主要有两种方式，一种是和其他激励模式配合使用，将较长的服务年限作为限制条件，用于留住关键人才，适用于所有行业和所有处于发展阶段的企业；另一种是将限制性股份作为主要的激励工具，以业绩目标为限制条件，适合创业、商业模式转型或处于快速成长期的企业。

除此之外，无论是上市或是非上市公司都可以用限制性股票和限制性股份实施金色降落伞计划，用“股权释兵权”的方式，实现权力的安全交接，避免权力变动引起的利益冲突和元老为抵制权力变动造成的交易成本。

三、限制性股票激励的应用案例

案例 2.7

光明乳业“上海市地方国企股权激励试点改革第一单”

光明乳业股份有限公司（以下简称“光明乳业”）原身为上海光明乳业有限公司，2002年在上海证券交易所A股市场上市交易，是由国资、外资、民营资本组成的产权多元化的股份制上市公司，主要从事乳和乳制品的开发、生产和销售，奶牛和公牛的饲养、培育，物流配送，营养保健食品的开发、生产和销售等业务，是目前国内规模排名靠前的乳制品生产、销售企业。

光明乳业自2002年上市后，开始大规模并购，但资本运营没有带来主营业务收入和净利润的增长，反而呈现递减趋势。同时，由于缺乏有效的激励机制、受子公司“回炉奶”突发事件的影响，很多中小企业、外资合资企业借机抢夺人才，致使光明乳业人才流失率高达80%。2008年三聚氰胺事件爆发后，乳产品市场进入关键调整期，光明乳业的内忧外患集中爆发，业绩出现整体下滑。

2009年6月22日，上海市国资委对下属各企业印发了《上海地方国有控股上市公司（境内）股权激励申报程序及报送材料指引》。2010年年初，上海市国资委表示将选择2—3家主营业务明确、法人治理结构良好、经营稳健的国有控股上市公司试行股权激励改革。为了解决所面临的内忧外患，吸引并留住人才，提升整体业绩，光明乳业抓住改革机会，积极进行股权激励计划申报，成为上海市地方国企股权激励改革第一家试点企业，被称为“上海市地方国企股权激励试点改革第一单”。

2010年1月，光明乳业推出了《A股限制性股票激励计划》。几经修改后，于同年9月第二次临时股东大会上审议通过了《A股限制性股票激励计划（草案再修订稿）》及相关提案，也同时获得证监会、上海国资委的批准。

2010年10月18日，光明乳业完成限制性股票登记手续，股权激励计划得以正式实施。该激励计划的激励对象包括公司高级管理人员、中层管理人员及子公司高管、经董事会认定对公司经营业绩和未来发展有直接影响的核心营销、技术和管理骨干等共计105人，限制性股票激励计划实施时拟授予的股票数量不超过815.69万股（占公司股本总额的0.78%）[①]。

激励对象获授的限制性股票的授予价格为4.70元每股，确定方法是股权激励计划草案摘要公布前20个交易日公司股票均价的50%,符合《股权激励有关事项备忘录1号》[②]的要求。较低的授予价一度引发了众多中小股东的不满，认为激励计划在变相地为激励对象谋取“福利”[③]，损害了中小股东的利益。但很快，随着计划的逐渐实施，股东们的担心渐渐被证明是多余的，因为计划设置了近乎苛刻的解锁条件，不可能让激励对象感受到“福利”的迹象。

光明乳业限制性股票激励计划的有效期为5年，包括2年禁售期和3年解锁期。解锁期内，若达到计划规定的解锁条件，激励对象在

---

① 从光明乳业股份有限公司2010年年度报告来看，该次股权激励实际授予的限制性股票数量为7,300,800股，占股权激励实施前光明乳业总股本的0.70%。参见“光明乳业股份有限公司2010年年度报告”：http://quotes.money.163.com/f10/ggmx_600597_689176.html，最后访问时间为2016年8月25日。

② 已被《上市公司股权激励管理办法》废止。

③ 光明乳业股份有限公司在2004年就实施过股权激励计划，当时的激励对象只有4名高管，授予时只考察激励对象的过往业绩，并不与未来经营业绩挂钩，相关配套措施也有较多漏洞，最终没有产生激励效果，遭到了投资者的质疑。

3个解锁日依次可申请解锁股票上限为该期计划获授股票数量的40%、30%与30%，若未达到解锁条件，当年不予解锁，未解锁部分的限制性股票，光明乳业在当期解锁日之后以授予价格统一回购并注销。

计划授予限制性股票的业绩条件为：（1）2009年度营业总收入不低于79亿元，归属于母公司所有者的净利润不低于1.2亿元；（2）2009年度加权平均净资产收益率不低于4.3%；（3）2009年度扣除非经常性损益的净利润占净利润的比重不低于75%。

计划获授的限制性股票解锁的业绩条件为：（1）第一个解锁期：2010年、2011年营业总收入分别不低于94.80亿元和113.76亿元，净利润分别不低于1.90亿元和2.28亿元，净资产收益率不低于8%，扣除非经常性损益的净利润占净利润的比重不低于85%；（2）第二个解锁期：2012年营业总收入不低于136.51亿元，净利润不低于2.73亿元，净资产收益率不低于8%，扣除非经常性损益的净利润占净利润的比重不低于85%；（3）第三个解锁期：2013年营业总收入不低于158.42亿元，净利润不低于3.17亿元，净资产收益率不低于8%，扣除非经常性损益的净利润占净利润的比重不低于85%。

光明乳业选取的业绩考核指标包括营业总收入、净利润、净资产收益率和扣除非经常性损益的净利润占比，远比同行业普遍选取的反映公司盈利能力的指标（净利润增长率和主营业务收入复合增长率）更复杂。要想解锁获授的限制性股票，仅光明乳业的营业总收入就必须在4年内翻一番。从苛刻的解锁条件来看，该计划绝不是一种变相的“福利”。

几经修改调整的激励计划果然不负众望，在关键时期帮助光明乳业顺利渡过低谷，找到了稳定盈利的方法。即使是在产品质量问题频出，同行业营收和净利增速都明显波动的情况下，光明乳业却能实现稳定增长，连续3年精准完成了业绩目标。

同时期，伊利公司2011年净利润同比翻番，2012年前三季度净利润却同比下降3.66%；而蒙牛公司2012年上半年的净利润更是大幅下降18.4%。在乳企三巨头中，只有光明乳业能够独善其身继续实现业绩的高增长。2010—2012年，光明乳业实现营业收入分别为95.72亿元、117.89亿元和137.75亿元；同期净利润分别为1.94亿元、2.38亿元和3.11亿元，几乎每年都超出了业绩目标圆满完成。

第六节　虚拟股票

虚拟股票，顾名思义并非真正的公司股票，而是指公司授予激励对象一定数量的“虚拟”的股票，激励对象根据所持有的虚拟股票（上市公司）或虚拟股份（非上市公司）而享有一定数量的分红权和股价升值收益，但没有所有权和表决权，不能转让和出售，在离开公司时自动失效。

虚拟股票仅在账面上反映，采用内部结算的方法，企业需要像业绩股票一样提取激励基金用于兑现分红，并支付虚拟股票溢价带来的收入。

一、虚拟股票的主要功能

从激励原理来看，虚拟股票实际可以看作是股票期权的一种衍生模式，二者操作方式拥有许多相似之处。例如，虚拟股票也需要与激励对象签订合约，约定授予的虚拟股票数量、兑现的时间、兑现的条件等，但由于授予的并非真正的股票，程序上虚拟股票的激励计划也有诸多特点。

虚拟股票激励的具体程序如下：

1. 企业设立一个专门的激励基金用于虚拟股票的专项激励，并确定每年度提取的激励基金数额；

2. 确定每年发放的虚拟股份总股数与虚拟股份的初始价格；

3. 确立激励对象的范围，根据激励对象的综合表现决定虚拟股票的分配；

4. 确定激励计划的考核方式、虚拟股票的兑现条件；

5. 考核通过且达成兑现条件后，授予对象在持有虚拟股票的规定期限内，根据约定一次性或逐步将其持有的虚拟股票分红和增值收益予以兑现。兑现一般采用现金方式，股票转换价格以兑现时的真实股票价格为基础。企业也可以将兑现方式设计为支付等值的股票或股份，或者股票或股份与现金相结合。

从上述程序来看，虚拟股票实质上是一种奖金延期支付的方式，激励对象不真正持有股票，这不仅有效地解决了股权激励的来源问题，也节省了实股激励的变更登记等程序，十分简便利于操作。

从内容上看，虚拟股票实际上是将股票所有权、控制权、股利分配请求权（分红权）和资本增值享有权进行分离，只将股利分配请求权和资本增值享有权授予激励对象，不涉及所有权和控制权的安排，其运用可以像干股激励模式一样广泛。但与干股相比，更像一种持股模式，除了分红之外还享受资本增值收益。

从实施的效果上看，即使在股价下跌严重的情况下，激励对象失去资本增值收益，但仍可以享受分红收益。因此，虚拟股票激励模式适用于上市公司还能有效规避股票市场波动的部分影响。

二、虚拟股票激励的适用企业

有别于股票期权“企业请客，市场买单”的模式，在虚拟股票的激励模式中，激励对象的收益来自于虚拟股票的分红和溢价收益，表现为现金或等值的股票，其收益由企业支付，即所谓“企业请客，企业买单”。因此，并非每个企业都适合虚拟股票，现金流不够充裕的企业选择虚拟股票激励往往会带来非常大的压力，只有现金流量比较充裕的上市和非上市公司才适合这种模式。

然而在上市公司中，虚拟股票激励也不适合单独使用，它一般与授予激励对象真正股份的其他模式相结合，用虚拟股票激励一般管理人员和核心骨干，消除高管层和一般管理人员、核心骨干之间的利益不平衡。

非上市公司选择虚拟股票激励除组合模式外，一般还用作股权激励模式之间的过渡。例如，非上市公司可以在上市前选择虚拟股票激励，上市后转用股票期权。又如，非上市公司还可以利用虚拟股票激励计划的实施积攒经验，待时机成熟之后再将虚拟股票激励计划转换为股份期权或期股激励，加大激励力度，使激励对象获得真正的股份。

三、虚拟股票激励的应用案例

案例 2.8

上海贝岭的“薪酬制度改革方案”

我国应用虚拟股票激励机制比较成功的公司之一是上海贝岭股份有限公司（以下简称“上海贝岭”）。上海贝岭前身是上海贝岭微电子制造有限公司，主要从事通信和多媒体信息系统集成电路的设计、制造、销售和技术服务，1988 年由上海市仪表局和中比合资的上海贝尔公司合资设立，是国内集成电路行业的第一家中外合资企业。1998 年 8 月完成更名、改制上市，也是国内集成电路行业的第一家上市公司。

为了提高公司凝聚力、进一步吸引和稳定人才，上海贝岭从 1996 年就开始进行一系列的薪酬制度改革，1998 年上市后进入快速成长期，开始实施股权激励计划。

由于当时《公司法》尚未修改，实施股权激励的企业都不易解决激励的股票来源问题，因此上海贝岭首先针对高管层推出了期股激励计划。激励对象主要是控股公司对其推荐、委派、提名并在公司领薪的总经理、党组织书记等公司主要负责人。期股激励结合年收入办法得以贯彻：激励对象年收入主要由基薪和加薪奖励两部分组成，基薪由企业资产规模、管理复杂程度等综合因素判定；加薪有两种表现形式，一种是经考核后视经营业绩增发1—5个月的基薪；另一种是期股。激励对象根据业绩可以获得和特别奖励等值的股票，但在一定的时间内不得兑现、不得转让，但享有分红和转增股本等权利，当激励对象任职期超过2年，期股累计超过5万元时，可以兑现超过部分的20%。激励对象在任期届满，正常离职满1年后可以按事先约定的时间表兑现股票。

然而，作为一家高新技术企业，上海贝岭对人力资源的依赖性是非常强的，这不仅体现在对高管人员的依赖，一般管理层和技术骨干对其发展也举足轻重，当时员工中约有50%以上为各类技术人员。如果仅仅对高管层实施股权激励，必然造成高管层与一般管理层和技术骨干的利益矛盾。

有鉴于此，对一般管理层和技术骨干进行激励势在必行，但为了避免控制权因为大幅度的股权激励被稀释、影响后续融资，期股显然不再合适。1999年7月，针对一般管理人员和技术骨干的虚拟股票激励计划就作为“薪酬制度改革方案”的另一重要部分应运而生了。

上海贝岭每年从税后利润中提取一定数额作为一般管理层和技术骨干虚拟股票计划的激励基金，按照员工的业绩情况确定激励对象的范围及其获得的虚拟股票数量，根据约定的购买价格用激励基金折算为股票股数，由激励对象“虚拟持有”。公司与每一位激励对象签订合约，合约中约定了模拟股票期权的数量、兑现时间表、兑现条件等。

持有虚拟股票的激励对象与普通股股东一样享有分红权和资本增值享有权。上海贝岭还特别赋予了激励对象持有“股票”的配股权，即虚拟股票兑现之前，如果公司对普通股股东实施配股或送股计划时，激励对象也享有同步增加持有虚拟股票数的权利。

当激励对象服务期达到一定年限后（一般是5年），可根据约定将虚拟股票逐年兑现。资本增值收益的兑现以持有虚拟股数计量，并以兑现时的实际市场价格结算，减去购买价格的差价部分为激励对象的实际所得，公司代为缴纳所得税。

上海贝岭通过期股和虚拟股票激励计划的实施，既解决了不同激励对象的利益不平衡问题，实现了高管层、一般管理人员、技术骨干和公司的利益捆绑，又完善了公司的薪酬制度，稳定了公司的主要管理人员和技术人员队伍，提高了公司的凝聚力，实现了公司的长期稳定和持续健康发展。

第七节　股票增值权

股票增值权是股票期权的另一种衍生形式，激励原理与同为股票期权衍生形式的虚拟股票有诸多相似之处。企业在激励计划实施时授予激励对象股票增值权，激励对象不需要实际购买公司股票，仅通过模拟股票期权的方式获得股票增值的收益。

在股票增值权激励模式中，公司直接将兑现时的股票市场价与授予时的股票市场价之间的差价支付给激励对象，支付方式可以是现金，也可以是股票，或者现金与股票的组合。

一、股票增值权的主要功能

在股票增值权的激励模式中，激励对象也不享有真正意义上完整的股票和股份。企业实际是将股票增值收益权从股票外延囊括的众多权益中剥离开来授予激励对象，激励对象没有表决权、分红权和配股权。因此，股票增值权激励实质上也是一种奖金延期支付的方式，不影响所有权的分布和控制权的安排，也不需要证监会审批和工商变更登记，股东大会通过即可实施，操作简便。

股票增值权的激励模式将激励对象的收入与公司未来股价高度挂钩，可以有效地促使激励对象努力提升公司业绩、不断提升股票价值；同时，设计上股票增值权的兑现期一般超过任期，这就促使企业与激励对象的利益得到了长期捆绑，一定意义上也能约束激励对象的短期行为。

二、股票增值权激励的适用企业

激励对象持有股票增值权享有的收益完全与股票期权一样，来源于股票兑现价格与行权价的溢价收益，区别在于，股票期权的收益由市场买单，而股票增值权的收益只能由企业自己买单。企业要想使股票增值权发挥激励效用，必须依赖由充裕的现金流和良好的资本市场有效性。因此，我国上市公司单独选择股票增值权进行激励的案例并不多见。

对于非上市公司而言，其行权价格的确定没有股票市场价格作为参考，一些企业就在实施股票期权计划、期股计划等激励方案时采用每股净资产值作为定价依据。计算方式为：

每股净值 = 股份净值总额 ÷ 股份总额

股票净值总额 = 公司资本金 + 法定公积金 + 资本公积金 + 特别公积金 + 累积盈余 – 累积亏损

虽然这种定价方式在客观性、准确性与公正性上存在争议，但因为其简便易行，一直被我国诸多非上市公司采用，成为目前非上市公司股权激励最常用的定价方式之一。

每股净资产值定价方式应用于股票增值权，就衍生出另一种激励工具——账面增值权。其设计和操作要点都与股票增值权一样，但激励对象的收益来源就不再是股票的增值部分了，而是每股净资产的增值部分。

事实上，账面增值权激励使激励对象关注企业资产的增值，运用于上市或非上市公司并无差别，而且对于我国的上市公司而言，可以有效地避免激励效果受到资本市场有效性的不利影响。因此，这种模式也渐渐受到我国上市公司的青睐。

三、股票增值权激励的应用案例

案例 2.10

TCL 改制与“增量奖股”激励计划①

TCL 集团股份有限公司（以下简称“TCL”）创立于 1981 年，前身为地方国有企业 TTK 家庭电器（惠州）有限公司，最初从事录音磁带的生产制造，后来拓展到电话、电视、手机、冰箱、洗衣机、空调、小家电、液晶面板等领域。

1996 年前后，TCL 迎来了改变命运的领导人——李东升，同时也迎来了建立现代企业制度的改制潮流。彼时 TCL 的产权问题是综合性的难题，TCL 下属企业包含上市公司、中外合资企业、股份合作制企业等多种企业形态，产权制度的滞后所带来的阻力在企业运营

① 参见“TCL 制变——中国企业又一次产权改革实验”，搜狐网工商财经：http://business.sohu.com/19/76/article201587619.shtml，最后访问时间为 2016 年 8 月 27 日。

中逐步凸显，种种弊端出现在企业经营的各个角落，管理的僵化、下属企业的各自为政、新的产业重组、高层人员创业激情的消退，已经表现出求规模不求效益的趋势，改革势在必行。

1997 年 4 月，TCL 改制计划火热出炉，被李东升赋予代号“阿波罗登月计划”。改制的总体思路是：首先在母公司实施股权激励；然后引进战略投资者和财务投资者，将母公司由国有独资企业转换为股份制企业；最后合并上市的子公司，以实现集团的整体上市。整个方案得到全部贯彻的前提是母公司成功进行股权激励，它也是改制的核心所在。

作为非垄断行业的国有企业，要留住和吸引人才、实现利益捆绑、提升竞争力就必须进行股权激励，但难就难在国有企业的股权激励必须解决国有资产流失的风险问题。

同年，惠州市人民政府批准 TCL 集团进行经营性国有资产授权经营试点，并与李东生签署了为期 5 年的授权经营协议，拟用“增量奖股”的账面增值权模式开展激励。协议核定当时 TCL 集团的净资产为 3.2 亿，约定 TCL 要开展试点授权经营，李东升向惠州市政府交纳 50 万元的风险押金，保证此后每年的净资产回报率不得低于 10%。如果每年净资产增长 10%～25%，管理层可获得其中的 15%；增长 25%～40%，管理层可获得其中的 30%；增长 40% 以上，管理层可获得其中的 45%。管理层获益方式为第一年现金奖励，此后 TCL 以增资扩股的方式将股份支付给管理团队。

为了避免国有资产流失，该授权经营协议还约定：协议期内任何一年净资产增长率低于 10%，则对经营团队处以扣发基本工资、行政处罚、免除职务等处罚。如果经营性国有资产减少的，每减少 1%，则扣罚经营团队预缴保证金的 10%，直至全部扣完。当经营性国有资产减值达到 10% 时，对经营班子进行行政处罚直至免除其职务。

计划得到了迅速完整地贯彻实施，TCL 在 1997 至 2001 年度实现的净资产增长率分别为 63.75%、80.43%、63.25%、56.24%、24.35%，除 2001 年之外，管理团队每一年都获得了约定的最高奖励值。1999 年，TCL 开始实施员工持股计划，管理团队拿出获授的奖励基金与其他员工共同出资 1.3 亿元认购股权。截至 2001 年，TCL 管理层在员工持股计划中认购股份 23.51%，其他企业员工在员工持股计划中认购股份 23.14%，国有股份从 100% 成功降低到 53.35%。在 5 年的时间内，TCL 国有资本从 3.2 亿元涨至 11.6 亿元，增长率高达 261.73%。

独具特色的 TCL“增量奖股”激励计划取得了巨大的成功，它实现了国家、企业、管理层和核心骨干员工三方利益的平衡，通过切实有效的激励措施实现了三方利益的捆绑，既保障了企业快速稳定发展，又兼顾了员工利益的保护，同时实现了股权结构的变革和国有资产的保值增值。

借助股权激励计划带来的丰富成果，TCL 先后引进了加拿大南太电子、（中国）香港金山公司、荷兰飞利浦、日本东芝等战略投资者，进一步改革股份结构、完善公司治理结构，同时开展国际化运营。2004 年 1 月 30 日，TCL 集团正式吸收合并旗下上市子公司 TCL 通讯，实现在深交所的整体上市。至此，“阿波罗登月计划”圆满完成。

第八节　延期支付

延期支付常见于企业为激励对象设计的一揽子薪酬计划中，激励对象的薪酬构成除年薪和年终奖之外，还有风险收入。激励对象要想获得风险收入，必须达到风险收入指标，业绩指标是最常见的风险收入指标，设计在年终奖的业绩指标之上，甚至1—2倍。当激励对象达到风险收入指标后，企业按当日公司股票市场价格折算成股票数量，并存入公司单独设立的延期支付账户，在约定期限届满或激励对象退休以后，再以公司股票形式或根据期满时的股票市场价格以现金支付给激励对象。

一、延期支付的主要功能

当延期支付激励计划中的风险收入指标被设计为业绩指标时，延期支付常常被当作业绩股票，二者的确在激励原理、奖励股票的性质上具有高度的一致性，但从风险收入指标的确定、程序设计和激励功效上看，二者仍然存在较大的差异。

业绩股票的授予和兑现都以激励对象达到约定的业绩指标为前提，而延期支付计划中虽然也常常选用业绩指标为风险收入指标，但仍然为业绩之外的考核标准保留了充足的空间，选用业绩还是非业绩指标完全取决于企业的激励计划设计。

在程序设计上，业绩股票激励通常由企业在年初设定业绩指标，年末考核激励对象，达成指标即免费赠与或授权激励对象低价购买“股票”，获授后，激励对象只要经过锁定期就有权按照约定进行兑现；而延期支付账户中激励对象的股票一般延期较长，甚至在退休之后才能兑现。

在功效上，延期支付的期限一般为5年甚至直至激励对象退休之后，所以通常认为其长期激励和长期利益捆绑的效用比业绩股票更好。

延期支付无须证监会审批，操作性强。它将激励对象的一部分薪酬转化为股票，且长时间锁定，增加了退出成本，促使激励对象更加关注公司业绩成长和长期发展，避免短期行为。如果激励对象业绩不佳或失职导致企业利益受损，可以减少或取消其延期支付收益或进行惩罚，这体现出明显的约束效果。

二、延期支付激励的适用企业

在美国，延期支付因为其避税作用而成为常用激励模式，主要与股票期权等其他激励工具组合使用。根据美国相关税收规则，高管人员年薪超过100万美金时，超过部分不能从公司所得税税基中抵扣，此时如果将超过部分延迟到高管退休后支付，则彼时退休后个人总收入减少，个人所得税税率降低，高管所需缴纳税额就自然减少了。

在我国企业的股权激励实践中，延期支付主要有两种适用方式：

一是对企业对象单独施行延期支付激励计划时，业绩表现稳定、处于成长中后期或者成熟期的上市和非上市公司比较适合；

二是将延期支付激励与其他激励工具相结合，用延期支付作为辅助的激励方式，主要目的是增强股权激励计划的长期性激励力度，最常见的是将业绩股票与延期支付相结合，激励对象获得的业绩奖励一部分即时兑现，一部分延期支付，兼顾了短期与长期的激励。组合方式应用起来十分灵活，对于选用企业一般不会有特殊要求。

三、延期支付激励的应用案例

案例 2.11

武汉国资公司与"武汉模式"

武汉国有资产经营公司（以下简称"武汉国资公司"）成立于1994年，是湖北省首家综合性国有控股公司和最早设立的国有资本营运机构，主要从事国有资本的运营，致力于国有经济的战略性调整和国有企业的战略性重组，进行了该领域的改革和创新，创造了"武汉模式"。

2006年以前，由于我国企业普遍面临的激励股票来源问题，许多上市公司如宝信软件、三木集团等开始采用延期支付的激励模式，而武汉国资公司、武汉中商、武汉中百等采用的“武汉模式”是其中的典型代表。一些学者将武汉国资公司的激励方案定性为期股激励，但事实上，“武汉模式”并没有期股利用分红支付期股购股资金的基本特征，更符合延期支付的内涵。

自1998年起，武汉国资公司对下属21家控股、全资企业实行年薪制，年薪由基薪收入、风险收入、年功收入、特别年薪奖励四部分组成。根据《武汉国资公司关于企业法定代表人考核奖励办法》，公司对企业业绩进行综合评定、计算，并核定其法定代表人包括风险收入在内的年薪收入总额。

其中，风险收入由武汉国资公司根据企业经营责任书和实际经营业绩核定，对于完成或超额完成、完成任务在50%—100%之间分别有一套详细的计算公式。对于完成指标在50%以下的，不给予本年度风险收入，并将扣减以前年度风险金。

风险收入30%以现金形式当年兑付，其余70%留存并将转化为本公司股票，具体办法为：公司利用自己开设的专用法人股票账户，在二级市场按该公司年报公布后一个月的股票平均价，用当年企业法人代表人的70%风险收入购入该企业股票（不足购入100股的余额以现金形式兑付），同时，企业法定代表人与国资公司签订股票托管协议，托管到期前，这部分股权的表决权由国资公司行使，且股票不能上市交易流通，但企业法定代表人享有分红权和配股权。

股票购入并托管完成后，武汉国资公司从第二年起，在下达企业业绩评定书后的一个月内，返还相当于上年度30%风险收入对应的延期股票给企业法定代表人，第三年以同样的方式返还30%，剩余的10%累积留存。以后年份延期支付股票的累积与返还依此类推。

经返还的股票，企业法定代表人拥有完全所有权，可到期变现或持有股票成为真正的股东。如果企业法定代表人下一年完成经营责任书净利润指标（扭亏指标）在 50% 以下，将被扣罚以前年度累计延期股票的 40%。

“武汉模式”在设计上奖惩机制相辅相成，风险收入提存比例高、激励力度大、模式类推循环保障了激励和利益捆绑的长期性，同时，严格的处罚机制又保障了国有资产的安全。

第九节　员工持股计划

员工持股计划有广义和狭义之分。广义的员工持股计划也即全员持股，实践中企业很少采用，因为激励对象过于广泛，一方面会引起控制权分散，不利于投融资等资本运作，另一方面，人人有份的“大锅饭”也起不到激励的作用。

本书采用员工持股计划的狭义——兴起于 20 世纪 50 年代美国的员工持股计划（ESOP, Employee Stock Ownership Plan），也被称为真正的员工持股计划，是指企业拿出一部分的股份由员工持股公司持有，并根据一定的规则向员工分配认购权，有权认购的员工个人出资认购本公司股份，并委托持股公司进行集中管理的股权激励方式。

一、员工持股计划的主要功能

员工持股计划的持股人和认购者必须是本企业的员工，但员工不能直接持有，只能通过持股公司间接持股，所持股份不能转让、不能交易、不能继承，一旦员工退休、辞职、被辞退或死亡，其所持股份全部由公司回购再分配给新的员工。

员工持股计划为企业吸引和留住不同层次的人才创造了条件，向所有员工提供了分享公司潜在收益的机会，一定程度上解决了公司高管人员、核心技术人员和一般员工之间利益不均衡的问题。

通过员工持股运营，员工对企业运营有了充分的发言权和监督权，还更关注企业的长期发展；由于承担了一定的投资风险，还有助于唤起员工的主人翁意识和风险意识，实现了员工利益与企业前途的密切捆绑，形成了按劳分配与按资分配相结合的利益制衡机制，为完善企业科学的决策、经营、管理、监督和分配机制奠定了良好基础。

二、员工持股计划的适用企业

一些专家学者认为员工持股计划适用于国有企业，通常有两种情形：一种是在国有企业对管理层进行其他模式的激励时配合员工持股计划，来消除管理层与一般员工之间的利益矛盾；另一种是民营企业收购国有企业时为获得员工支持而实施员工持股计划。

事实上，员工持股计划的适用远远不能局限于此。在市场成熟、竞争激烈的当今社会，企业想要生存并发展壮大，绝非一人或几人之功，还必须依赖稳定、团结的员工队伍。员工持股计划作为利益分享计划，充分体现出企业对员工人力资源价值的肯定，也符合整个市场的发展规律。

2014 年 6 月 20 日，证监会制定并公布了《关于上市公司实施员工持股计划试点的指导意见》(以下简称《指导意见》)，在我国上市公司中开展员工持股计划试点。该《指导意见》明确规定，上市公司可以根据员工意愿实施员工持股计划，通过合法方式使员工获得本公司股票并长期持有，股份权益按约定分配给员工。实施员工持股计划，相关资金可以来自员工薪酬或以其他合法方式筹集，所需本公司股票可以来自上市公司回购、直接从二级市场购买、认购非公开发行股票、公司股东自愿赠与等合法方式。《指导意见》还对员工持股计划的实施程序、管理模式、信息披露及内幕交易防控等问题作出规定。

《指导意见》一经公布实施即引起了广泛反响，诸多上市企业纷纷响应，积极加入了员工持股计划的试点工作，仅仅4个月的时间，就有14家上市公司推出了员工持股计划，且14家公司均为民营企业[①]。2016年8月18日，国资委官网挂出“关于印发《关于国有控股混合所有制企业开展员工持股试点的意见》的通知”，让两市再次掀起员工持股的热烈讨论，员工持股计划俨然已经成为了一种潮流。2018年6月6日，证监会公布了《关于试点创新企业实施员工持股计划和期权激励的指引》，对创新企业员工持股计划和期权激励有了突破性规定，标志着员工持股计划向国企进一步渗透。据统计，自2014年6月《指导意见》公布以来，已有911家A股公司公布了员工持股计划，涉及员工持股计划的参与人数达413340人，其中民营企业有775家，占比约85%。[②]

然而，值得注意的是，员工持股计划有一个难以忽视的问题：内部股东过多必然会对所有权的分布和控制权的安排不利，也对未来投融资事宜产生影响。为了解决这一难题，我国企业发挥了极大的能动性，将虚拟股票与员工持股计划结合起来，设计了“员工储蓄——股票参与计划”。

“员工储蓄——股票参与计划”允许员工将每月工资的一定比例放入公司为员工设立的储蓄账户（一般为税前工资的2%—10%），用这些资金按授予时股票市场价格的较低折扣折算成一定数量的股票，在期末时按照当时的股票市场价格计算此部分股票的价值，员工即可兑现购买价和市场价之间的差额作为激励基金。

这种衍生设计保障了员工参与计划在大部分情况下能够享有收益，福利特征较为明显，能够有效地平衡高管人员和普通员工的利益，还保证了公司

① 参见“上市公司纷推员工持股计划 14家公司均为民营企业”，新浪财经网：http://finance.sina.com.cn/stock/s/20141011/022220508551.shtml，最后访问时间为2016年9月5日。

② “4年911家A股公司公布员工持股计划”，腾讯网：https://new.qq.com/omn/20180821/20180821A07TSL.html，最后访问时间为2019年4月22日。

控制权不因员工持股而被稀释分散，得到了越来越多企业的青睐。

中国联通在香港上市时，为了平衡高管人员与普通员工的利益，就在对高管人员进行股票期权激励的同时，还对普通员工开展了储蓄——股票参与计划："员工可以把月工资的一定百分比（40%）存入公司为员工设立的两年期储蓄账户，两年后，期满时可以获得到期时股票价和计划开始时本公司股票价 85% 的差价作为收益。"①

三、员工持股计划的应用案例

案例 2.12

金地集团员工持股计划

金地（集团）股份有限公司（以下简称"金地集团"）初创于 1988 年，前身是深圳市上步区工业村建设服务公司，是深圳市首批建立现代企业制度的 28 家试点单位之一。1993 年开始正式经营房地产，历经十年探索和实践，现已发展成为一个以房地产开发为主营业务的上市公司，同时也是中国建设系统企业信誉 AAA 单位、房地产开发企业国家一级资质单位。

1992 年至 1994 年，福田区委区政府和深圳市委市政府先后推出现代企业制度改革，决定选择几家有代表性的企业作为现代企业制度改革试点，以建立"产权明晰、权责分明、政企分开、管理科学"为特征的现代企业制度。金地集团经过反复论证提交申请，成为了首批改革的 28 家试点单位之一。

金地集团将员工持股计划的实施作为现代企业制度建设的重要部分，迅速拟定并于 1995 年 9 月月底正式发布实施《金地员工持股制

① 马永斌著：《公司治理之道：控制权争夺与股权激励》，清华大学出版社 2013 年版，第 362 页。

度实施方案》(以下简称《实施方案》)。

根据《实施方案》，金地集团职工委托公司工会作为社团法人参股公司[1]，其出资股本占总股本的23%，职工通过职工持股会对其所持股份进行管理和运作。金地集团在股本比例形成上有两个特色：一是员工所占的股本比例较大，明显高于政府对一般内部职工股所规定的员工股本只占8%左右的比例；二是员工持股总额中，70%供现有员工认购，另外30%作为预留股份，用于奖励公司优秀员工和供符合持股资格的新来员工认购。预留股份可以解决新员工的持股问题，避免新老员工在利益方面的矛盾。

在购股方式上，金地集团的资金来源渠道多样：30%由员工个人出资，35%由公司划出专项资金借给员工，30%由公司工会从历年积累的公益金中划转，剩余5%是公司奖励给员工的干股。多元渠道既解决了员工个人资金困难和可能出现积极性受挫的问题，又避免了全部以公司垫付资金，将持股变成一种福利的情况。

对于员工持有股份的权利和流转，《实施方案》规定，持股员工依法选举董事、监事进入公司董事会、监事会，参与公司的决策，但所持股份不转让、不交易、不继承。在岗、在职员工可持股，员工离开公司则退股，以此将员工利益同公司利益紧紧捆在一起。

在公司领导班子和中层干部的带头作用影响下，金地集团绝大部分员工都认购了股份，在规定的半个月时间内，员工的认购率达93%。员工持股计划的顺利实施帮助金地集团建立了产权明晰、政企分开的现代制度和科学的人力资源管理结构，构建了新的利益机制和激励机制，为金地集团的迅速发展壮大提供了根本保障。

---

① 我国企业早期的员工持股计划一般是在民政部注册一个社团法人来进行持股，但现在民政部已经停止注册社团法人作为持股的社团法人，证监会对社团法人也不予认可。现阶段企业推行员工持股计划大多会成立员工持股公司来代替以前的社团法人。

第三章

股权激励计划的制定

凡事豫则立，不豫则废。言前定则不跲，事前定则不困，行前定则不疚，道前定则不穷。

——《礼记·中庸》

股权激励计划的制定是非常复杂且系统的大工程，股权激励能否取得成功，首要的决定条件就是必须高质量的设计这项大工程。

要制定一套科学、适用性强的股权激励计划，必须要针对企业的实际需求，结合企业的行业特性、所处发展阶段、战略发展规划、控制权安排、股权属性等具体情况，妥善处理、平衡好各方利益关系，在合乎我国现有法律规定的前提下，进行“量身定制”。

按照“定目的——定对象——定工具——定数量——定时间——定价格——定来源——定条件——定机制”的逻辑顺序，股权激励计划的制定应当分别确定股权激励的目的、对哪些人进行股权激励、用多大额度进行股权激励、股权激励计划中的各项时间、股票的行权价格、股票和资金来源、股权授予和行权条件以及管理、考核和调整机制，这就是“股权激励九定法”。

第一节　定目的：确定目标避免走形式

明确实施股权激励的目的，是制定股权激励计划关键的第一步。不同行业、不同规模的企业，同一企业的不同发展阶段，必然会有不同的利益诉求，选择股权激励想要达到的目的也不尽相同。盲目地进行股权激励很容易使其流于形式变为“大锅饭”和全员“福利”，或者造成企业员工利益不平衡反而挫败员工积极性。只有明确目的，才能有的放矢，明确实施股权激励想要达到的效果，据此确定合适的对象、工具、实施程序等要害细节。

一、制定股权激励计划的常见目的

本书第一章介绍了根据激励对象划分，股权激励计划的设计常常基于授予现有骨干“金手铐”、赠与过去功臣“金色降落伞”或为未来人才设计“成长金台阶”的目的，在此不予赘述。随着股权激励制度的不断发展演变，越来越多的企业家意识到除激励之外，股权激励计划还能发挥约束激励对象、平衡各方利益关系、降低人力成本的现金支出等作用。因此，许多企业在设计股权激励方案时也希望实现激励之外、多重的目的。

1. 提升公司业绩

在众多的股权激励工具当中，除了像业绩股票、延期支付、以业绩为限制性条件的限制性股票等直接将业绩作为股票激励考核标准的情况之外，诸如期股、干股等也通过利润分享的激励模式天然地将股权激励与业绩提升设置为正相关的关系。

实施股权激励后，作为激励对象的管理层和技术人员、其他员工都成为公司股东，具有分享企业利润的权力，企业是否能够创造利润直接关系到激励对象的收益。这种预期的收益或损失具有一种导向作用，它会大大提高激励对象的积极性、主动性和创造性，从而促使经营者大胆进行技术创新和管理创新，采用各种新技术降低成本、提高利润，最终达到提高企业经营业绩和核心竞争能力的目的。

2. 降低人力成本的现金压力

股票期权赋予激励对象在未来约定的期限按照约定的行权价买进公司股票，通过卖出股票变现获取收益的权利，无论是企业还是激励对象在期权授予时都没有或只有很少的现金支出，激励对象的收益通过股票市场实现，即所谓“公司请客，市场买单”；华为用“员工持股”和“虚拟股”的方式赋予员工购买公司“股份”参与公司利润分享的权利，一方面减少了公司现金流风险，另一方面增强了员工的归属感，稳住了创业团队，为企业赢得了宝贵的发展资金。

股权激励号称“不花现金的激励”，它利用社会的资源、市场的资源、未来的资源、上下游的资源、客户的资源等，在企业内部建立一套共赢机制。企业一方面给予激励对象更低的固定薪资，另一方面通过股权激励进行平衡，降低公司现金支出的成本压力。

对于许多处于创业期或扩张期的企业来讲，降低人力成本的现金压力是选择股权激励一个非常重要的目的。当年马云邀请时任瑞典银瑞达集团副总裁、年薪 70 万美元的蔡崇信加入阿里巴巴时，给出的月薪是 500 元人民币，其余报酬就全部是通过股权激励实现的。

3. 平衡各方利益关系

平衡各方利益关系是股权激励实现利益捆绑、创造利益共同体作用的延伸价值。传统企业中股东、经理人、核心技术人员、其他普通员工因为立场不同，利益诉求各有差别，经理人通过短期行为侵犯股东利益的根源正在于立场和利益诉求的冲突。股权激励通过对经理人、激励对象的薪酬结构进行重新设计，将其薪酬大部分与公司股票价值、较长期业绩或长期业务指标捆绑在一起，构筑了企业、股东与激励对象共同着眼于企业长远发展、“放眼未来、风险共担、利益共享”的利益共同体。

实践中企业在进行股权激励模式的设计时，常常针对不同的激励对象选择不同的工具，避免“大锅饭”。达到激励目的的同时，也容易产生不同利益主体的矛盾。例如，虚拟股票和员工持股计划就常常与股票期权等授予激励对象实股的其他模式相结合，用以消除高管层因股票期权获得高额利益时造成的高管层和一般管理人员、核心骨干之间的利益不平衡。

4. 整合上下游资源

股权激励不仅仅适用于本公司员工，有时还可适用于企业外部人员，以实现整合上下游资源的目的。

对于许多企业的产品经销商而言，最大的心理障碍就是，经销的品牌并非自有，品牌做大、知名度提升，他们也并非利益扩大的享有者，就像把孩子养大，结果被人家给抱走了。这种心理不解决，经销商就没有安全感，企业也会担心经销商缺乏积极性。如果经销商根据销量获得企业的股权激励，销量越好，持有公司的股份和收益就越多，这样一来，企业利用股权的纽带把上下游捆绑在一起，就建立了一种比交易更加牢靠的合作关系，避免了企业与上下游的博弈。

二、制定股权激励目的应当遵循的原则

制定科学的目的是股权激励计划制定的前提和导向，只有设立并坚持适合、明确的目的，才能确保计划实施的正确导向，不会误入歧途。制定股权激励的目的，应当遵循以下三大原则：

一是满足公司的发展战略需求。

一些企业在实施股权激励时，常常会将其误解为“论功行赏”，根据企业核心高管、中层干部、技术团队以及基层员工的贡献大小回报“福利”。这种“论功行赏”的理解很容易使股权激励陷入一种十分尴尬的境地，每个人内心都会问，“谁对企业的贡献更大一些？”如果每个员工都认为自己贡献大，获得的股权比例却低于旁人，激励反而让员工觉得不公平，引发重重矛盾。

因此，企业实施股权激励必须明确：股权激励绝对不仅仅是对过去贡献的论功行赏，更重要的是基于对未来创造的激励，即便是安抚老员工的“金色降落伞”，其最终目的也是为了“杯酒释兵权”，为企业未来发展组建新的人才团队准备足够的岗位空间，通过股权利益捆绑避免老员工的倒戈相向。

股权激励基于对未来创造的激励，就要求企业在制定激励目标时，必须满足公司的发展战略需求。每个企业都要考虑自身实际，在精心调研的基础上，根据战略需求，制定出最适宜、最恰当的企业目标。举例而言，如果企业未来五年的战略计划着力于开发新产品并包装上市、通过新产品扩展市场实现每年10亿元的销售额，那么就要衡量为了实现这一战略目标，企业管理人员、研发部门、市场营销部门、财务部门、客户服务部门等分别要发挥什么样的作用、作出多大的贡献，仔细比对以后将目标锁定在授予相关重点部门核心骨干“金手铐”和提高公司业绩上，并据此确定激励对象、股份分配、考核制度等。

二是结合公司的战略资源。

制定股权激励的目的必须满足公司的发展战略需求，但发展战略并非凭

空想象，必须要参考诸多的现实因素，其中最重要的就是要结合公司的战略资源。区别于一般的企业资源，战略资源是企业独有的、他人既学不会也挖不走的资源，包括产品资源、渠道资源、专利技术、人力资源等等。

明确企业所拥有的战略资源，才能在激烈的市场竞争中占有一席之地，才不会被市场轻易淘汰。确定股权激励的目的，必须要立足并结合公司的战略资源，扬长避短，让优势资源得以最大限度地发挥，改善不足的资源。例如，对于人才济济，但人力资本依附性强、创业资本有限的高新技术产业，通常会制定授予现有骨干“金手铐”、为未来人才设计“成长金台阶”和降低人力成本的现金压力的综合目的，并根据企业发展状况设计阶段式的目标，对每个阶段的激励对象、股份分配等根据目标进行不同的设置。

三是必须兼顾各方利益。

对企业而言，股东因为投入物质资本而享有利益，职业经理人、普通员工因为投入人力资本而享有利益，还有诸如客户、企业上下游供货商和经销商等通过不同的法律关系而对企业享有利益。立场不同，利益诉求就会产生差异，每个人都希望自己的利益最大化，就难免因此产生利益冲突。企业经营既是不断改革创新，又是不断平衡各方利益的过程。通过股权激励的方式，股东将原本属于股东的利益与激励对象共享，将主要利益主体的立场同质化，以此实现利益捆绑、风险共担。

然而企业制定股权激励制度，最大的难点也在于利益分配的公平性，特别是在衡量激励对象过去贡献的维度上，很难实现公平。如果因为害怕不公平而放弃先前的激励制度，则会失信于人。因此，企业在制定股权激励目标时，必须要充分考虑各方利益主体的独立性与平衡性，兼顾有形的财务收入和无形的人力价值、企业声誉，兼顾短期利益和长期效益。

第二节 定对象：对哪些人进行股权激励

股权激励计划制定的第二步“定对象”，即确定股权的授予对象。传统的股权激励对象以企业的经营管理层为主，但随着股权激励良好效用的发挥，其逐渐被广泛地接受和使用，股权激励的对象也逐渐向企业的核心技术人员、对企业有突出贡献的员工扩展。近年来，员工持股计划的流行也导致普通员工被逐步纳入股权激励计划的激励范围，成为这股潮流的受益者。

在企业股权激励计划的制定过程中，激励对象的选择通常由董事会决定，不同企业的选择方法和依据各不相同。从各国的立法实践来看，不同国家对于不同性质的企业实施股权激励时确定激励对象的规则也不尽相同。例如，对于独立董事和监事是否能够作为股权激励的对象，大多数国家倾向于赋予企业自主决定权，但考虑到我国股权激励仍处于实验阶段，特别是上市公司的信息披露等诸多规则仍不完善的国情，《上市公司股权激励管理办法》明确地将独立董事和监事排除在了股权激励的对象范围之外。①

尽管选择方法和规则存在差异，但从根本上讲，选定股权激励对象必须要解决三个问题：确认股权激励对象的选择范围，确定股权激励对象的考察方式，处理好股权激励对象选择与公司治理中股权统筹与布局的关系。

一、股权激励的潜在对象

选择股权激励的对象，应当首先明确股权激励的潜在对象有哪些，即可

①《上市公司股权激励管理办法》第 8 条第 1 款规定：“激励对象可以包括上市公司的董事、高级管理人员、核心技术人员或者核心业务人员，以及公司认为应当激励的对公司经营业绩和未来发展有直接影响的其他员工，但不应当包括独立董事和监事。外籍员工任职上市公司董事、高级管理人员、核心技术人员或者核心业务人员的，可以成为激励对象。”

作为激励对象的选择范围，包括可以作为激励对象的积极范围与不可作为激励对象的消极清单。

1. 股权激励对象的积极范围

按照不同的标准，股权激励对象可选择的积极范围有不同的划分。

根据公司营利的二八原则，20% 的人创造了企业 80% 的利润，作为核心利益体现和稀缺资源的股权无论在哪个企业都会优先用于激励 20% 的核心人员：决策层和核心骨干员工；其次，才会考虑到照顾其他人的利益。根据二八原则确定激励对象的关键，在于对核心骨干员工的界定。核心骨干员工的另一种说法是"关键人才"，最根本的特征是不可替代性，具体表现为：在现有人才市场上很难招募到，或即便招募到也要付出高昂的培养成本，或者其离开企业会造成伤筋动骨的影响。

根据不同职位的标准，激励对象的范围可以区分为：核心高管、中基层管理人员、核心技术人员、一般技术人员、业务团队、基层人员、有利害关系的非企业成员。这种划分通过职位重要性及其对企业贡献的不同程度为企业选择激励对象提供了在技术层面上可操作性高的范围。

按照激励对象与企业发展的关系，激励对象被划分为：昨日黄花、当下英雄和明日之星。股权激励与企业发展息息相关，这种划分方式也是企业经常采用的方式，它与制定股权激励的目的相结合，成就了授予现有骨干"金手铐"、赠与过去功臣"金色降落伞"、为未来人才设计"成长金台阶"三种经典模式。

根据与企业利益的关联程度，可以将可作为激励对象的企业外部人员划分为上游供应商、下游经销商和其他战略合作伙伴。这种根据利益相关方式的划分方法为专门针对外部人员实施激励的企业确定激励对象时提供了比较清晰的思路。

2. 股权激励对象的消极清单

确定股权激励对象的可选择范围，不仅要了解什么人可以当作激励对象，还要明确哪些人不能作为激励对象。通常情况下，股权的授予范围是没有限定的，但一些国家基于法律体制或特殊国情考虑，会对激励对象范围作出一定的限制。我国现行法律对未上市的非国有企业如何进行股权激励、选择激励对象都没有限制，但却严格限制了上市公司，特别是国有上市公司的股权激励对象。

（1）《上市公司股权激励管理办法》的消极清单

根据《上市公司股权激励管理办法》第 8 条的规定，不能作为上市公司股权激励对象的人员包括：

①最近 12 个月内被证券交易所认定为不适当人选；

②最近 12 个月内被中国证监会及其派出机构认定为不适当人选；

③最近 12 个月内因重大违法违规行为被中国证监会及其派出机构行政处罚或者采取市场禁入措施；

④具有《公司法》规定的不得担任公司董事、高级管理人员情形的；

⑤法律法规规定不得参与上市公司股权激励的；

⑥中国证监会认定的其他情形。

（2）国有控股上市公司的消极清单

《国有控股上市公司（境内）实施股权激励试行办法》中第 11 条、第 13 条和第 15 条对在中华人民共和国境内上市的国有控股上市公司股权激励对象列举了排除清单：①非董事、高级管理人员以及对国有控股上市公司（境内）整体业绩和持续发展有直接影响的核心技术人员和管理骨干的公司内外部人员；②监事、独立董事以及由国有控股上市公司（境内）控股公司以外的人员担任的外部董事；③在国有控股上市公司（境内）担任职务的母公司（控股公司）的负责人，且已经参与另一家上市公司的股权激励计划；④持有该上市公司 5% 以上有表决权股份的人员未获得股东大会批准参与股权激励计划；⑤参与过该上市公司股权激励计划，且累计获授股权超过公司股本总额的 1% 的人员，未经股东大会特别决议批准。

对于中央非金融企业改制重组境外上市的国有控股上市公司，《国有控股上市公司（境外）实施股权激励试行办法》专门对其股权激励对象进行了限制，消极清单包括：①非董事、高级管理人员以及对国有控股上市公司（境外）整体业绩和持续发展有直接影响的核心技术人才和管理骨干；②独立非执行董事；③持有该上市公司5%以上有表决权股份的人员未获得股东大会批准参与股权激励计划；④在国有控股上市公司（境外）担任职务的母公司（控股公司）的负责人，且已经参与另一家上市公司的股权激励计划；⑤在股权激励计划有效期内任何12个月期间授予任一人员的股权（包括已行使的和未行使的股权）超过国有控股上市公司（境外）发行总股本1%的，不再授予其股权。

《国务院国有资产监督管理委员会、财政部关于规范国有控股上市公司实施股权激励制度有关问题的通知》对于如何严格控制国有控股上市公司股权激励对象的范围作出了明确规定："上市公司股权激励的重点应是对公司经营业绩和未来发展有直接影响的高级管理人员和核心技术骨干，不得随意扩大范围。未在上市公司任职、不属于上市公司的人员（包括控股股东公司的员工）不得参与上市公司股权激励计划。境内、境外上市公司监事不得成为股权激励的对象。股权激励对象正常调动、退休、死亡、丧失民事行为能力时，授予的股权当年已达到可行使时间限制和业绩考核条件的，可行使的部分可在离职之日起的半年内行使，尚未达到可行使时间限制和业绩考核条件的不再行使。股权激励对象辞职、被解雇时，尚未行使的股权不再行使。"

二、激励对象的考察

在决定哪些人员有资格成为激励对象时，企业并没有严格的法律规定或行业标准可供参照，具有相当的自治权和灵活性。但一般而言，企业应当设立实际、可操作性强的考察办法用于具体激励对象的确定，只有符合考察条件的人员才可以取得获授激励股份的资格。这种考察方法通常分为两个层面：企业层面和激励对象个人层面。

从企业层面考虑，考察激励对象应当结合企业的发展阶段。

处于初创期的企业一般规模相对较小，人员结构相对简单，管理、技术和市场等工作划分不够明确，很可能一人身兼数职，谁是企业的核心骨干非常好判断，他们就是重点激励对象；进入发展期后，企业技术研发、产品定型等前期工作基本完成，管理、技术、市场等工作逐步分离，且随着企业规模的扩大，管理人员和市场人员的作用逐渐凸显，此阶段股权激励的重点应包括企业的经营管理层、技术骨干和市场营销骨干；成熟后的企业进入大规模生产和市场运营阶段，企业规模、技术产品、市场占有等各方面开始走向巅峰，此时的工作重点是巩固、稳定和创新，激励对象除经营管理层、技术骨干和市场营销骨干之外，还应当注意平衡各方利益，维护企业上下游资源，照顾普通员工的权益；现代市场竞争激烈，不进则退，企业发展不可能一帆风顺，很可能还会遭遇瓶颈期甚至衰退期，此时原有的股权激励和利益分配模式可能对企业脱困的作用不大，此阶段的企业工作重点是研发新产品、寻找新方向，因此，激励的重点对象应是新的企业经营管理层和新项目的研发人员，尤其是直接关系企业再造的关键人员。

从考察对象个人层面考虑，需要察看员工自身的条件是否足够获得激励资格。

（1）个人能力。员工个人能力也是其人力资本价值的核心，个人能力的考察并非要求每一位员工都要有学贯中西、博古通今的才华，而是看员工的个人学习背景、专业技能、综合素质等与企业需求岗位的匹配程度。一个名校出身、经验丰富、斩获各类国际大奖的设计大师，个人能力毋庸置疑，对于一家以国际贸易为核心业务的跨国企业而言，可能跟普通员工的价值也没有太大区别。因此，不同企业考核员工个人能力一定有不同的要求和标准，但一定是与其主营业务、发展战略相契合的。

（2）所在岗位。员工在企业中的岗位体现出对企业承担的责任，从而间接决定了个人能力要求和贡献程度。一般情况下，职位越高，其承担的责任也就越大，对个人能力要求也就越高，对企业贡献也越大。在选择激励对象时，可以对不同职级的员工岗位价值进行分析，首先区分岗位性质，然后对同性质的岗位区分级别进行排序，形成不同岗位的价值系数分析表，在计算激励对象获授股权数量时，可以作为非常重要的数据依据，但必须注意的是，同岗同酬作为企业职工的基本诉求，原则上岗位价值系数计算时同一级的岗位应当一视同仁，不能厚此薄彼、有失公允。不同岗位在股权激励授予时区别对待一定要有岗位之外的充分、让人信服的理由，否则员工之间产生对立情绪，更不利于企业经营。

（3）工龄与历史贡献。虽然说股权激励是基于对未来创造的激励，但在选择激励对象时仍然要考察工龄与历史贡献。对工作时间长、历史贡献大的人实施股权激励，侧重点在于奖励过去的贡献、让员工看到自己的未来。如果频繁跳槽，在每家企业都待不长久的员工也会获得股权激励的资格，一方面将为公司带来不必要的薪酬支出损失，另一方面也不利于起到积极的宣传作用。对于富有长期薪酬制度特色的股权激励，只有忠诚的、对企业贡献个人价值的员工才能成为受益者。

（4）不可替代程度。股权激励并非“大锅饭”和广发福利，即便是考虑企业发展、全员受益的员工持股计划，也不是所有员工都会不予区分地享有股权。股权作为“稀缺资源”，要想通过授予员工达到无限的激励作用，必须要有所区分地让员工感受到其对企业的价值和企业对员工的需求和重视程度，将重点激励对象限定在小部分的范围之内。对比谁更能进入“小部分”的范围之内，最关键的判断标准就是其不可替代程度。岗位越是不可替代，越应当对其进行激励和利益捆绑，避免人才流失。

（5）难以监督程度。企业高管、技术研发人员都是难以监督的岗位，一般来说，一个岗位越难以监督，企业对其实施利益捆绑的愿望越强烈。对于此类人员，只有实现利益的统一才能达到切实的约束效果，还能避免其因为私利而侵犯企业和股东的利益。因此，视员工的难以监督程度来进行股权激励对象的选择也是十分常见的方法。

三、股权统筹与布局

股权统筹与布局是激励对象选择的高阶手段，也是一个具有战略性发展布局眼光的企业应当掌握的公司治理方式。在企业要决定股权激励的那一刻起，就必须思考股权统筹与布局的问题。

市场在变化，企业要发展，没有一成不变可以一劳永逸的股权激励方案，一个适应性高、可执行性强的股权激励方案也必须要跟随企业的发展、人员的变动、实施的效果等诸多因素不断地进行修改、补充和调整。

所谓股权统筹与布局，就是要为将来一段时间内可预计和不可预计的变动因素留够充足的变动空间，同时确保这种变动与企业实施股权激励阶段的基本情况、控制权结构和长期发展战略相辅相成。例如，企业在实施第一次股权激励计划时，不能一次性把所有可用于激励的股权份额全部用完，要善于为未来人才设计“成长金台阶”，对5—10年后可能成为公司骨干的未来人才储备好足够用于激励的股权份额；又如，在有投资机构介入的企业中，投资基金一般都会要求企业留出一部分股份，作为未来引入核心管理人才和技术人才的激励份额。由此可见，考虑未来人才的激励份额是股权统筹与布局的必然内容。

考察现在和未来之间的比例如何分配是股权统筹与布局的纵向要件，除此之外，还要考虑根据激励对象的职位、性质、与企业利益关联程度等因素，进行横向布局。科学的股权统筹与布局是横向与纵向考察交互进行的，既要考虑同一类对象不同时间段的激励股权分配，又要考虑不同时间段激励对象的确认与布局。在此过程中，企业应当遵循三个中心：

1. 发展战略中心

基于企业的发展战略几乎是股权激励计划制定每一步最基本的考量，原因在于股权激励本身就是作为企业发展战略的一部分而被选择和重视的。无论是目标的制定、对象的选择，还是后续工具、数量、时间、价格、来源、条件、机制的确定，都必须要坚持企业的发展战略为中心。

2. 组织架构中心

股权统筹与布局遵循组织架构中心，就要求在横向上考虑公司现行的组织架构，包括管理部门、研发部门、营销部门、客户部门、人力部门、企划部门、财务部门、咨询部门等内部机构，以及上游供货商、下游经销商、其他利益相关者等外部机构，目前哪些部门的哪些岗位发挥着核心、关键或重要作用，比例分配如何；纵向上，就要考虑未来 5—10 年之内，上述内外部机构是否会有增删，机构内部人员布局是否会有调整，不同机构未来发挥的作用是否会有变化等。

3. 控制权中心

现代公司理论的经营结构决定了股权控制的话语权中心主义，控股者决定企业的发展方向，公司利益的争夺核心在于控制权的争夺。虽然美国和英国资本市场的演变发展为公众持有型公司的存在提供了现实可行的模板，但研究发现①，股权分散的公众型公司存在只是英国和美国上市公司的特殊现象，世界范围内大部分国家的市场上一股独大是普遍规则，在“印度尼西亚、韩国、马来西亚，受大股东控制的上市公司的比例甚至达到了 80%。”②

但是，无论一个企业的创始人会作出大部分人的普遍选择，还是愿意奉献控制权甘当职业经理人实现个人崇高价值，在企业完全步入成熟阶段之前，创始人拱手相让控制权都是不明智的选择。在此前提之下必须明确，绝大部分的股权激励都是股权利益的分享，但绝非控制权的出让。在选择股权激励对象和对重点对象进行股权分配时，都应当以保证控制权为前提。

---

① 国内外许多经济学家都致力于现代公司治理结构的研究，比较知名的是哈佛大学 LLSV 和中国台湾学者郎咸平教授等。

② 马永斌著：《公司治理之道：控制权争夺与股权激励》，清华大学出版社 2013 年版，第 42 页。

第三节　定工具：选定股权激励的工具

在选定目标和激励对象之后，股权激励方案的大致方向已经确认无误，接下来就要进入技术性的设计落实环节了。首先，需要落实企业股权激励计划需要用到的工具。

本书第二章为大家介绍了九种经典和常用的股权激励工具，在世界范围内广泛的企业实践中，工具数量可能远远不止九种，自西方国家的股票期权、我国晋商的身股等早期模式发展至今，还不断地有新的股权激励工具被创新和衍生出来。这种工具不断改进、创新的过程说明：没有最好的工具，只有适不适合的工具。

不同类型的企业，处于不同的发展阶段，针对不同的激励对象，对股权激励工具的选择可能都会有不小的差异。最优化的工具一定是根据企业实际情况和需求选择的，有可能是众多现有工具的一种，有可能是开创式的新工具，也有可能是几种工具的组合。

一、股权激励工具的比较与适用的企业类型

典型的股权激励模式都能使激励对象按照企业设定的规则获取利益、得到激励，但不同的工具各自拥有不同的内在特性。在选择股权激励工具时，了解每一种工具的内在特性是非常必要的工作，一般应当从短期激励性、长期激励性、约束性、现金流压力和市场风险影响五个方面进行考察。

表3-1　9种激励工具的内在特性比较[①]

激励工具	短期激励性	长期激励性	约束性	现金流压力	市场风险影响
股票期权	★	★★★★★	★★★	★★★	★★★★★
期股	★	★★★★★	★★★★★	★	★
业绩股票	★★★★★	★★★★	★★★★	★★★	★★★
干股	★★★★★	★	★	★★★★★	★
限制性股票	★★	★★★★★	★★★★★	★	★★★
虚拟股票	★★★★★	★★★	★★	★★★★★	★★
股票增值权	★	★★★	★★★	★★★★★	★★★★★
延期支付	★★★	★★★★★	★★★★	★★★★	★★★
员工持股计划	★★★	★★★	★★★	★	★★★
注："★"代表程度，★★★★★代表最强，★代表最弱。					

短期激励性考察各种激励工具能否在短期内为激励对象带来收益；长期激励性考察激励工具能否在较长一段时间后使激励对象获得预期的收益；约束性指激励工具给激励对象带来的失败成本高低；现金流压力指激励工具在计划开始至结束过程中是否要求企业支付大量现金；市场风险影响指股票价格的变动对激励计划实施的影响。

由于内在特性的差异，不同股权激励在风险分担、未来收益、激励力度、权利外延、企业成本、激励对象的成本等各方面都表现出较大差异，从而使任何一种股权激励工具不可能在每一个方面都实现最优质的效果，每种工具都具有明显的优点和不足。

① 马永斌著：《公司治理之道：控制权争夺与股权激励》，清华大学出版社2013年版，第365页。

表3–2　9种激励工具的优缺点对比和适用的企业类型

工具	优点	缺点	适用的企业类型
股票期权	激励力度大；激励效果长期性；锁定激励对象风险，不行权就没有任何损失；“企业请客、市场买单”降低激励成本；有利于提升公司业绩；有利于提高投资者信心。	过分依赖市场有效性；追求高股价，容易诱发短期行为；激励对象与其他员工收入差距拉大。	资本市场有效性好的上市公司；人力资本依附性强、处于竞争性行业的创业期和快速成长期的非上市公司。
期股	有偿购买加大了对激励对象的约束；激励对象更关注中长期利益。	短期内难以兑现收益；激励对象可能需要付出额外成本；激励对象风险较大。	所有适合股票期权激励的非上市公司；具有明确上市计划的非上市公司；经改制的国有资产控股企业、国有独资企业。
业绩股票	激励对象业绩与公司经济收入正相关，业绩激励效果明显；不受资本市场有效性影响。	难点是科学业绩目标的确定；容易诱发激励对象盲目追求业绩目标的短期行为；有一定的现金支出压力。	处于成长期后阶段或成熟期的上市和非上市公司。
干股	方案设计简单直观，便于实施；企业不丧失股份所有权，没有控制权旁落的风险；中短期激励性强。	占用企业现金流；激励对象无法成为真正的股东，激励和约束效果稍弱。	业绩稳定、现金流充裕的中小型企业。
限制性股票	激励对象付出的成本低廉；激励对象被激励将更多的时间、精力投入长期战略目标，有利于实现长期激励；约束性强。	业绩激励型限制性股票激励造成企业现金流压力较大；限制性条件为业绩目标时，业绩目标科学确定较困难。	创业、商业模式转型或处于快速成长期的企业；任何公司可用于留住关键人才和实施金色降落伞计划。
虚拟股票	不影响公司的总资本和控制权安排；上市公司无须证监会批准，只需股东大会通过即可；激励性和约束性强于干股；激励对象选择更广泛。	不需要员工出资“购股”的情况下，是现金支付压力最大的一种工具。	现金流量比较充裕的上市和非上市公司；用于与其他工具结合，消除利益不平衡。

续表

工具	优点	缺点	适用的企业类型
股票增值权	激励对象无须支付现金；上市公司没有证监会等审批程序，股东大会通过即可。	传统股票增值权模式过分依赖市场有效性；追求高股价，容易诱发短期行为；现金流压力大。	股票增值权适用于资本市场有效性好、现金流充裕、比较稳定的上市公司；账面增值权运用于上市或非上市公司并无差别。
延期支付	锁定期长，减少激励对象短期行为；有利于长期激励，留住并吸引人才；计划可操作性强；与其他工具结合，增强股权激励计划的长期性激励力度。	激励对象不能及时变现获授股权，承受二级市场风险较大；激励力度相对较弱；采用现金支付时会给企业造成现金流压力。	业绩表现稳定、处于成长中后期或者成熟期的上市和非上市公司。
员工持股计划	能增强企业的凝聚力、竞争力；可以抵御敌意收购；消除利益不平衡的矛盾，实现普遍福利。	福利性较强，与员工业绩关联度低，平均化会降低员工的积极性；股权过于分散，影响控制权安排和未来投融资。	国有企业改制；民营企业收购国有企业时获得员工支持；用于与其他工具结合，消除利益不平衡；具有越来越普遍化的趋势。

二、选定股权激励工具与企业发展阶段的关系

在股权激励计划的制定过程中，一定会考虑许多企业本身的因素，企业发展阶段是其中的核心因素。就像人的成长一样，企业也会存在生命周期和不同的生命阶段，没有一种激励工具能够万能地适用于每个阶段，不同阶段应该选择与之相适应的不同激励工具。

1. 企业初创期股权激励工具的选择

企业初创期顾名思义，这一阶段企业刚刚成立，规模很小，没有完整意义上的组织结构，企业成员每人都身兼数职，生死存亡依托在这些创业元老身上，也因为如此，风险资金很可能不愿介入，银行贷款也很困难，可谓规模小、人才缺、资金紧，但初创也意味着增值空间巨大，创业团队群策群力、

团结一致，就很可能创造出一番天地，让无数的可能一一实现。

因此，这一阶段的股权激励工具选择要点应当是：激励力度大、长期激励性强、企业和激励对象成本低、简单易行，因为创业初期每个员工可能都非常重要，激励对象可以考虑全体员工，可以考虑实施一个不需要激励对象出资但是又比较有吸引力的股权激励计划，此时期股就成为首选，其他如奖励股份、赠与股份、技术入股等也是这个阶段比较理想的激励工具。

2. 企业成长期股权激励工具的选择

企业成长期是技术发展和生产扩大阶段，通常销售增长迅速，公司业绩提高，营收迅速增加，股票价格增长较快，现金流较好。这时企业的首要目的是要能够使这种增长势头保持下来，实现长期的可持续发展。除了大力开发新产品，进一步扩大产品的市场占有率以外，这一阶段企业必须要攻克经营者管理不力、制造成本过高、财务失控等管理风险，随着人员的不断庞大、人员结构越来越复杂，原有的管理规范可能已满足不了发展需要，企业要开始建立健全内部管理制度，完善企业治理结构。

管理制度的健全使得产品研发、市场营销、内部执行等企业经营的各个方面规范化、秩序化、高效化、制度化，不必要的内部矛盾得以消除，为企业步入成熟扫清障碍。这一阶段实施股权激励计划，正是健全公司制度、完善治理结构的重要组成部分，股权激励对象表现为逐渐层级化、多元化的特征，虽然激励力度较之创业初期可适当降低，但以高管人员、核心技术人员和业务骨干为核心的企业大部分员工都会得到较大力度的激励。

因此，这一阶段的股权激励容易得到激励对象的拥护和支持，也会促使真正善于经营管理的人员走上管理岗位，克服由于不善经营的技术人员等掌舵而使企业经营出现偏差的问题。对于工具的选择，这一阶段要侧重于公司的成长性，优先考虑使用股票期权、期股、业绩股票、股票增值权等模式。在企业成长期开始步入成熟的后半段，可以考虑使用股票期权，期股、股票增值权、虚拟股份、干股和业绩股份的组合模式，比如“业绩股票＋岗位干股＋股票期权”的组合模式，也可以将股权激励的组合模式和激励对象购股计划结合起来，形成“实股（购股计划）+岗位干股+股票期权”的组合模式。

3. 企业成熟期股权激励工具的选择

迈入成熟期后，企业规模扩大，公司管理结构和治理结构都趋于完善，风险降为最小，由于稳定的大量盈利，此阶段的现金流一般情况下也十分充裕。但成熟和稳定也意味着市场增长缓慢、成长性缺乏。这时的股权激励应当主要侧重业绩要求，尤其是净利润增长率和净资产收益率的要求。

这一阶段的公司人员庞大但结构稳定，激励对象的层级化特征更加明显，在激励工具上更加适合“组合拳”的模式，对于管理层和核心骨干员工，比较适合业绩股票、限制性股票、延期支付、股票增值权等模式，这几种模式都有利于企业将奖励性质的薪酬予以延期支付，可以使股权激励计划达到“金手铐”的留住人才的效果；对于管理层和核心骨干员工之外的普通员工，为了平衡他们与享受加大程度激励的管理层和核心骨干员工之间的利益，避免不平衡引发的冲突，也适宜组合使用干股、虚拟股票、储蓄——股票参与计划等“虚股”激励的工具。

4. 企业衰退期股权激励工具的选择

对于发展迟滞、进入衰退期的企业，随时都面临倒闭的风险，股权并无增值空间可言，员工对企业的信心不足，股权激励的作用大大降低，给予股份还不如给予现金来得实惠，但在我国，仍然存在衰退期适合实施股权激励计划的特殊情况，那就是部分国有企业，其衰退很可能并非产品和市场等问题，而是陈旧体制造成的弊病。这时可以通过对管理层实施期股激励和员工持股计划相配合的模式实现“国退民进”。如果国有企业改制要引入民营资本或者被民营企业收购，也一定在收购过程中配合使用员工持股计划，才有可能使得收购行为和谐地进行下去。

三、选定股权激励工具与激励对象的关系

不同的激励对象适用不同的激励工具，这主要是针对激励对象所在的岗

位而言。一个完善的企业结构由管理部门、行政部门、研发部门、生产部门、销售部门、客户部门等数个功能各异的部门组成，每一个部门还被划分不同的岗位级别，不仅工作内容、工作要求存在差异，更重要的是责任范围、难以被取代的程度、难以监管的程度和岗位价值的不同。各项因素综合起来，不同的激励对象，企业对他们的激励目的也会不一样。

1. 对高管层的常用激励工具

在一个所有权、法人财产权和经营权分离的现代型公司企业，高管层一般情况下也是职业经理人，全面负责企业经营管理，对法人财产拥有经营权和管理权，承担法人财产保值增值的责任。作为股权激励最主要的激励对象，对高管层实施激励的主要目的就是希望实现其自身利益和公司利益、股东利益长期紧密的捆绑，因此对其选用的激励工具具有激励力度大、长期激励性强的特征，比较常用的有期股、股票期权、限制性股票等，与此同时，需要在股权激励计划中设定业绩约束条件和兑现服务期限加以限制。

2. 对“核心骨干员工”的常用激励工具

所谓“核心骨干员工”，是指企业中层管理骨干和技术骨干，他们是企业发展的支柱力量，也是企业利润和其他价值的主要创造者，因此，对“核心骨干员工”的股权激励常常集中于选择和业绩挂钩的、侧重于分享利润的激励工具，股权激励的目的通常是为了充分调动其工作积极性和创新性，以及达到稳定骨干员工的目的。因此比较常用的有业绩股票、干股、延期支付和虚拟股份等模式。

3. 对研发人员的常用激励工具

处于高新技术产业、生物科技行业等新兴产业的企业，项目、产品和服务创新都是企业的灵魂，因此往往比较重视对研发人员的激励。研发人员与核心骨干成员不同，他们并非企业利润的直接创造者，个人绩效和短期绩效是不容易考核的，绩效往往有滞后性，但他们的工作成绩又往往对整个企业的业绩起着决定性的作用，企业不仅需要对他们激励，还需要用到大力度的、约束性强的激励工具，建议以期权或期股为主、岗位干股为辅的组合方式，对特别关键的人才，再追授限制性股票。

4. 对一般员工的常用激励工具

一些特殊行业或有特殊需要的企业，或者资金和品牌都非常缺乏的中小型企业，需要通过对普通员工进行激励以留住人才，但通常认为，企业的一般员工并非普遍必须进行股权激励的对象，因为除股权之外仍然有很多手段和方法对他们实施激励，没有必要用股权激励的方式，除非是在创业很艰难的时候，或者企业对人力资本过于依附时。常用的适用于一般员工的激励工具是员工持股计划和储蓄——股票参与计划。

5. 对销售人员的常用激励工具

大部分企业对销售人员的激励都是采用销售额提成的方式，很少进行股权激励，因为企业对其依附程度、忠诚度的要求也不如管理层、技术层的程度高，但销售额提成的方式始终存在过于直接、过于短期化的问题，结果可能导致多数销售人员不关心公司的整理利益和长远利益，对于自身获利也是短期追求，拿完提成奖金就可以离开公司，因此销售人员流动性强便成为了许多企业老板们头痛的问题。

因此，一些企业对重要的销售岗位也开始实施股权激励，这样做一方面可以借此实现对销售人员收入的延期支付，使企业现金流支出更加合理；另一方面使其在关心自己短期利益的同时也要兼顾公司的整体利益和长期利益。具体做法有：一是采用“业绩股票”，将销售人员短期收入中的一部分变为长期受益，这样必然能够在很大程度上减少其短期行为；另外，还能采取“限制性期股”的经典组合方式，授予销售人员较大的期股额度，规定其绩效收入的一半必须用于支付购买期股借款（否则作废），同时设定以服务期为要求的限制性条件，其已经实际拥有的股权必须在服务期达到若干年后才能转让兑现。

第四节　定数量：用多大额度进行股权激励

“定数量”即确定将要授予的股权数量，具体包括确定股权授予总量以及每一位激励对象获授股权激励的个量两方面内容。

在股权激励计划制定的九大步骤中，股权激励数量的确定十分关键，它直接涉及激励力度和控制权安排的问题。如果股权激励数量过少，激励对象持股比例过少，就起不到激励的效用；但如果股权激励的数量太大，必然影响公司控制权的安排，从而影响公司后续的资本运作。因此，在确定股权授予的数量时，既要着重短期的效果，也要注重长期的发展；既要注重激励，也要维护企业合理的治理结构。

一、确定股权激励数量的六大原则

1. 授予数量的合法原则

授予数量合法原则是确定股权激励总量首要应当遵循的原则。在法律有强制规定的情况下，总额度的确定应遵守法律的强制性规定。各国对股权激励授予数量的规定不尽相同，多数对股权激励的数量不设限制，一些国家为了维护资本市场的稳定性、避免控制权争夺导致中小股东权益的损害，对股权激励的授予数量规定了限制性的条件，主要是设置上限，而不设置下限；对上市公司股权激励授予数量设置限制，而对非上市公司则赋予其酌情决定股权激励的数量的自由。我国《上市公司股权激励管理办法》也有相关强制性规定，企业制定股权激励计划，在定量时一定要以遵守相关规定为前提。

2. 确保股份的稀缺性原则

所谓资源的稀缺性，是指资源的需求量大于供给量的特性。正因为资源的这种稀缺性，才产生了如何有效配置和利用资源的问题。

经济学所指的稀缺资源大部分是非可再生或者再生速度赶不上人类需求的资源。股份资源本身并非传统经济学意义上的稀缺资源，却具备稀缺性。一家企业的股份比例就是100%，不可能多，更不会少；虽然股份可以逐步增发，但每次增发都有数额限制，不可能发行没有数额的股份，无论多少都必须有明确的数额。

所谓确保股份的稀缺性原则，就是要在确定和分配激励股权数量时，注意重点激励和利益平衡相结合，既保障股权激励计划的激励效用，又要避免平均化的“福利”和“大锅饭”。

3. 具有行业竞争性原则

在制定股权激励计划时，企业要了解整个行业的现状和同行其他企业的股权激励的现状，从而在确定激励数量时确保在同行业中具有一定的竞争力。例如，如果企业预计拿出 1% 的股份用于激励公司高级管理层，在同行中开了一个先例，就当然地成为行业的引领者，提升竞争力；可是相反，假如企业所处行业的股权激励已经非常成熟，对于高管层的激励，大部分企业都拿出了 3% 的份额，1% 的份额跟同行相比明显较低，缺乏竞争力，恐怕就难以达到预期的效果。

4. 兼顾个体激励性与群体公平性原则

确保竞争性针对的是同行，激励性针对的是个体，公平性针对的是群体。

对个体实现激励性是股权激励的初衷和最基本的价值，只有实现了个体激励，股权激励的其他价值才能得以实现，但企业毕竟是由同时存在利益一致与冲突的股东、经理人、技术骨干、销售人员、普通员工等各种互相博弈的不同角色组成的法人团体。因此，在确保个体激励性的同时，必须兼顾利益平衡，保障群体的公平性。

5. 投资经济性原则

投资经济性原则既是股权激励计划制定需要遵循的原则，也是股权激励计划的最终目的。

经济学上的投资经济性原则是考察投资项目的一项基本原则，指一定的资金投入在未来一段可预计的时间内产生客观的收益。股权激励对于企业股东来说就意味着一种投资，即将其享有或未来可认购的股份，投资于为企业贡献人力资源的高管、技术人员或其他普通公司员工，股份激励价值的实现既促使激励对象实现个人价值，又使企业获得业绩的提升、股票价值的增长以及综合实力的提升，实现多赢。

6. 企业治理安全性原则

“企业治理安全性”指企业在制定股权激励计划时要结合公司的控制权战略安排。采用股票期权、期股、干股等实股激励工具，必然会稀释原有的股东控制权。在确定股权激励数量时，必须做好避免股东控制权被过度稀释而导致控制权旁落的情形。

二、股权激励的三条生死线

要实施股权激励，必须对企业有全局的、长远的规划，即目光长远的综合统筹。企业规划时要看到未来发展态势，考虑股权在不断释放的过程当中，可能会遇到哪些问题，对企业的治理是否会造成安全性威胁。股权激励的三条生死线，就是这种综合统筹规划中必须掌握的三个关键。从横向上看是对于不同股权所有人拥有的股权分布要合理，从纵向上看是企业不同发展阶段股权布局的合理性变化。

1. 第一条生死线：股权释放额度不超过 1/3

我国《公司法》第 43 条第 2 款规定：“股东会会议作出修改公司章程、增加或者减少注册资本的决议，以及公司合并、分立、解散或者变更公司形式的决议，必须经代表三分之二以上表决权的股东通过。”公司重大事项的决策必须有 2/3 以上表决权的赞成票，这为股权激励计划中股权统筹划定了第一条生死线：企业释放给员工的股权激励额度必须低于 1/3，创始股东要拥有 2/3 以上的额度，具体比例为 33%：67%，创始股东持股大于等于 67% 最好。

按照上述比例，即使把股份分给 33 个人，每人占 1%，创始股东占 67%，一共 34 个股东。当创始股东提出要修改公司章程时，股东投票表决，外围股东不管怎么整合，股份加起来最多也不会超过 2/3，即使另外的 33 个股东都投反对票，只要创始股东赞成，提议照样可以通过。

把握第一条生死线，将创始股东与激励对象、其他股东的股权比例控制在 67%：33% 或者更大，这在股权统筹当中叫作进攻型统筹。创始股东拥有一票否决权的这种模式保障了创始股东的绝对控制权，创始股东不但拥有防御权，而且也有进攻权，真正可以做到进可攻退可守，收放自如。

由于初创期企业的管理体系和外聘的职业经理人对于企业的管理都不够成熟，尚不能独当一面，创始股东不是不愿意放权，而是还不具备放权的条件，一放就乱。所以当创始股东拥有企业 2/3 以上的股份时，就可以顺利贯彻相关政策，确保公司运行顺畅。

2. 第二条生死线：创始股东控股大于等于 52%

企业慢慢进入发展期，会考虑将股份释放一些出来给高层和技术骨干等，让他们从小股东慢慢变成中股东甚至过渡到大股东以实现更紧密的利益捆绑。发展到这一阶段，创始股东所持股份越来越少，要做到的就是控股。

所谓“控股”，并非指创始股东的持股比例要占到 51%，根据现代企业的资本运作经验，创始股东控股应当要占到 52%，这就要求企业在进行股权激励时应当把控全局，把企业的整个生命周期看透。虽说 51% 和 52% 只相差一个百分点，但只要公司未来规划上市，两种控股方案造成的控制权效果就有天壤之别。

假设企业要走上市路线，创始股东的股份至少会历经两次稀释的过程：第一次是风投，一般风投入股比例会占总额 10% 的股份；第二次是企业上市，上市要发行公众流通股，最低额度要求不得低于公司总股本的 25%。两轮稀释共计 35%。按照等比例稀释，假设创始股东以前持有 51% 的股份，被稀释 35% 后，剩余 33.15% 的股份；假设以前持有 52% 的股份，同样稀释 35% 后，还有 33.80% 的股份。33.15% 与 33.80% 区别，就在于一个小于 1/3，一个大于 1/3。这个区别至关重要，它决定了创始股东是否拥有另外一项权力：重大事件否决权。

3. 第三条生死线：创始股东的股份在 1/3 以上

企业在发展后期，经营情况越来越成熟稳定，迅速扩张，就要为成熟上市作出准备了，此时往往也会开始企业间合作的布局，这时开始引入机构投资、风险投资等，通过进一步释放股权让治理结构更加完善。此时在进行股权激励时，企业和创始股东必须要把握好最后一条生死线，将创始股东的股份控制在 1/3 以上。

当创始股东持股大于 1/3 小于 2/3 时，这种股权布局被称为防御型统筹，此时创始股东拥有对企业重大事件的否决权。

所谓重大事件否决权，是指股东会或股东大会作出特别决议时，采用绝对多数原则，此时若创始股东持股比例超过 1/3，即使所有外围股东都联合起来作出修改公司章程、增加或者减少注册资本等决议，只要创始股东反对，就不可能获得通过。

三、确定股权激励的总量

1. 股权激励总量确定的相关因素

股权激励总量的确定主要应当考虑以下八大因素：

考虑因素	具体内容
资产规模与资本战略	企业资产规模和资本战略是股权激励计划总量确定的基数。一般情况下，资产规模越大，总股本一般相应越大，授予额度占公司总股本的比例应当越低，否则，激励总量将就会是一个“天文数字”，而对资本战略的考量主要是计算公司未来股权融资、并购重组需要占据的股份数量，从而推算出股权激励总量。
整体薪酬及福利安排	股权激励计划的实施本来也是企业薪酬福利制度改革的一部分，因此，在考虑股权激励额度时要考虑企业整体薪酬及相关的福利安排情况，即员工的总收入中由股权所带来的收入所占比重，主要看企业员工的工资和福利待遇整体情况，如果企业的工资和福利待遇比较好，工作稳定性较高，则激励总量可以相对减少，如果企业的工资和福利待遇较差，则激励总量可以相对增加。
人力资本依附性	人力资本依附性是企业实施股权激励计划、实现利益捆绑的最关键原因。对于人力资本依附性较强、资金门槛比较低的企业，股权激励的总量一定要大；反之，对人力资本依附性不太强、资金门槛比较高的企业，给予经理人股权激励的总量则不用太大。
企业发展阶段与股权统筹	企业发展阶段和股权统筹对于股权激励总量的影响主要体现在计算创始股东可接受的控制权稀释程度，以及公司股权计划预计在未来一段时间内打算进行激励的次数和留存的激励股份数量。

续表

考虑因素	具体内容
业绩目标	大部分企业都会在年初作计划时设定当年最低业绩目标，并预计最高业绩目标。企业业绩目标设定得越高，则原有股东获益的可能性越大。如果行权条件设置的业绩目标比较高，则可以相对加大激励数量，间接加大股权激励的力度，因为在激励对象的共同努力之下，如果实现了业绩目标，意味着激励对象和公司将共同获得更多的利益，股权激励也取得更好的效果。
市场环境和竞争对手的激励情况	对外具有竞争性的股权激励，对留住和吸引优秀人才、增强企业凝聚力意义重大，如果激励力度太小，优秀人才会流失到竞争对手的企业中去，企业本身的凝聚力也会受到影响。因此，股权激励要充分考虑同行业竞争对手的激励情况。给予激励对象的激励份额，关键不在于给多少，而在于和竞争对手相比，企业给够了没有？可不可能给更多？如果竞争对手股权激励总量为15%，而企业只有5%的额度可以用于激励，那不如变成直接的现金激励，避免明显的竞争劣势。
股东让与意愿	股权激励的实质是企业原有股东股权的让与和分享。即使激励股票或股份来源于增量的方式，仍然也构成了对企业原有股东股权的稀释。所以在确定股权激励数量总额时，必须考虑原有股东的让与意愿，参考他们可接受的股权让与底线来确定企业可进行激励的股权总额和每次股权激励计划的激励总量。
拟激励的对象人数	一般而言，为了保持确保股权激励计划的激励力度，如果拟激励的对象人数比较多，则可以适当扩大股权激励的激励总量；如果拟激励的对象人数比较少，则可以适量减少激励股权的数额。

2. 股权激励总量的确定方法

常见的股权激励总量的具体确定方法有三种：留存股票最高额度计算法、企业员工总年薪价值计算法和业绩目标计算法。

（1）留存股票最高额度计算法

留存股票最高额度，也就是现有股东所能承受的股权稀释的最大程度。根据留存股票最高额度计算股权激励的总量，是最简便易行，也是最容易确定股权激励总量具体数额的方法。

但这种方法的缺点在于：额度一旦确定，企业将很难再从现有股东手上争取到更多股权，激励计划的拓展空间有限，也容易造成股权激励后继乏力的现象，使得老员工处于较为有利的地位，吸引新员工的股票来源问题很难解决，不同时期进入公司的员工获授的激励股权数量就会差异很大，从而丧失公正性和说服力。

（2）企业员工总年薪价值计算法

企业员工总年薪价值计算法，是根据全体员工总年薪的某个百分点，或以其他薪金为基础，套算出股权激励总量的方法。例如，有研究表明，工作10年以上员工所拥有公司所有权价值是年薪的1.5倍，工作20年以上员工所拥有公司所有权价值是年薪的4倍。据此，只要根据员工的工作年限和贡献程度确定大致应当获得股权激励数额，再相加计算股权激励总量即可。

采用本方法有较大的灵活性，但它只勾勒出了激励总量的一个大概规模，没有办法得到比较精确的数额。各公司由于所处的行业、企业发展现状和发展战略、劳动力市场供求状况等不同，采用同样的计算法也会产生实际股权赠与数量上的差异，企业应该灵活运用。

（3）业绩目标计算法

业绩目标计算法，是指企业在制定股权激励计划时，先确定通过股权激励希望达到的业绩目标，如果员工在规定的期限内达到或超过了此目标，那么公司将按计划中规定的比例授予员工股权。

业绩目标计算法常用于业绩股票、限制性股票等以企业和激励对象业绩为考核评价标准的激励模式，但与这些工具一样，此种方法不可避免地要解决两个关键问题：如何设立业绩目标和如何预防业绩波动风险的问题。

业绩目标设立过低，激励对象很容易取得激励股份，激励成本的付出得不到相对应的收益；业绩目标设立过高，会打击激励对象的积极性，也达不到激励的作用。因此，对于企业来讲，采用业绩目标计算法的首要难题就是如何科学地设立业绩目标。这就要求企业将销售收入、利润创造、市场占有、成本节约等因素进行比较分析，结合企业实际选择设定业绩目标。

采用业绩目标计算法还必须预防业绩波动风险：如果公司业绩较好、市场也比较稳定，那么员工将得到较多的股权，企业也会获得丰厚回报；相反，如果员工拼尽全力，但由于一些无法控制的客观原因，如整个市场的疲软、经济不景气等，使企业并未完成既定业绩目标，那么员工将得到特别少量的股权，甚至一股不得，这很容易挫伤员工继续努力的积极性，也影响企业的声誉和未来发展。因此，企业在设计业绩目标时，就应当考虑到此种波动的风险，并根据风险的预测情况，为业绩目标计算法增加一些可适时调节的机制，对股权激励的总量进行调整。

四、确定股权激励的个量

单个激励额度的确定，就是在企业激励总量范围内，明确每个激励对象可以获得的股权激励数量。在确定个量时，主要对激励对象本身进行评估，因此主要考虑的是激励对象个人方面的因素。

1. 股权激励个量确定的相关因素

如下图所示，激励对象所能获授的股权数量，主要受到七个因素的影响。

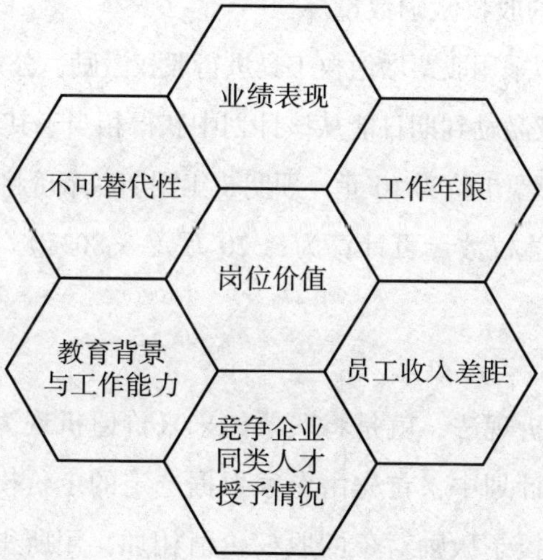

图3-1　股权激励个量确定的相关因素

2. 股权激励个量的确定方法

（1）市场薪酬调研参考法

市场薪酬调研参考法，是指在确定股权激励个量时，进行系统的薪酬调研，查证同行业相同或类似职位授予股权数量的市场平均水平，再参考拟激励对象所在企业职位的重要性和价值差异等，以确认企业内不同职位的激励数额。

例如，某企业顺利度过创业期开始快速扩张发展，为了提升业绩、留住并激励销售总监，企业决定对其进行股权激励。通过对市场和同行业进行系统的薪酬调研后发现，该职位一般获授的股权数量介于30—50万股之间。鉴于处于发展扩张和人才依附的关键时期，企业决定采用竞争力强的个量，对销售总监授予了50万股股权。

（2）未来价值法

所谓未来价值法，指依据激励对象的年薪、年终奖，通过预估股权激励到期时的市价来计算每个激励对象应获得的股权激励数量。具体算法是：预先设定给予激励对象的股权奖励经兑现后的总金额和股权激励到期时公司股票市价，得出每个激励对象所获得的每股收益，用预期收入总金额除以每股收益，就是应授予的股权激励数量。

例如，某公司拟采用股票增值权工具进行股权激励，公司希望总经理作为重点激励对象，在股权激励到期日能从该计划中获得相当于其年薪20万元80%的增值收入，授予日股票市价为10元，预期3年到期后市价将涨至20元，由此授予总经理的股票增值权数量可计算为：（20万元 ×80%）/（20–10）=1.6万股的股票增值权。

（3）现值法

现值法也叫作折现法，就是将股票的未来价值折现为当前价值，常用于上市公司股票期权计划中，首先由专家根据选定的定价模型测算出期权的价值，把期权价值与授予激励对象的股权价值相加，用所得之值来确定激励对象的期权认购数量。

常见的现值法定价模型有 Black-Scholes-Merton 期权定价模型[①]和二叉树模型（Binomial Models）[②]。其中，Black-Scholes-Merton 模型计算的期权价值包含了内在价值和时间价值两部分价值，从而成为最常用的期权定价模型。

（4）评价模型计算法[③]

评价模型计算法，是企业在根据股权激励计划和激励目的等相关因素，制定激励对象的评价模型，对激励对象进行各方面的评价，以综合计算股权激励个量。价值评价模型和贡献评价模型是常用的计算模型，方法是就每位激励对象对企业的价值与贡献进行评分，并按照其得分在全部总分中的比例进行股权的分配。

计算公式为：激励股权个量 =（价值评价得分 + 贡献评价得分）× 平均每分股份数

根据该计算公式，最关键的是要计算价值评价得分和贡献评价得分，平均每分股份数可以由激励股份总数除以价值评价得分和贡献评价得分之和而得。

①价值评价得分计算

为了客观准确地衡量每位激励对象的价值，应当基于责任、权利和义务

① Black-Scholes-Merton 期权定价模型（Black-Scholes-Merton Option Pricing Model），即布莱克—斯克尔斯 – 默顿期权定价模型。1997 年 10 月 10 日，第二十九届诺贝尔经济学奖授予了两位美国学者，哈佛商学院教授罗伯特·默顿（Robert Merton）和斯坦福大学教授迈伦·斯克尔斯（Myron Scholes），同时肯定了布莱克的杰出贡献。他们创立和发展的布莱克—斯克尔斯期权定价模型（Black-Scholes Option Pricing Model）为包括股票、债券、货币、商品在内的新兴衍生金融市场的各种以市价价格变动定价的衍生金融工具的合理定价奠定了基础。默顿扩展了原模型的内涵，使之同样运用于许多其他形式的金融交易。瑞典皇家科学协会（The Royal Swedish Academy of Sciencese）赞誉他们在期权定价方面的研究成果是今后 25 年经济科学中的最杰出贡献。

② 1979 年，罗斯等人使用一种比较浅显的方法设计出一种期权的定价模型，称为二项式模型（Binomial Model）或二叉树法（Binomial Tree）。二项期权定价模型由考克斯（J. C. Cox）、罗斯（S. A. Ross）、鲁宾斯坦（M. Rubinstein）和夏普（Sharpe）等人提出的一种期权定价模型，主要用于计算美式期权的价值，其优点在于比较直观简单，不需要太多数学知识就可以加以应用。

③ 参见胡八一编著：《股权激励 9D 模型》，企业管理出版社 2013 年版。

相结合的原则，对激励对象所承担的岗位职责及其任职资格进行价值评价，具体包括职位重要性、职责难度、沟通难度、知识与技能、职业道德 5 个维度，所占比例如下图：

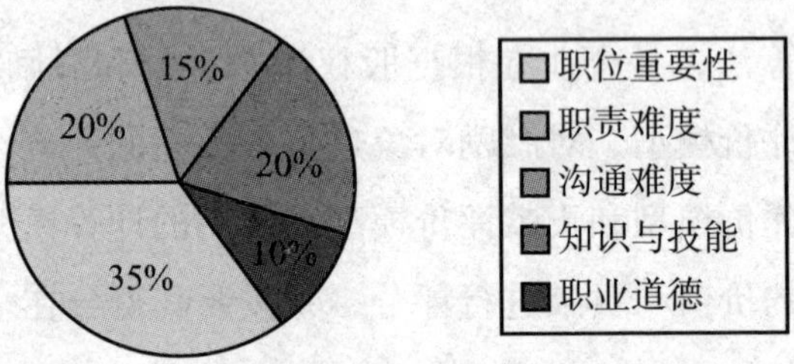

图3-2 激励对象个量确定价值评价要素及占比图

②贡献评价得分计算

对激励对象的贡献评价，主要包括工作年限和历年绩效考核结果两个维度，贡献评价得分 = 工作年限 × 绩效加权系数。

工作年限指激励对象在企业工作的实际年限，工作每满 1 年按 1 分计算，不足 1 年但超过 6 个月按 1 年计算，不足 6 个月按半年计算；绩效加权系数对应激励对象每年度绩效考核结果，不同层级的绩效考核结果对应不同的加权系数。

绩效考核结果	加权系数
A（优秀）	1.5
B（良好）	1.2
C（称职）	1.0
D（需要改进）	0.8
E（不称职）	0.5

根据绩效考核的结果对贡献评价得分进行调整，在考虑工作年限的同时又不单纯论年行赏，将关键点落实在了对企业的综合贡献率之上。

（5）个人分配系数计算法[①]

根据个人分配系数计算法，激励股权个量＝激励股权总额度 × 个人分配系数 ÷ 岗位总分配系数。

岗位总分配系数指每个员工的个人分配系数相加后的总额，从计算公式来看，最关键即是个人分配系数的计算。实践中个人分配系数会考虑个人工资、个人不可替代性、工作年限、利润贡献等多重因素，个人分配系数的计算公式往往也颇为复杂，首先确定应当考虑的是各种影响因素和影响比例，计算好每种因素对应的系数之后，再乘以分配的比例，最后相加就是个人分配系数。为了便于理解，以个人工资和个人不可替代性两种影响因素为例，个人分配系数＝个人工资系数 ×40%＋个人不可替代性系数 ×60%。

个人工资系数计算：按照企业平均月工资 5000 元为工资系数 1 计算，个人工资系数为员工月工资 ÷ 平均月工资。

个人不可替代性系数计算：个人不可替代性系数取值在 0.1–2 之间，不可替代性系数越高，说明员工越不可替代。企业将个人不可替代性系数平均水平设为 1，并综合考察激励对象在专门技术知识、专门技能、专门管理才能、个人能力品质等方面在多大程度上具有其他员工不具有的特性，如果激励对象较之普通员工有不可替代的技能或特长，则其个人不可替代系数可酌情加分，否则酌情减分。

按上述计算方法，销售经理工资为 7500 元，则其个人工资分配系数为 1.5，据考察，其不可替代系数为 1.5，可得其个人分配系数为：1.5×40%+1.5×60%=1.5。若企业拟进行股权激励的总额度为 15 万股，据计算，岗位总分配系数为 5，则可计算销售经理的激励额度为：15 万股 ×1.5÷5=4.5 万股。

① 参见王文书著：《企业股权激励实务操作指引》，中国民主法制出版社 2011 年版。

第五节 定价格：确定激励股票的价格

确定股权激励计划的价格并非每个股权激励计划的必经步骤，如果企业采用干股或纯粹的股份分红计划，就不需要员工花钱购买真正的股份，也没有定价的问题，但大部分的股权激励工具在计划制定和实施过程中都有定价的问题，包括确定行权价格和回购价格（转让价格）两方面的内容。在确定行权价格和回购价格（转让价格）时，企业可能基于不同的考量而选择不同的定价方式，但从技术层面来说，确定两种价格可选择的方法并无实质的差别。为了避免重复，本书将以确定行权价格的角度来介绍股权激励计划中常见的定价法。

行权价格指的是股权激励计划中公司与激励对象约定的，激励对象在未来行权时用以购买公司股份的价格。行权价格与股票市场价格、回购或转让价格之间的差价是激励对象参与激励计划获取利益的关键所在。行权价格定价越低，激励对象所付出的成本越低，但原有股东需要让与的利益也会更多，过低的行权价格可能损害原有股东的合法利益；而过高的行权价格则直接影响到激励对象参与计划的积极性。因此，行权价格不能过低，更不能过高，它确定的是否合理关系到整个股权激励计划的成败。

对于上市公司而言，可以直接参考股票的市场价格，确定行权价格的重点有 3 个：以什么时候的股票价格为行权价、要不要打折、要不要溢价；对于非上市公司来说，由于没有可参考的市场价格，确定行权价格的重点就在于确定股份价格的计算方法。

一、上市公司行权价格确定方法

上市公司的行权价格是根据授予日或授予日前若干天股票的公允市价而

确定的，其与行权日股票市价的差值就形成了激励对象的增值收益。所谓“公允市价”，是指各国资本市场监管部门一般都要求的对于股东和经理人公允的价格作为行权价格。

公允价格一般有以下几种算法：（1）授予日的最高价格和最低价格的平均值；（2）授予日的开盘价和收盘价的平均值；（3）授予日前一个月的收盘价的平均值：（4）授予日前一个月的开盘价的平均值：（5）授予日前一个月收盘价和开盘价的平均值。

明确可参考的公允价格之后，确定上市公司股权激励行权价格还有两个方面的工作，一是查明并遵守行权价格确定的法律规定，一是选择既合法又合乎企业实际需求的行权价格定价法。

1. 上市公司行权价格的法律规定

从各国立法实践来看，为了防止股权激励力度过大从而侵犯股东的利益，大多数国家对行权价格不限定最高价，但基本都规定了最低的限制。

在香港，交易所《主板上市规则》[①]第 17 章第 3 条第 9 款规定了行权价的厘定标准：“行使价须至少为下列两者中的较高者：（i）有关证券在期权授予日期（必须为营业日）的收市价（以本交易所日报表所载者为准）；及（ii）该等证券在期权授予日期前 5 个营业日的平均收市价（收市价同样以本交易所日报表所载者为准）。若发行人上市不足 5 个营业日，计算行使价时应以新发行价作为上市前营业日的收市价。”

美国税法规定，“激励型股票期权行权价不能低于股票期权授予日公平市场价格，公平市场价格可以是股票期权赠与日最高市场价和最低市场价的平均价，也可以是股票期权赠与日前一个交易日的收盘价。《税务法》还规定，当某高级管理人员拥有该公司 10% 以上的表决权资本，而股东大会又同意他参加股票期权计划时，他的行权价格必须高于或等于期权赠与日公平市场价

---

①《主板上市规则》，香港交易所官方网站：http://www.hkex.com.hk/chi/rulesreg/listrules/mbrules/listrules_c.htm，最后访问时间为 2016 年 9 月 27 日。

格的110%，且其期权有效期为5年。”[①]

我国现行有效的相关部门规章也对上市公司行权价格的确定进行了限制性规定。

例如，《上市公司股权激励管理办法》第29条规定了普通上市公司股权激励计划制定时，确定股票期权的行权价格应当遵守的规则：“上市公司在授予激励对象股票期权时，应当确定行权价格或者行权价格的确定方法。行权价格不得低于股票票面金额，且原则上不得低于下列价格较高者：（一）股权激励计划草案公布前1个交易日的公司股票交易均价；（二）股权激励计划草案公布前20个交易日、60个交易日或者120个交易日的公司股票交易均价之一。上市公司采用其他方法确定行权价格的，应当在股权激励计划中对定价依据及定价方式作出说明。”

《国有控股上市公司（境内）实施股权激励试行办法》第18条对在境内上市的国有控股上市公司拟定股权激励时应当遵循的定价规则作出了规定：“根据公平市场价原则，确定股权的授予价格（行权价格）。（一）上市公司股权的授予价格应不低于下列价格较高者：1.股权激励计划草案摘要公布前一个交易日的公司标的股票收盘价；2.股权激励计划草案摘要公布前30个交易日内的公司标的股票平均收盘价。（二）上市公司首次公开发行股票时拟实施的股权激励计划，其股权的授予价格在上市公司首次公开发行上市满30个交易日以后，依据上述原则规定的市场价格确定。”

我国企业实施股权激励的历史尚短，相关法律规定还不够系统和规范，对于行权价格的定价规定散见于国务院部门规章和规范性法律文件当中，企业在制定计划时应当仔细查阅并遵守。

2.上市公司股权激励定价法

（1）平值法

平值法又称等现值法，指行权价格等于当前股票的公允价格，是上市公

① 转引自马永斌著：《公司治理之道：控制权争夺与股权激励》，清华大学出版社2013年版，第429页。

司最常采用的定价方法。在行权价格等于当前股票公允价格的情况下，激励股权在授予时的激励对象并不享有收益，激励股权的价值体现为时间价值，激励对象只有在有效期内创造业绩和收益、提升股价促使约定条件成就时才享有收益。因此，这种行权价格定价方式相对比较适合股权激励的本意，也容易被普遍接受。

平值法的计算公式如下（P_0 为行权价格，P_{i} 为第 i 个交易日股票的收市价，T 为用于计算交易日的时间区间）：

$$P_0=\frac{1}{T}\sum_{i=i}^{n} P_i$$

（2）现值有利法

现值有利法又称实值法，指行权价格是当前股票价格的一个折扣，是激励力度最大的定价方法。在行权价格小于当前股票公允价格的情况下，股权激励方案本身就有一定的内在价值，激励对象只要维持现有股价，就可以在股权激励到期的时候获得收益。因此，这种定价法对激励对象的约束较小，更加有利于激励对象，对股东是不利的，会稀释公司原有股东的权益。实践中陷入发展困境或急需改变现状提升业绩的公司会采用这种方法。

现值有利法的计算公式如卜（P_0 为行权价格，P_{i} 为第 i 个交易日股票的收市价，T 为用于计算交易日的时间区间，$x\%$ 为折扣比例）：

$$P_0=\frac{1}{T}\sum_{i=i}^{n} \mathrm{P}_i \times x\% \ (0<x\%<1)$$

（3）现值不利法

现值不利法又称虚值法或溢价法，指行权价格是当前股票公允价格的一个溢价，即行权价格高于当前股票的价格。在这种情况下，股权激励方案本身的内在价值对于激励对象是负价值，激励对象必须要在有效期内加倍努力创造业绩和收益、提升股价，否则将得不到收益。这种定价方式对激励对象不利，而对股东有利，实践中适用于那些公司盈利状况和成长性都很好的公司。

现值不利法的计算公式如下（P_0 为行权价格，P_i 为第 i 个交易日股票的收市价，T 为用于计算交易日的时间区间，$x\%$ 为溢价倍数）：

$$P_0=\frac{1}{T}\sum_{i=i}^{n}\mathrm{P}_i\times x\%\ (x\%>0)$$

（4）可变价法

以上三种算法都是固定的行权价格计算方法，行权价格根据一定的公式确定好之后，就不会改变，不受外界因素影响，是三种传统的经典方式。由于上市公司的股票价格始终受到市场有效性等市场规则的影响制约，导致激励股权授予的时期不同，行权价可能差别很大，加上股权计划实施周期往往比较长，固定的行权价格计算方法对公司原有股东和激励对象可能都会存在不确定的潜在风险。

为了避免固定的行权价格计算方法对股东和激励对象造成间接的不利影响，实践中以美国为代表的一些上市公司开始倾向于设置一个可变的行权价格，将行权价格设计为一种可变的行权价格，将其与公司的业绩指标和同行业股票的变化联系起来，使其根据未来一段时期特定的财务指标的变化而变化，体现对股东和经理人双方的公平。可变更行权价格的计算原理是：激励对象的业绩表现越好，其导致的特定财务指标增长越快，股权的行权价越低，其获利越多，激励效果越好。

指数期权、可再定价期权、业绩加速股票期权、业绩生效期权就是股票期权采用可变行权价格定价法后衍生的股权激励工具。

二、非上市公司行权价格确定方法

非上市公司与上市公司不同，没有股票市场价格作为定价基础，确定难度较大，但对于大多数的非上市公司来说，企业要想发展、扩张甚至上市，对于人才和业绩提升的需求可能比上市公司更加迫切，股权激励仍然广受欢迎。

为了制定科学的股权激励方案，实现多赢局面，各国非上市公司在确定行权价格时发明了许多各具特色的方法。

一些国外非上市公司在确定行权价格时，通常会依据一个较复杂的数学模型，计算出公司和股份的真实价值。数学模型一般建立在若干假定的前提之下，充分考虑能够反映公司长期增长潜力的变量等因素。例如，许多美国非上市公司在对激励股权定价时，通常会使用Black-Scholes期权定价模型和二叉树模型来对企业价值进行专业评估，再确定企业每股的内在价值，以此作为股权激励行权价和出售价的基础。

我国非上市公司实施股权激励最常采用的定价方法往往以每股净资产值为主要甚至是唯一的依据。这种方法简单易行，但也被许多专家所诟病，称其客观性、准确性与公正性存在问题。

可以说，非上市公司激励股权的定价方法各种各样，目前并没有能够适用于一切类型和情况的定价方式。因此，目前非上市公司应该广泛地总结和考察科学合理的定价方式，根据自身的独特情况选择最经济且适用的方式。

1. 资产价值评估定价法

所谓资产价值评估定价法，是指根据资产的现实状况，遵循一定的标准和程序，以货币作为计算权益的统一尺度，对市场进行合理预测而得出的资产在某一时点的“模拟”市场价值。

评估价值受目的影响。资产评估价值由于其评估特定目的的不同，价值含义也不一样，表现为不同的价值类型，主要有公开市场价值、投资价值、重置价值以及清算价格。公开市场价值是指资产在公开市场上应该实现的价值，评估目的主要是为了公开的资产交易；投资价值是指以资产的收益能力为依据确定评估价值；重置价值是指在现在市场条件下，按功能重置资产并使资产处于在用状态所耗费的成本作为资产评估价值；清算价格是指非正常市场上限制拍卖的价格，一般低于现行市价，这是由市场供求状况决定的。

股权激励计划中为激励股权定价更倾向于采用资产的投资价值，无论是激励对象还是原有股东，都希望通过股权激励计划实现业绩提升、资产增值的效果，从而实现双赢。

采用资产价值评估定价法确定行权价格的一般定价程序为：首先对公司的每项资产进行评估，得出各项资产的公允市场价值并加总，得出公司的总资产价值，再减去各类负债的公允市场价值总和，就得到公司股权的公允市场价值，最后用公司股权的公允市场价格除以设定的公司总股本，就得到股权激励授予时的公允价格。目前有 3 种计价方案：

①净资产定价法：首先计算出公司的净资产，然后设定公司的总股本，用净资产除以总股本就得到公司的股份价格。这是最直接、最简单、最容易理解的定价方法，也是我国非上市公司股权激励实践中运用得较多的一种方式，但净资产定价法在计算时的参考因素过于单一，在复杂的市场环境中难免有失准确和公允，只适合在公司规模小、业务简单时使用。

②综合考虑销售收入、净利润与净资产定价：在确定公司总资产价值的时候，考虑销售收入、净利润和净资产三个因素，分别对它们赋予不同的权重，计算出公司的总价值，然后设定公司总股本，用总资产除以总股本就得到公司的股份价格。这种计价方案充分考虑了公司的市场盈利能力，相对于净资产定价法而言，计算投资价值的倾向性更加突出。

③根据有形资产与无形资产定价：在确定公司总资产价值时，考虑有形资产与无形资产两个因素，分别对它们赋予不同的权重，计算出公司的总价值，然后设定公司总股本，用总资产除以总股本就得到公司的股份价格。在这种方法中，对无形资产的估值是关键。

2. 净现金流量折现法

净现金流量折现法是指通过预测公司未来盈利能力，对企业未来的现金流量及其风险进行预期，据此计算出公司净现值，并按一定的折现率，将未来的现金流量折合成现值，从而确定公司股份价格的定价方法。

选择这种定价方法必须掌握两个关键：

一是要科学合理地预测企业未来存续期各年度的现金流量。实际操作中现金流量主要使用实体现金流量和股权现金流量。实体现金流量是指企业全部投资人拥有的现金流量总和，实体现金流量通常用加权平均资本成本来折现；股权现金流量是指实体现金流量扣除与债务相联系的现金流量，股权现金流量通常用权益资本成本来折现，而权益资本成本可以通过资本资产定价模式来求得。

二是要找到一个对各方都合理的公允折现率。折现率的大小取决于取得的未来现金流量的风险，风险越大，要求的折现率就越高；风险越小，要求的折现率就越低。

净现金流量折现法是资本投资和资本预算的基本模型，被认为是企业估值定价在理论上最有成效的模型，因为企业的经济活动就表现为现金的流入和流出，尤其是将它用于为确定最高定价时具有重要的参考价值。

从理论上讲，只有当市场完善，会计制度健全，信息披露能够较为真实的反映企业的过去和现状时，运用这种方法才最为合理。然而，我国现行的企业会计制度很难准确地对未来现金流量作出预测，使得中国还没有达到理想的适用条件，但值得庆幸的是，理论界和实务界都已经开始了有益的尝试。具有上市计划的公司可以采用该种方法。

3. 市盈率定价法

对于一个新兴企业而言，可能没有任何一种价值评估方法比市场的评价更为客观与准确。因此，非上市公司在确定行权价时，将同类型上市公司的股票市场价格作为重要的参考因素是十分合理的，例如考虑市场平均市盈率的变化。

市盈率也称本益比、股价收益比率或市价盈利比率，由股价除以年度每股盈余得出，是最常用来评估股价水平是否合理的指标之一，也是衡量股票投资价值的重要指标。公司的价值取决于它的盈利能力，而市盈率指标在一定程度上反映了价格和盈利能力的关系。理论上市盈率低的股票适合投资，因为市盈率是每股市场价格与每股收益的比率，市盈率低的购买成本就低。

市盈率定价法作为近年的公司上市和上市公司发行新股时最主要的定价方法，在市场化定价趋势中具有不可替代的作用。定价方式是：依据发行人的盈利情况计算发行人的每股收益，然后根据二级市场的平均市盈率、发行人的行业状况、经营状况和未来的成长情况拟定其市盈率。

非上市公司在股权激励计划中选择市盈率定价法模拟公司上市对激励股份进行定价，公式具体表述为：

股份价格 = 每股收益 × 市盈率

使用这个公式来确定非上市公司股份价格时，首先，应根据公司上一年度的损益表、本年度已发生的损益情况预测当年的预期利润；其次，公司的总股本可看作是公开发行股票前的总股数，用预期的公司总收益除以总股数，得出每股收益；然后，要选择合理的市盈率，可参考同类公司上市时的市盈率，也可以选择一个比同行业上市公司市盈率略低的数值；最后，根据公式用预期每股收益乘以选定的市盈率，计算得出股权激励的行权价格。

市盈率定价法充分考虑了企业所在的市场环境、企业盈利潜力和发展空间，具有相当的科学性。该方法适用于规模较大、具有可以作为参照公司的同行业上市公司。

4. 市场评估定价法

与市盈率定价法一样，市场评估定价法实际也是一种参考市场评价的价值评估方法，但与市盈率定价法只在选择市盈率时参考同类上市公司的方式不同的是，市场评估定价法本身的主要思想就是在定价过程中，一定要找几家同行业具有可比性的上市公司进行比较，从而算出本公司的股份价格。具体做法有两种：

一是综合指标参考定价法：首先确定几家规模、发展阶段与拟进行股权激励的企业类似的上市公司作为参照公司；再根据参照公司的净利润、净资产或现金流量等作为估价指标，算出这些指标与参照公司价值的比例；然后算出这几家公司的平均比率，再根据该公司的相同估价指标推断出公司的价值；最后设置总股本，用总价值除以总股本就得到公司的股份价格。

二是组合定价法：将资产价值评估定价法、净现金流量折现定价法和市场评估定价法组合起来确定激励股权的股价，这种组合方法往往是动态可变的，而非同时采用多种定价方式。这是使用较多的一种市场评估定价法，实践中企业在激励计划的初期会选用简单易操作的资产价值评估定价法，股权激励计划实施过程中，受到市场因素的影响，在后期股份的授予时就可以参考同行业上市公司的业绩变化来修正资产评估定价法的缺点，使测算出的股价更接近企业的真实价值。

第六节　定来源：确定股票和资金来源

制定股权激励计划第六步——定来源，指的是确定激励股票（股份）的来源和购股资金的来源。激励股票（股份）来源的设计直接影响原有股东的权益、控制权安排和现金流压力等问题；而购股资金来源的设计也直接影响激励对象参与激励计划的能力。可以说，激励股票（股份）来源与购股资金来源的设计是否合理直接关系股权激励计划的成效。

一、确定股票（股份）来源

公司要实施股权激励计划，必须做到“有股可授”，如果没有一定数量的股票，股权激励就成了无源之水、无本之木，股权激励计划也就无从谈起。

由于受到法律规范的约束程度不同，用于激励的上市公司股票和非上市公司股份也存在差异。

1. 上市公司激励股票的来源

在 2005 年《公司法》修订以前，我国上市公司在实施股权激励计划时的一个重要障碍就是激励股票来源问题不好解决，主要有两点原因：

一是我国《公司法》采用的是资本法定制而不是美国所采用的资本授权制，公司法设置了各类公司注册的最低资本标准，在公司成立前由股东一次性足额认购完毕、一次性缴足，并规定股份有限公司的注册资本为在公司登记机关登记的实收股本总额。这就导致公司无法在发行新股时预留库存股份。

二是《公司法》（2004 年修正）第 149 条第 1 款明确规定："公司不得收购本公司的股票，但为减少公司资本而注销股份或者与持有本公司股票的其他公司合并时除外。"这条规定直接否定了公司回购股票用作股权激励的可能性，因为它既非减资，更不属于合并。

资本法定制和公司回购股票的限制阻断了上市公司实施股权激励的股票来源，使得股票来源成为我国上市公司股权激励中的难点之一。

2005 年 10 月 27 日第十届全国人大常委会第十八次会议对《公司法》进行了修订，第 143 条扩大了公司可回购股票情形的范围，允许股份有限公司回购本公司的股票奖励给员工且无需注销，为股份有限公司的股权激励初步扫清障碍。

之后，《公司法》于 2013 年、2018 年进了两次修改，我国一系列相关的法律法规也相继出台，上市公司股权激励的来源得到进一步规范。目前，在我国上市公司股权激励的合法股票来源主要有以下几类：

（1）回购股票

上市公司直接从二级市场回购股权激励所需一定数量的股票，将回购的股票放入库存股票账户，根据股权激励计划的需要在未来某个时间出售转让给激励对象。回购股票是美国上市公司实施股权激励计划时最常用的股票来源安排。在我国，回购股票也逐渐成为上市公司进行股权激励的重要来源，但根据规定，公司收购本公司股份用于股权激励，公司合计持有的本公司股份数不得超过本公司已发行股份总额的百分之十，并应当在三年内转让或注销。

回购股票进行股权激励的主要流程是：①公司董事会通过回购流通股的决议，决定回购股数、回购价格、回购期限、回购方式、回购的资金来源等重大事项；→②报请股东大会批准；→③上报证监会、交易所等机构备案；→④公司以既定的回购价格和方式公开回购股份并储存在库存账户中备用；→⑤激励对象行权，清算机构记减公司库存股数额，同时记增激励对象股票账户上的股票数额。

（2）定向增发

定向增发，即上市公司向证监会申请一定数量的定向新股发行额度，以满足激励对象将来行权的需要。

用作股权激励的新股定向增发与普通意义上的股票发行相比，有很大的区别，用于股权激励的定向增发可以不通过发审委的审批，直接向证监会申请。另外，股权激励定向增发的新股很有可能是一种延期发行的额度，当采用股票期权进行激励时，虽然新股额度在授予股权期权时就会相继产生，但由于激励对象必须经过一定的等待期之后才能行权，所以新股就会等到员工行权时才能实际发行。

定向增发是上市公司股权激励的重要来源，但我国上市公司在选用定向增发解决来源问题时，受到注册资本变更登记的局限。

根据《公司登记管理条例》第 31 条的规定，“公司增加注册资本的，应当自变更决议或者决定作出之日起 30 日内申请变更登记。”但一个上市公司实施股权激励计划时，选定的激励对象往往都会比较广泛，不会全部同时行权，而是在一个约定的时间段由激励对象自由决定何时行权。因此，在行权期内，只要有激励对象行权，上市公司每个月都需要请会计师事务所出具验资报告，并去工商局进行注册资本的变更登记。

上市公司为了避免这一麻烦，就只能作出选择：要么，牺牲激励对象的权利，在拟定激励计划时缩短行权期，将其控制在一个月之内；要么，就要向工商部门申请豁免30日内办理注册资本变更的义务，同时在股权激励计划中规定：由于激励对象持有股权激励计划行权引起公司股份和注册资本变动的，公司应当于当年工商年报期间，向工商行政管理部门申请办理注册资本变更登记。

（3）股东转让

股东转让是各国股权激励实践中常常选用的激励股票来源，指全体或部分股东向激励对象让渡股权性利益，尤其常见于大股东控股的上市公司。在不影响大股东控股地位的前提下，大股东常常会向激励对象承诺一个股票额度，供激励对象在将来行权。

股东转让是以股东为主体来实施其承诺的激励，存在一些潜在的风险。例如，可能会强化控制股东对公司业务的不正当干预；如果让与股东破产或者由于自身财务状况紧张而转让部分股份或者将全部股份抛售，那么上市公司的股权激励计划的股票来源就失去了依托；即使让与股东准备严格遵守承诺，也不能排除让与股东债务人对预留股权提出权利主张的情形。

（4）第三方机构代购

第三方机构代购，是指由上市公司委托信托公司、股票经纪公司等第三方从大股东处获得转让或二级市场回购一定的股票供股权激励对象将来行权。选用这种方式解决来源问题，主要是为了利用信托方式来规范股权激励操作问题，或者规避公司法要求一年内转让给激励对象的时间限制。

在具体操作上，以委托信托机构为例，首先，上市公司选定激励对象并签订股权激励合同；其次，公司预将一笔资金委托信托机构于当年购入公司股票；然后，信托机构通过大股东转让、二级市场购买等方式获得股票并持有；最后，激励对象在约定的行权期，根据激励合同，从信托公司处获得股票或者增值收入。股权激励计划有效期结束，如果激励对象没有行权或达不到行权标准，信托机构再将股票出售，将资金返还公司。

通过第三方机构代购的方式解决来源问题相比其他激励股票的来源渠道而言，有诸多好处，是值得提倡和推广的。

首先，第三方机构代购的制度成本低。该方法避开了上市公司回购本公司股票需要在三年内转让或注销的时间限制，不需要监管部门的审批，只需要股东大会批准方案，并报证监会和证券交易所备案即可。对于激励对象广泛的上市公司，采用第三方公司代购，还能使信托机构等第三方成为股票管理部门，节约了大量的管理成本。

其次，能够有效地保障股权激励计划的可持续性和稳定性。选择信誉良好的信托机构，委托其通过二级市场购买需要的股票数量并代为管理，相对股东代持和转让、由上市公司直接回购等其他几种来源方式，不需要受到时间的限制，也能够避免转让股东干涉计划或利害关系人权利主张的风险，更具有可持续性和稳定性。

第三，能够保证激励对象行权的自由。选择由第三方机构代购，不受到上市公司变更登记注册资本的时间限制，第三方机构保管充足、稳定的股票，方便激励对象在约定的行权期内随时行权。

当然，第三方机构代购是需要上市公司至少付出两笔不小的开支的，一笔是上市公司需要将一大笔资金委托给第三方机构，由其购买用于激励计划的股票；二是上市公司还必须要支付第三方机构购买和管理股票的佣金、服务费、手续费和印花税等。因此，考虑使用第三方机构代购解决激励股票来源的上市公司，必须要在制定股权激励计划时，计算好可接受的财务成本和激励成本。

（5）组合方式

通过上述分析不难得知，每一种股票来源方式都存在各自的优势和不足。为了能够扬长避短，并且符合实际情况，上市公司还可以综合选择上述方案并进行有效的排列组合。

组合的方式没有既定的模板和规律可以借用，需要参考上市公司的现金流情况、控制权安排、原股东意愿等因素进行量身定制，但一个股权激励计划理想的激励股票来源，应该具有可行性、经济性和持续性的特点。即在保障合法性的前提下，激励股票的来源方式应当表现为可操作性强、执行难度低，同等情况下企业付出的成本较低，且来源长期、稳定、受外部因素的干扰较少。

2. 非上市公司激励股份的来源

对于非上市公司，用于激励的就不是上市公司的流通股票了，而是公司股份，激励股份的来源没有了上市公司的诸多限制，操作起来就简单许多。只要符合《公司法》对股东人数等相关规定的要求，且取得原有股东同意即可。非上市公司激励股份的来源主要有以下五种方式：

（1）原有股东转让：大股东直接转让，或者多个股东等比例转让；

（2）公司在募集资本时预留：公司在成立之初就考虑到为未来实施股权激励留足储备，预留股份由大股东或董事会指定一个股东先行代持；

（3）增资扩股时按比例预留一部分股份，预留股份由大股东或董事会指定一个股东先行代持；

（4）转增股本时按比例预留一部分股份，预留股份由大股东或董事会指定一个股东先行代持；

（5）为奖励本公司职工而收购本公司股份。

二、确定资金来源

确定股权激励计划中的资金来源，是指确定激励对象行权时用于购买股权的资金来源。这对于实施股权激励的企业和激励对象而言，都是非常现实的问题。如果企业采用了干股或者虚拟股权激励，一般情况下不需要激励对象出资购股，而是由企业直接赠与；但如果企业采用了股票期权、限制性股票等实股激励工具时，往往就需要激励对象投入资金购买了。

作为长期性的股权激励或者激励力度较大时，不断地行权意味着需要不断的资金投入，每次行权所需要的资金量可能也比较多，想要单纯地依靠激励对象自身的储蓄还远远不够，也会客观上对他们造成非常大的压力。

在股权激励实践相对成熟的国家，激励股票购股资金都有丰富的来源和模式化的渠道。当激励对象行权时，公司可以为其提供贷款资助或者提供贷款担保，在资本市场上还存在为上市公司管理层提供过渡性股权融资的投资公司和信托公司。

然而，我国的金融市场目前还难以达到这种程度的成熟化和规范化，为选择股权激励的企业解决资金来源问题带来了相当大的难度。

《贷款通则》第20条对借款人的限制第3款就规定了："不得用贷款从事股本权益性投资"，第4款规定："不得用贷款在有价证券、期货等方面从事投机经营"。《个人贷款管理暂行办法》和《流动资金贷款管理暂行办法》中明文规定个人贷款只能用于生产经营和个人消费，银行贷款不得用于固定资产、股权的投资。《上市公司股权激励管理办法》第21条第2款也明确规定："上市公司不得为激励对象依股权激励计划获取有关权益提供贷款以及其他任何形式的财务资助，包括为其贷款提供担保"。因此，在我国，无论是上市公司还是非上市公司，都无法通过银行贷款的方式，获得股权激励计划的购股资金来源。

另一方面，我国上市公司的股权激励对象在行权时不但要准备行权资金，还要准备缴纳个人所得税的资金。2005年，财政部和国家税务总局《关于个人股票期权所得征收个人所得税问题的通知》[①]（财税〔2005〕35号）中明确规定了股票期权所得性质的确认及其具体征税规定："员工行权时，其从企业取得股票的实际购买价（行权价）低于购买日公平市场价（指该股票当日的收盘价，下同）的差额，是因员工在企业的表现和业绩情况而取得的与任职、受雇有关的所得，应按'工资、薪金所得'适用的规定计算缴纳个人所得税。员工行权日所在期间的工资薪金所得，应按下列公式计算工资薪金应纳税所得额：股票期权形式的工资薪金应纳税所得额＝（行权股票的每股市场价－员工取得该股票期权支付的每股行权价）× 股票数量"。随后，国家税务总局《关于个人股票期权所得缴纳个人所得税有关问题的补充通知》（国税

① 部分条款已被财政部、国家税务总局《关于个人所得税法修改后有关优惠政策衔接问题的通知》（财税〔2018〕164号）废止。

函〔2006〕902号）[①]财政部、国家税务总局《关于股票增值权所得和限制性股票所得征收个人所得税有关问题的通知》（财税〔2009〕5号）也对限制性股票、股票增值权等其他股权激励模式中激励对象行权时如何缴纳个人所得税作出了类似的规定。因此，按照我国个人所得税法的相关规定，激励对象除了行权资金外，还要按照工资、薪金所得，适用超额累进税率3%—45%，缴纳个人所得税。

根据这些规定，我国企业实施股权激励计划，股权激励对象在行权时，既要准备行权资金，同时又要准备缴纳相应的税负，资金压力就会很大。

为了帮助激励对象解决购股资金的来源问题，提高股权激励计划的可操作性，目前在我国上市公司和非上市公司的股权激励实践中，常常采用一些灵活的方法，以解决购股资金的来源问题。

（1）激励对象自筹资金

无论公司是否可以以别的渠道或者以别的方式帮助激励对象取得激励资金，在实股激励的计划中，最好要有一部分资金来源于激励对象的自筹。通过激励对象自筹资金的方式，让他们从储蓄中拿出一部分钱来行权，更有利于帮助其建立主人翁意识、关注企业长期发展。这也是股权激励“风险与收益对等原则”和“激励与约束对等原则”的体现。

（2）将年终奖的一部分作为行权资金

将年终奖的一部分作为行权资金是非上市公司常采用的方式，在考察企业整体和激励对象个体的业绩表现之后，如果都达到预设标准，则扣取激励对象年终奖的一部分用于其行权购买股份，但这种方式直接导致激励对象当年的现金收益变少，因此，在采用之前，应当跟激励对象积极沟通，并获得他们的同意。

（3）提取奖励基金

为了帮助激励对象缓解资金筹备的压力，体现股权激励的利益分享意义，

① 部分条款已被财政部、国家税务总局《关于个人所得税法修改后有关优惠政策衔接问题的通知》（财税〔2018〕164号）废止。

一些企业会专门从净利润中提取奖励基金，用于帮助激励对象购买激励股份。但这种方式是牺牲原有股东的利润收益，还会在一定程度上增加现金流的压力，因此，必须经过股东大会同意，还要算取科学的奖励基金提取比例。

（4）多种激励模式组合

用多种激励模式组合的形式解决资金来源的问题，主要是利用干股、虚拟股票和股票增值权等利润分享型的股权激励模式与其他激励模式相配合的“组合拳”形式。利润分享型的模式使激励对象在达到指标的情况下获得分红，但分红不予全部兑现，而是将部分收益转化为实股激励模式的购股资金。这样既可以解决激励购股资金的来源问题，又可以有效缓解公司因发放红利而造成的资金压力。

（5）行权方式的变通设计

利用行权方式的变通设计，将现金行权改为无现金行权或部分现金行权的方式，也是解决激励对象购股资金来源问题的有效方式。

非现金行权的方式，指激励对象行权时，由指定的券商出售部分股票获得收益来支付行权所需的费用，并将余下股票存入激励对象的个人账户；部分现金行权的方式，指激励对象行权时，由指定券商出售约定数量的股票，获得的收益用以购买剩余股票，不足部分由激励对象自行补足。

（6）引入信托方式垫资

通过引入信托机构解决激励对象购股资金来源，从资金的原始来源角度，存在信托机构融资与股权激励企业出资的差别。

信托机构融资，即激励对象与信托机构签订贷款融资协议，由信托机构垫资行权，激励对象行权后将获得的激励股票抵押给信托机构，用分红偿还本息，偿还完毕后信托机构将股票过户给激励对象。

股权激励企业出资又有两种不同的运作模式：

一种方式是：企业将资金委托给信托机构后，参考上述信托机构融资的模式，由信托机构与激励对象签订贷款融资协议，将来自企业的资金贷给激励对象用于行权。激励对象仍然用分红偿还本息，偿还完毕后在扣除相关费用和报酬后，信托机构将股票过户给激励对象，同时将资金返还给股权激励企业。

另一种方式是：企业同样将资金委托给信托机构，并指定该资金专门用于购买公司股票，但激励对象不直接与信托机构签订贷款融资协议，而是由企业设立信托，企业作为委托人，企业和激励对象是共同受益人。等待期内，信托机构是公司的股东，行使股东权利，并享有股东收益。等待期结束之后，如激励对象行权，信托机构将股票过户给激励对象；如没有达到行权条件，信托机构出售股票，在扣除相关费用和报酬后将资金返还给企业。

第七节　定时间：确定股权激励计划中的各项时间

股权激励计划作为长期性的激励计划，选择不同的工具模式作用的原理不同，激励股票获授、行权、出售的时间不一样，可能激励对象获得的最终利益就存在差别。要想让计划达到最好的效果，就必须根据不同工具的作用原理，巧妙地设计不同的时间点，既要达到企业长期激励的目的，又不会使员工感觉到遥不可及。

因此，在制定激励计划时，就必须确定计划涉及的关键时间点，制作科学的时间表。如图所示，一个科学的股权激励计划，时间表至少会作如下的基础性安排：

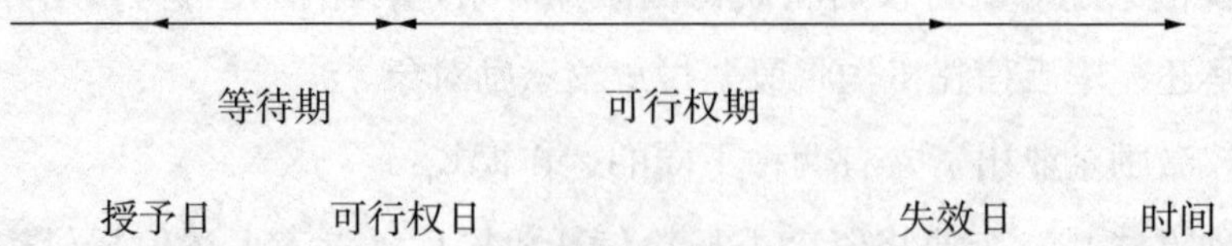

图3–3　股权激励基础时间表

一般而言，股权激励计划会涉及的时间点包括：授予日、可行权日和失效日，对应的将股权激励计划分割为有效期、等待期、可行权期，根据不同的需求，企业在激励计划中还会设置窗口期和禁售期等。

一、授予日

股权激励计划的授权日，指激励对象获得激励股票（股份）授予的日期。授权日作为激励对象获得激励的标志，也是影响等待期、行权期以及失效期长短的重要起算点。

1. 上市公司授予日的确定

对上市公司来说，授予日必须是交易日。① 同时，为了防止激励对象通过控制信息披露而操纵股价，许多国家规定了在上市公司任何可能会影响股价的敏感事件作出决定和公布前后不得授予激励股权，特别是在重大交易事件和重大事项发生前后的一段时间内以及年报和中报披露前的一段时间内禁止授予激励股票。

例如，《上市公司股权激励管理办法》第 16 条规定："相关法律、行政法规、部门规章对上市公司董事、高级管理人员买卖本公司股票的期间有限制的，上市公司不得在相关限制期间内向激励对象授出限制性股票，激励对象也不得行使权益。"

而根据《上市公司董事、监事和高级管理人员所持本公司股份及其变动管理规则》第 13 条的规定，"上市公司董事、监事和高级管理人员在下列期间不得买卖本公司股票：（一）上市公司定期报告公告前 30 日内；（二）上市公司业绩预告、业绩快报公告前 10 日内；（三）自可能对本公司股票交易价格产生重大影响的重大事项发生之日或在决策过程中，至依法披露后 2 个交易日内；（四）证券交易所规定的其他期间。"

---

①《上市公司股权激励管理办法》第 72 条中规定："授予日或者授权日：指上市公司向激励对象授予限制性股票、股票期权的日期。授予日、授权日必须为交易日。"

上市公司在对董事和高管授予激励股票时，应当避开法律规定的禁止时间。

2. 非上市公司授予日的确定

对非上市公司来说，不存在交易日与非交易日的区别，授权日也没有法律限制，公司可以根据自己的实际情况确定，但一般情况下，授权日应当是工作日；考虑到与企业考核相适应的要求，应安排在考核日期之后或者之前；还应当结合企业战略目标，尽量使股权激励计划在时间的安排上与战略目标相对应。

为了达到更理想的激励效果，非上市公司授予日一般会考虑结合一些特殊的时机：

（1）受聘日。当激励对象受聘时即被聘为公司的高管、核心技术人员等重要职位，且被认为是有必要被授予股权激励的人选时，受聘日即可以作为授权日。

（2）晋升之日。员工在企业获得晋升，说明他对于企业重要性的提升。特别是晋升至一些重要岗位，在晋升的同时授予其股权激励，能够使其感受到他不可或缺性的提升以及与企业利益的捆绑更加紧密。

（3）业绩评定日。在对员工的绩效考核评定之后，企业对表现达到激励标准的人员授予股权进行激励，既能体现对激励对象过往成绩的肯定，又能起到进一步激励的作用。

（4）激励对象取得技术成果之日。“取得重大成果之日”指技术研发、设计骨干取得重要的研发或技术突破和创新时，对他们授予一定数量的股权进行激励。

（5）激励对象负责或者接管重要项目之日。当激励对象被委派负责或者接管重要项目之时，企业可以考虑授予激励对象股权进行激励，以督促和激励他尽力完成项目、创造业绩。

二、等待期

股权激励计划的等待期，是指激励对象在获得股权激励授予后，并不能立即行权，而是需要等待一段时间，达到事先约定的条件后，才能够一次性或逐步获得行权的权利。这一段等待的时限就叫作股权激励计划的等待期。

股权激励计划之所以设置等待期，是为了确保激励的长期性、增加计划的约束功能、防止经理人获取投机性的利润，更好地发挥激励计划留住和激励员工的作用。如果激励对象在等待期未满时就离开公司，那么其所有未行权的股权通常将被作废，这样做就加大了经理人的失败成本。只有留在公司，并且保持高效率，更加努力地工作，将来才会获得收益。

对于等待期长短的设置，《上市公司股权激励管理办法》规定上市公司股票期权激励的等待期不少于一年[①]，限制性股票授予日与首次解除限售日之间的间隔不得少于 12 个月[②]，而对其他工具模式激励的等待期未作限定。非上市公司股权激励的等待期也并无强制性规定。那么，等待期需要设置为多久更合适呢？一般情况下，为了使股权达到最优的激励效果，对于 10 年有效期的股权激励计划，建议最短等待期为 3—5 年，对于 5 年有效期的股权激励计划，建议等待期为 1—2 年。

事实上，等待期的具体设计往往和股权激励的行权方式有关。根据行权方式的不同，等待期常常被划分为四种类型：

（1）一次性等待期。如果股权激励计划并不分期授予和行权，而是采用“一次授予，一次行权”的方式，那么等待期就应当设置为一次性，即只要激励对象在约定的时间内达到所约定的业绩目标，企业就可以将预计的可行权

①《上市公司股权激励管理办法》第 30 条规定：“股票期权授权日与获授股票期权首次可行权日之间的间隔不得少于 12 个月。”

②《上市公司股权激励管理办法》第 24 条规定：“限制性股票授予日与首次解除限售日之间的间隔不得少于 12 个月。”

日变为实际的可行权日。

（2）分次等待期。如果股权激励采取“一次授予，分次匀速行权”“一次授予，分次加速行权”或者“一次授予，分次减速行权”等多次行权的方式，一般等待期也会对应设置为分次等待期。例如，在一个股权激励计划中，一次性授予经理人 100 万股的限制性股票，有效期为 5 年，第 3 年可以行权 33.3 万股，第 4 年可以行权 33.3 万股，第 5 年可以行权 33.4 万股。在这个计划中，等待期分别是 33.3 万股 2 年、33.3 万股 4 年、33.4 万股 5 年。

三、可行权日与行权期

所谓可行权日，是指激励对象可以开始行权的日期。可行权日是计算行权期的起始标志。等待期结束后，可行权日到失效日之间都是行权期，激励对象可以根据公司价值的变化以及股价的波动选择一个对自己有利的时机行权，但必须在失效日之前完成行权。

对于非上市公司来说，可行权日并没有相关规定对其予以限制；但是对于上市公司来说，可行权日必须首先是交易日，还可能受到其他规定的约束。例如，《上市公司股权激励管理办法》第 30 条就规定：“股票期权授权日与获授股票期权首次可行权日之间的间隔不得少于 12 个月。”

实践中确定可行权日主要有五种方式：

（1）根据授予日计算——企业以授予日为起算点，将可行权日定于授予日后 1 年、4 年或更长的时间，具体的时间由企业根据实际情况确定。时间跨度越小，则激励对象能越快地从中受益，激励力度越大，但激励的长期性效果越难保证；时间跨度越大，员工留在公司等待最终兑现收益的时间越长，越能体现股权激励计划的长期性，但时间跨度过大会影响股权激励计划对员工的吸引力。

（2）根据工龄计算——企业以员工入职的时间作为起算点，将获得股权激励的员工可行权日定为满足一定工作时长，例如 3 年之后。这种可行权日计算方式不带有任何歧视性质，易于被员工接受，也可以避免员工因频繁跳槽而造成公司股权激励损失，从而较好地保持了公司稳定。

（3）选择特殊日期——企业可以选择一些特殊日期，如公司成立的周年纪念日、上市纪念日等，作为股权的可行权日。这种选择方式主要与企业文化的建立相联系，有利于强化员工的主人翁意识。

（4）绩效指标实现——当企业将激励对象可行权的条件设计为达到约定的绩效指标时，可行权日的确定往往也以绩效指标的实现时间为标准，这有利于激励员工努力工作实现双赢。

（5）综合标准——将多种可行权日确定的方式结合起来使用，制定一个可行权的具体综合标准，只有当激励对象满足了这些标准，才能够授予其行权资格。

四、失效日与有效期

失效日指的是股权激励计划失去效力之日，过了这一天，如果激励对象还没有行权，那么股权激励计划就作废，不能再行权。失效日是股权激励计划的终点。

授予日、失效日是计算股权激励计划有效期的重要时间点。股权激励的有效期也叫作股权激励的执行期限，是指从授予日起到股权激励失效之日止的整个时间跨度。在授予股权激励计划时，股权激励合同中必须明确计划有效期限，股权激励必须在这个期限内执行，超过即作废。

在设计有效期时，企业常常要综合考虑几种因素：

1. 有效期设置的合法性

企业股权激励计划的有效期设置，应当首先保障其合法性，遵守法律的强制性规定。我国现行法律对股权激励有效期的强制性主要是针对上市公司。《上市公司股权激励管理办法》第 13 条规定：“股权激励计划的有效期从首次授予权益日起不得超过 10 年。”非上市公司股权激励的有效期，现行法律没有相关强制性规定，大多根据企业的实际情况确定，一般在3年至8年之内。

2. 激励性与约束性的平衡

从股东的角度考虑，股权激励的有效期越长越好，因为有效期越长，股权激励的时间价值就可能越高，激励对象的失败成本也相应越高，股权激励对于激励对象的约束性就更强；从激励对象的角度考虑，有效期越长，其未来的不可预测性越大，未来收益贴现到当期的激励对象可拿到的现值就越小，很容易造成对激励对象激励变小的后果。

因此，企业在设计股权激励有效期时，必须在股东和激励对象之间找到一个巧妙的平衡点，既保证激励的长期性，又兼顾激励的力度。

3. 与企业战略目标一致

在设计股权激励计划的有效期时，还应当结合企业的战略目标，参考企业的战略规划，使有效期与企业阶段性项目或者阶段性目标完成所需要的时限相一致。

如果企业阶段性战略目标计划的年限是5年，那么，股权激励计划的有效期最好可以设置为5年或者6年，这种设置更有利于结合激励对象的业绩表现判断行权的条件和判断股权激励的效果是否达成。如果将有效期设为4年或者3年，那么，在不能确定阶段性战略目标是否达成之时，激励对象即行权完毕，这显然不利于阶段性战略目标计划的完成。

4. 与劳动合同期限相符

股权激励计划的有效期应该不超过大多数激励对象的劳动合同的有效期，以避免激励对象劳动合同期限已满而仍处于激励计划的有效期内的情形。

五、窗口期

从理论上讲，在股权激励计划中，只要进入行权期，激励对象都可以行权，但在上市公司，为了防止以高管人员为代表的激对象利用其信息优势从事内幕交易和操纵股价，为自己牟取私利，各国证券监管部门纷纷设置了窗口期，规定几类特殊的激励对象在经过等待期，进入行权期之后，不能立即行权，只能在法律规定的窗口期内行权。

在美国，窗口期是针对公司董事局主席和高管层的，其他激励对象不受限制。美国《证券交易法》规定的窗口期是："从每季度收入和利润等指标公布后的第三个工作日开始直至该季度第三个月的第10天为止。"①

我国《上市公司股权激励管理办法（试行）》②第27条规定的窗口期是"激励对象应当在上市公司定期报告公布后第2个交易日，至下一次定期报告公布前10个交易日内行权，但不得在下列期间内行权：（一）重大交易或重大事项决定过程中至该事项公告后2个交易日；（二）其他可能影响股价的重大事件发生之日起至公告后2个交易日"。

《上市公司股权激励管理办法》通过实施之后，取消了对于窗口期的直接规定，但对于董事和高管人员等特殊激励对象的行权期间，仍然保留了特殊限制。第16条规定："相关法律、行政法规、部门规章对上市公司董事、高级管理人员买卖本公司股票的期间有限制的，上市公司不得在相关限制期间内向激励对象授出限制性股票，激励对象也不得行使权益。"

实施公司禁止董事和高管人员买卖股票的窗口期，不仅适用于股权激励计划的授予，也适用于激励对象行权。

六、禁售期

禁售期又称强制持有期，是指激励对象在行权后必须持股一段时间后才能转让、出售。与窗口期的作用类似，禁售期的设置目的也是为了防止激励对象以损害公司利益为代价抛售持有的激励股票（股份）进行短期套利行为。

我国《公司法》第141条对发起人、董监高转让和买卖股票设置了禁售

---

① 转引自胡八一编著：《股权激励9D模型》，企业管理出版社2013年版，第99页。

② 已失效。

期:“发起人持有的本公司股份，自公司成立之日起一年内不得转让。公司公开发行股份前已发行的股份，自公司股票在证券交易所上市交易之日起一年内不得转让。公司董事、监事、高级管理人员应当向公司申报所持有的本公司的股份及其变动情况，在任职期间每年转让的股份不得超过其所持有本公司股份总数的百分之二十五；所持本公司股份自公司股票上市交易之日起一年内不得转让。上述人员离职后半年内，不得转让其所持有的本公司股份。公司章程可以对公司董事、监事、高级管理人员转让其所持有的本公司股份作出其他限制性规定。”

对于禁售期时间长短，各国各地区有不同的实践情况，一般企业会在遵守相关规定的前提下，依据自身的需要和实际情况，协商确定禁售期时限，一般在 6 个月到 2 年之间。比如，在纳斯达克上市的百度和盛大的禁售期都是 6 个月，阿里巴巴的禁售期是 2 年。

一般来说，激励对象的职位越高，所持有的激励股权也就会相应较多，加诸于身的限制也就越严格，这主要体现在：禁售期更长，能出售或转让的股份比重更小。

第八节　定条件：确定股权授予和行权条件

股权激励计划是激励与约束并重的公司治理手段。在激励对象通过股权激励计划获得利益的授予和行权关键环节，必须设置一定的约束条件，否则，激励就变为了纯粹的奖励，与初衷背道而驰了。

从本质上讲，股权激励计划的约束条件实际上是规定了激励对象获取股权的对价，也就是为了取得这种长期的而且可能是巨额的报酬所需要达到的足以让公司及原始股东满意的一种业绩标准。从内容上讲，股权激励计划的约束条件通常被分为两个方面：一方面是股权激励计划的授予条件，另一方面是股权激励计划的行权条件。

一、股权授予条件

所谓授予条件，就是指授予激励股权时必须达到或满足的条件，达不到条件就不能获授股权。除了企业应当满足的授予条件外，激励对象要获授股权，也应当达到一定的条件，这是对激励对象参加股权激励计划的资格认证。与激励计划的其他步骤相似，对于授予条件的确定，上市公司与非上市公司仍然存在诸多差异。

1. 上市公司股权授予条件

在我国，上市公司想要实施股权激励计划，激励对象想要参与股权激励计划都必须首先要符合相关的强制性规范，排除法定的消极条件。一般涉及两个方面：一个是公司的主体资格必须符合要求，另一个就是激励对象的资格必须符合要求。

《上市公司股权激励管理办法》第 7 条规定了不得实施股权激励的情形：“上市公司具有下列情形之一的，不得实行股权激励：（一）最近一个会计年度财务会计报告被注册会计师出具否定意见或者无法表示意见的审计报告；（二）最近一个会计年度财务报告内部控制被注册会计师出具否定意见或无法表示意见的审计报告；（三）上市后最近 36 个月内出现过未按法律法规、公司章程、公开承诺进行利润分配的情形；（四）法律法规规定不得实行股权激励的；（五）中国证监会认定的其他情形。”一旦出现上述任意一种情形，就意味着公司本身已经丧失了实施股权激励计划的主体资格，自然也就不能授予股权了。另外，对于什么样的人不能成为上市公司股权激励的对象，本章第二节已经详细列举了消极清单。

虽然上市公司对激励对象的获授资格有法定的约束条件，但是这些法定条件只是资格性的条件。在符合强制性规范的前提下，上市公司还可以根据企业自身的发展情况、参考同类企业股权授予条件，对股权激励的授予设置限定性的条件，例如激励对象的工龄、岗位、业绩考核指标等。

2. 非上市公司股权授予条件

非上市公司股权激励的授予条件并没有法律的强制性规范，一般都会灵活地决定是否要设置股权激励计划的授予条件，因此，也不涉及公司的授予主体资格问题。

一般而言，非上市公司股权授予的条件与选定的激励对象的范围十分相关。

从整体的角度，如果公司决定授予的激励对象范围广泛，那么能够参与股权激励计划的门槛设置就会偏低，即激励对象的基本授予条件比较宽松；如果公司决定授予的激励对象范围相对狭窄，仅局限于高管层和核心技术人员，那么能够参与股权激励计划的门槛设置就会偏高，激励对象的基本授予条件也较为严格。

从个体的角度，不同激励对象对于公司的价值表现不同，即便是同一类型的岗位，授予额度和授予条件可能都存在差异。因此，公司在制定股权激励计划时，必须设置周密、详细的股权授予条件，避免股权激励的反效果，激发员工内部矛盾。在设计个体的股权授予条件时，公司应当综合参考：激励对象的个人能力、所在岗位、工龄与历史贡献、不可替代程度和难以监督程度。

二、股权行权条件

股权行权条件，是指激励对象对已获授的股权行权时必须达到或满足的条件。它体现了公司股东的意志，是股东对授予激励股权后的预期回报要求，也是因激励对象受到激励而努力工作为股东获得超额回报的标准。

首先，激励对象要想行权，必须要保证其仍然具备参与股权激励计划的资格。如果激励对象在授予时符合要求，但在行权期间因为各种原因丧失了授予时的资格，那么，即使达到了其他要求，也不具备行权的条件。

除授予时应当满足的条件外，行权条件还落实为具体的要求与指标，通常体现为业绩考核，这种业绩考核分为两方面：一方面指公司必须达到一定的业绩标准，一方面指激励对象个人的业绩考核必须合格，只有两方面都实现的情况下才能行权。

1. 上市公司股权行权条件

《上市公司股权激励管理办法》第10条规定："上市公司应当设立激励对象获授权益、行使权益的条件。拟分次授出权益的，应当就每次激励对象获授权益分别设立条件；分期行权的，应当就每次激励对象行使权益分别设立条件。激励对象为董事、高级管理人员的，上市公司应当设立绩效考核指标作为激励对象行使权益的条件。"

可见，行权条件的设置对于我国上市公司实施股权激励而言，是计划中必须具备的内容，同时，针对董事和高管，还强调了绩效考核指标作为行权条件的必要性。

对于如何设计上市公司股权激励计划行权条件的业绩指标，《上市公司股权激励管理办法》第11条也作出了详细的规定："绩效考核指标应当包括公司业绩指标和激励对象个人绩效指标。相关指标应当客观公开、清晰透明，符合公司的实际情况，有利于促进公司竞争力的提升。上市公司可以公司历史业绩或同行业可比公司相关指标作为公司业绩指标对照依据，公司选取的业绩指标可以包括净资产收益率、每股收益、每股分红等能够反映股东回报和公司价值创造的综合性指标，以及净利润增长率、主营业务收入增长率等能够反映公司盈利能力和市场价值的成长性指标。以同行业可比公司相关指标作为对照依据的，选取的对照公司不少于3家。激励对象个人绩效指标由上市公司自行确定。上市公司应当在公告股权激励计划草案的同时披露所设定指标的科学性和合理性。"

为了科学地制定和实施绩效考核，上市公司一般会在制定股权激励计划时，同时制定《公司股权激励计划实施考核办法》，通过制度化的管理实施来保障股权激励计划的顺利进行。

2. 非上市公司股权行权条件

非上市公司股权激励行权条件的设置并没有相关强制性的规定，比上市公司更加灵活，但基本内容是一致的。在科学制定《公司股权激励计划实施考核办法》的前提下，公司应当根据自身情况，设定适合本公司的绩效考核指标；而对于激励对象，一般也要求他们在行权的上一年度根据《公司股权激励计划实施考核办法》绩效考核合格或者良好。

非上市公司具体选取什么样的业绩考核指标取决于公司所处行业的特点、战略规划和达标难度等各方面的情况。一般而言，可以在下列三类业绩指标中选取适合自己公司情况的考核指标：（1）反映股东回报和公司价值创造等综合性指标，如净资产收益率、经济增加值、每股收益等；（2）反映公司盈利能力即市场价值等成长性指标：如净利润增长率、主营业务收入增长率、公司总市值增长率等；（3）反映企业收益质量的指标，如主营业务利润占利润总额比重、现金营运指数等。

第九节　定机制：为激励计划设定管理、考核及调整机制

股权激励作为公司治理的重要手段，就像一盘布局精巧的棋局。要想计之深远，赢得长久的胜利，除了确定好目的、对象、工具、数量、时间、价格、来源和条件等应该落实的关键点之外，如何让设定好的每个关键点都有机地串联起来，形成通畅、连贯、执行性高的线和面，就需要系统的“攻略”了。

面对瞬息万变的市场、对手层出不穷的招式以及“弈棋者”本身情况的不断变化，要下好股权激励这盘棋，企业制定的“攻略”必须作好有效的自身管理，并且同时作好一切的应变准备，这就是股权激励的管理、考核及调整机制。

一、股权激励计划的管理机构与管理方式

为了股权激励能够按照设定的计划顺利推行，保障运行的高效和激励的有效，企业推行股权激励计划必然会涉及管理和监督的问题。即使选择将股权激励计划的管理实施外包给专业的第三方服务机构，企业也不可能放任不管。因此，建立一套健全的、相对独立的内部管理和监控系统也是股权激励计划的必然要求。

在现代公司治理结构中，董事会在治理的约束机制中发挥着根本性的作用，是公司内控体系的核心所在。股权激励计划的决策机构是企业的股东大会，日常的领导和管理就由企业的董事会负责。在董事会的领导下，设立薪酬委员会，负责股权激励计划的具体管理。

1. 股权激励计划中的董事会及其职责

现代公司制最伟大的创新，就是有限责任。无论是有限责任公司还是股份有限公司，股东都对公司承担有限责任：有限责任公司的股东以其认缴的出资额为限对公司承担责任；股份有限公司的股东以其认购的股份为限对公司承担责任。有限责任制度使得拥有成千上万股东的现代大型企业的出现成为现实，为企业做大做强提供了极大的可能性，也使得现代资本市场得以建立，也才有了各国的股票市场和资本市场。

然而，有限责任制度在促进公司规模扩大、职业经理出现的同时，也会带来大量的怠于履行职责、管理腐败、在职消费和短期行为等经理人道德风险问题。企业规模越大，股权越分散，经理人的道德风险问题就越突出。

为了保护股东和公司的利益，避免出现经理人的道德风险问题，在无限责任的合伙制企业向有限责任的公司制企业转变过程中，出现了诸多新的治理和管理方法，其中最有效率的莫过于董事会制度。

董事会由股东大会选举产生，由全体董事组成，行使全体股东赋予的公司经营管理权。董事会直接对股东大会负责并报告工作，是股东大会闭会期

间公司常设的权力机构。除了法律和章程规定的应由股东大会行使的权力之外，其他事项均可由董事会决定。

董事会在股东和经理人之间充当着杠杆的支点，把提供财物资本的股东和拥有人力资本、使用财物资本创造价值的经理人连接起来，一方面抑制经理人的道德风险，另一方面保障了人力资本的专业化纵深发展。最理想的董事会治理效果是：在保证股东资产不被经理人侵害的前提下，能够使得股东愿意继续投资，经理人愿意替股东努力工作。因此，董事会除了发挥好决策和战略的职能之外，还应当发挥有效的激励和利益捆绑作用，保障公司、股东和经理人创造更大的共同价值。

作为股权激励计划的领导和监督机构，董事会在获得股东授权后，主要履行如下职责：

（1）筹建薪酬委员会，聘任或解聘薪酬委员会成员。

（2）审核并批准薪酬委员会提交的股权激励计划，审核通过后提交股东大会表决通过。

（3）审核并批准薪酬委员会拟定的年度股权激励计划实施方案，包括授予额度、激励对象、授予与行权时间等，然后报股东大会审批。

（4）审核并批准薪酬委员会制定的业绩考核办法和股权激励计划的其他配套制度，并报股东大会批准。

（5）授权薪酬委员会审核公司员工获授激励股权的资格，并对特殊情况下激励对象的行权计划进行调整。

（6）提出修改或终止股权激励计划的意见，报股东大会审议。

（7）有权终止股权激励计划或终止薪酬委员会对股权激励计划的管理。

（8）制作激励对象清单，将其身份、职务、资格等真实信息提供给薪酬委员会，协助其做好信息披露工作。

2. 股权激励计划中的薪酬委员会及其职责

虽然董事会产生于股东大会的选举，体现的是绝大多数股东的利益，但公司是一个复杂的利益整体，除股东之外，还包括经理人、员工、债权人等其他利益相关者。一个好的董事会，绝非事无巨细全部以股东获利为标准，而应当要协调好企业中的各种利益矛盾关系，主要对所有股东负责的同时，还要兼顾所有利益相关者的利益。

正因为肩负协调各种利益矛盾关系的使命，董事会的独立和公正是建设董事会的基本要求，董事会独立董事逐渐替代内部董事的结构发展史也印证了这一点。

然而，光靠独立董事人数的增多，并不能够保证董事会的独立性达到股东的期望。其原因在于，独立董事缺乏一个独立自主行使权力的平台。作为会议机关的董事会，所有决策和监督功能的实现都必须按照会议制的“一人一票，少数服从多数”的原则来进行。独立董事作为个体，在大部分高管人员都很可能作为内部董事参与董事会召开的情况下，直接站到他们的对立面提出意见和建议是不现实的。

董事会委员会制度的出现恰到好处地解决了独立董事的这一尴尬局面。通过董事会下设委员会的结构形式，由审计委员会、薪酬委员会和提名委员会等专业委员会负责财务问题、确定经理人报酬、负责董事提名等事务，这些委员会只能由独立董事或作为股东代表的外部董事构成，且以独立董事为主，委员会主席必须是独立董事。

委员会的出现为独立董事创建了一个发挥作用的平台，一方面使得董事会的独立性有了制度性的保障，独立董事得以真正独立；另一方面，还由于专业化的人员组成和分工，有效地提升了董事会的效率和决策的专业性、科学性。

在董事会委员会制度十分成熟的美国上市公司实践中，出现最早、使用最多的是审计委员会，第二就是薪酬委员会了。审计委员会的设置目的是为了保障财务安全，而薪酬委员会最基本职责则是：制定公司的整体薪酬政策及指导原则；负责批准公司所有的薪酬发放办法；负责制定合理的股权激励计划；监督董事和管理层的薪酬政策执行；为董事和管理层制定解聘补偿政策；负责管理层的年度业绩考核。

让担任高管职务的内部董事担任薪酬委员会的成员，自己给自己设定薪酬显然不合理，因此，薪酬委员会对独立性的要求比审计委员会更高，一般由3—5名的外部董事，最好是独立董事组成。对于委员的能力要求，主要是：独立性强、具有丰富的财务知识，具有丰富的股权激励知识和经验，或者具有丰富的财务知识，或者有丰富的人力资源管理经验，而委员会的主席最好由一名具有丰富财务和经济知识的股权激励专家担任。

作为股权激励计划的制定与推行机构，薪酬委员会对于股权激励计划的决策和监督一般通过两种方式进行：一种是外包，即将计划的设计与管理工作外包给专业的薪酬机构或金融机构；另一种是内控，就是薪酬委员会自己建立股权激励管理系统、委派专人进行内部控制。

选择内控方式，薪酬委员会在股权激励中的职责主要体现为：制定股权激励实施计划，起草需经股东大会审批的激励计划的相关文件，包括实施股权激励计划的主要原则、目的、指导思想、政策、每年的股权赠予量、时间安排表等；出现突发性事件时对股权激励计划进行解释并作出重新安排；执行股东大会的相关决议，负责处理实施股权激励工作中出现的各种问题。

二、股权激励计划的考核机制

股权激励计划的考核机制，是指股权激励计划中对公司整体和激励对象个人业绩的考核办法。科学合理的业绩考核机制是股权激励能够达到有效激励的前提。有效的股权激励一定是以完成一定的业绩目标为前提的。如果没有周密的业绩考核机制，股权激励就缺乏制度保障，难以达到激励的目的。

1. 企业业绩考核机制

企业业绩考核机制的建立，一般首先会选取反映企业业绩的指标体系，然后根据市场水平、企业发展情况、战略计划等，计算所选取的指标分别应当达到的目标值。实践中企业常采用的业绩指标分为财务类业绩指标和非财务类业绩指标，财务类业绩指标又分为会计类指标和市场类指标。

一级指标	二级指标	三级指标
财务类指标	会计类指标	净利润 / 每股收益
		投资报酬率
		净资产收益率（ROE）
		经济增加值（EVA）
		资产保值、增值率
		流动资产周转率
		应收账款周转率
		净现金流量
		资产负债率
		流动比率
		速动比率
	市场类指标	股票价格
		市场总价值
		市盈率
非财务类指标	市场与顾客	市场占有率
		销售增长率
		顾客满意度
	员工	员工满意度
		员工培训
		员工收入增长水平
	质量	优等品率
		废品率
	技术创新	企业技术领先地位
		研发费用投入比重
		技术改革投入率

如上图所示，会计类指标主要是指应用于企业财务会计的指标，包括净利润 / 每股收益、投资报酬率、净资产收益率（ROE）等。会计类指标是企业最常用的业绩评价指标，它非常直观、较为客观、易于理解和操作，但会计类指标也存在许多缺点，主要是会计类指标是以企业已实现的成绩为标准，对经营成果的反映是滞后的、短视的，且容易因为经理人急功近利的思想和短期投机行为而受到经理人操纵。

市场类指标以公司股票的公允价值作为评价企业价值增长的标准，反映了市场对企业未来的预期。在操作上也十分简便、易于计算和确认，较难受到经理人的人为操纵；但缺点在于：受资本市场有效性影响较大，市场指标难以真实反映企业价值的变化，难以调动经理人执行特定公司战略或实现特定财务目标的积极性。

非财务类指标大部分是不能用货币单位来量化的指标，一般包括市场与顾客、员工、质量、技术创新等指标值，非财务类指标反映的是企业经营过程的信息，描述的是事物的性质和方向。因此，虽然带有较大的主观性，但许多企业仍然会采用非财务类指标，他们认为非财务指标更能反映出企业的真实情况，且相对于财务指标注重“过去”的特点，非财务类指标面向的是“未来”。

企业业绩考核的指标丰富多样，但每一种指标都各有优缺点，没有一个业绩指标能够单独做到科学、合理、全面反映企业的所有业绩水平。因此，在制定企业业绩考核制度时，必然会进行综合考量，用多重业绩指标“组合”的方式，最大程度地反映出企业的综合业绩情况。理论上作为授予和行权条件设计的业绩指标，还应当注意激励对象在多个方面做出努力和贡献，不仅要看到眼前利益，还要关注长远发展；不仅要青睐市场份额，还要重视企业利润；不仅要维护股东的利益，还要关注客户的满意程度；不仅要关注会计指标，还要关心股价表现。

通过组合确定业绩指标的方式，企业应当坚持四个原则：利润指标和销售指标相结合，以影响企业价值关键因素指标为主；会计类指标和市场类指标相结合；财务类指标和非财务类指标相结合；绝对业绩指标和相对业绩评价相结合。

2. 激励对象个人业绩考核机制

对激励对象个人业绩的考核与股权激励对象的选择相对应，都需要考察激励对象的个人基本业务能力、岗位胜任度、个人特别业绩表现、历史贡献、工作态度等。但与企业的业绩考核机制不同，个人业绩考核没有直观的会计数据作为参考，要对激励对象进行个人业绩考核，就必须要将上述因素进行量化或分级化。

为了公平客观地考察激励对象的个人业绩，实践中企业创造出了一些科学、专业的方法，包括评估报告法、评级量表法、目标管理法、360度绩效考核法、平衡记分卡法等。

（1）评估报告法：企业以书面的形式对激励对象作出全面、客观、具体的评估报告，报告的主要内容是：激励对象的主要优点和缺点；评估期的主要业绩；激励对象的未来发展潜能；能够表现为被评估者能力、素质的一些重要事件、成绩和失误等。这种方法采取自上而下的操作方式，用于上级对下级的评估，有利于雇员的集中管理，但是评估的有效性依赖于评估体系和评估者的公正和客观。因此，难以进行相互对比，并且考核人员的主观性所带来的偏差也比较大，比较适合规模较小的非上市公司。

（2）评级量表法：把激励对象的绩效分成若干项目，每个项目后设一个量表，由企业作出考核。这种方法创造了一种数量化考核，它把员工绩效的每一因素都反映出来，总考核成绩可以被看作绩效增长或被用作进行提升的依据，简明、客观、经济、有效性高、费时少又好学，是最古老也最常用的考核方法之一，但缺点在于，使用这种量表，考核者很容易产生晕圈误差和趋中误差。过于宽大的或中庸的考核者，就会把每个人的每个项目很快地评为高分或平均分。

（3）目标管理法：由下级与上司共同决定具体的绩效目标，并且定期检查完成目标进展情况的一种管理方式。由此而产生的奖励或处罚则根据目标的完成情况来确定。这种方法属于结果导向型的考评方法之一，以实际产出为基础，考评的重点是员工工作的成效和劳动的结果。目标管理法的评价标准直接反映员工的工作内容，结果易于观测，所以很少出现评价失误，也适合对员工提供建议，进行反馈和辅导。缺点在于：目标管理法没有在不同部门、不同员工之间设立统一目标，因此难以对不同员工和不同部门之间的工作绩效横向比较，不能为以后的晋升决策提供依据。

（4）360 度绩效考核法：由员工自己、上司、下属、同事、客户等全方位的各个角度来考察个人的工作绩效，评价维度多元化打破了传统自上而下的考核制度，可以避免传统考核中考核者极容易发生的“光环效应”“居中趋势”“偏紧或偏松”“个人偏见”和“考核盲点”等现象，适用于对中层以上的人员进行考核。缺点在于，考核成本较高，每个员工可能既是考核者又是被考核者，因此考核难度较大。

（5）平衡记分卡法：从财务、客户、内部运营、学习与成长四个角度，将组织的战略落实为可操作的衡量指标和目标值的一种新型绩效管理体系，包括战略地图、平衡计分卡以及个人计分卡、指标卡、行动方案、绩效考核量表。它打破了传统的单一使用财务指标衡量业绩的方法，而且在财务指标的基础上加入了未来驱动因素，即客户因素、内部经营管理过程和员工的学习成长，以使公司的策略能够转变为行动，被《哈佛商业评论》评为 75 年来最具影响力的管理工具之一。缺点在于，指标体系建立较困难，实施难度大、成本高。

三、股权激励计划的调整与变化机制

真正适合企业的股权激励计划绝非是一成不变的，好的计划必须能够应对和适应在实施过程中可能出现的股份、人事、企业和市场的变化。因此，股权激励计划制定的最后一步，就是要设定周全的调整与变化机制，以维持激励对象的预期利益和股权激励计划的公平性。调整与变化机制具体指：在公司授予激励对象股权激励标的之后至激励对象行权之日当日止的期间内，公司发生股份、人事、企业和市场等事项变化时，对激励对象获授的股权激励标的数量以及价格进行相应调整，为计划的顺利实施保驾护航。

1. 股份变动调整机制

股份变动是指公司送红股、转增股本、配股、换股、缩股、增发新股，以及发行可转债等引起的总股本和股价的变动。正常股份变动导致的股权激励股份数量和股权的行权价格进行调整是不存在争议的，而且也必须作出相应调整。在程序上，上述正常股份变动的事项所导致的股权激励计划调整以及调整的方法一般都有固定的规律可行，在股权激励计划中可以预先设计。因此，一旦出现股份变动的调整事由，一般是由股权激励计划的执行机构——董事会按照预先的设计进行调整变更，并通知激励对象。对上市公司而言，董事会调整激励计划的相应数量和行权价格后，还应按照有关法规或主管机关的要求进行审批或备案并及时披露、公告。

股份变动导致股权激励计划调整的方法如下表：

变动原因	调整方法
送股和转增股本	调整后的股权数量＝调整前股权数量 ×（1+ 每股送股或转增股本比例） 调整后的行权价格＝调整前的行权价格 /（1+ 每股送股或转增股本比例）
配股	调整后的股权数量＝调整前股权数量 ×（1+ 每股配股比例） 调整后的行权价格＝（调整前的行权价格＋配股价格 × 每股配股比例）/（1+ 每股配股比例）
缩股	调整后的股权数量＝调整前股权数量 × 缩股比例（原 1 股公司股票缩为多少股公司股票） 调整后的行权价格＝调整前的行权价格 / 缩股比例
增发新股	如有针对原有流通股东定向配售，或对增发部分进行除权处理的情形，按配股方式处理。如无上述情况，股权数量和行权价格均不做调整。
派发现金股息	调整后的行权价格＝调整前行权价格－每股税后现金股息
换股	调整后的股权数量＝调整前股权数量 ×M 调整后的行权价格＝调整前的行权价格 /M （M 为换股比例，表示每一股本公司股票换为新股票的比例）

2. 激励对象变化调整机制

激励对象作为股权激励计划最重要的主体，其变化必然会直接影响股权激励计划的实施。制定针对激励对象变化的股权激励调整机制，就是要设计在激励对象的资格、雇佣关系、行为能力等发生变化时，能够通过对计划进行相应的及时调整，保障计划的顺利实施。

变动原因	调整方法
丧失资格	在股权激励计划实施期间，如果激励对象成为独立董事、监事或者其他不能持有公司股票（股份）的人员，或者出现上市公司股权激励对象最近 12 个月内被证券交易所或中国证监会及其派出机构认定为不适当人选等情况而丧失股权激励资格的，其持有的股权将被终止，未授予的部分也将被取消授予。
降职	激励对象因不能胜任工作岗位、考核不合格、触犯法律、失职或渎职行为严重损害公司利益或声誉等情形而导致的降职，经公司董事会薪酬与考核委员会批准并报公司董事会备案，可以取消激励对象尚未授予的部分，已授予未行权的予以回购。
雇佣关系终止	股权激励计划中一般有特殊规定——在员工结束与公司的雇佣关系时，股权可能提前失效。
退休	激励对象因达到国家和公司规定的退休年龄退休的，其所获授的激励股权一般不作变更，仍可按规定行权。
丧失行为能力	激励对象丧失行为能力如何变更股权激励计划的实施，取决于丧失行为能力的原因。如果激励对象因执行职务负伤而导致丧失行为能力的，其所获授的股权激励标的不作变更，仍可按规定行权；但如果是因私造成的，则一般会按照原值给激励对象，但不保留股份。
死亡	激励对象死亡的，自死亡之日起所有未行权的激励股权即被取消，但激励对象因执行职务死亡的，公司有权视情况根据激励对象被取消的激励股权价值对激励对象进行合理补偿，由其继承人继承。

3. 企业重大行为变化调整机制

企业发生重大行为，包括并购、资产售卖或交换、控制权发生变化、清盘等行为，必然对股权激励计划的实施也产生重大影响。如不适时调整股权激励计划，不仅会影响激励对象和股东的切身利益，还会对企业未来的发展产生深远影响。企业因重大行为变化而导致的股权激励计划的调整应当由董事会作出决议并经股东大会审议批准，或者由股东大会授权董事会决定。

变动原因	调整方法
并购	一般来说，公司并购是否引起股权授予时间加速或者激励计划的变更、终止等，均由股东大会讨论后自行决定。实践中的调整方法比较多样化。
控制权变动	与并购一样，当企业发生控制权变动时，都会根据自身的发展特点及需求作出选择，做法并不统一。一般情况下会在控制权发生变动之前，对计划进行调整，未行权部分立即行权，控制权变动之后未行权部分自动失效。也有公司将股权激励计划的有效性延续到控制权变动后的一段时期之内，规定控制权变动前执行原计划，控制权变动后的一定时期内，未行权部分可以继续行权。
资本变动	当公司的全部或大部分资产发生售卖、租赁、交换或资产重组时，激励计划涉及的股份数目或面额均需作出相应调整，这个调整需要坚持公平、合理的原则，确保激励对象在全面行使股权时，所应付的总行权价不得高于修订前的价格。
公司清盘	如果股东在股权激励行权期间提出清盘的有效决议案，激励对象可于该协议案通过日前任何时间以书面形式通知公司行使其权利或按该通知书上指定的限额（以尚未行权的部分为上限）行权。

4. 股权激励计划的终止

股权激励计划除按照原计划实施完毕终止之外，在计划实施的过程中，还会因为特定或不特定的事由终止，主要包括：因公司不够实施股权激励计划的资格而终止和因其他原因而终止。

由于我国法律对于非上市公司股权激励计划的实施条件并没有强制性规范，不涉及公司的授予主体资格问题。因此，公司因不够实施股权激励计划的资格，主要是指上市公司资格的丧失，即出现法律规定的禁止性情形，触犯强制性规定。《上市公司股权激励管理办法》第 7 条规定：“上市公司具有下列情形之一的，不得实行股权激励：（一）最近一个会计年度财务会计报告被注册会计师出具否定意见或者无法表示意见的审计报告；（二）最近一个会计年度财务报告内部控制被注册会计师出具否定意见或无法表示意见的审计报告；（三）上市后最近 36 个月内出现过未按法律法规、公司章程、公开承诺进行利润分配的情形；（四）法律法规规定不得实行股权激励的；（五）中国证监会认定的其他情形。”当激励计划实施过程中出现上述情形时，上市公司股权激励对象根据计划已获授权但尚未行使的股权激励标的应当终止行使，由公司收回后予以注销。

股权激励计划因为其他原因而终止，主要指董事会认为有必要时，可提请股东大会决议终止实施激励计划。股东大会决议通过之日起，激励对象已获准行权但尚未行权的激励股权终止行权并注销，未获准行权的予以作废。

第四章 股权激励的经典模型

不纵身肆意而制度，可以为天下仪，量腹而食，制形而衣，容身而居，适情而行，余天下而不有，委万物而不利……

——春秋·文子《文子·九守》

夏后氏祭于暗，殷人祭于阳，周人祭于日出以朝，此祭之不同者也。尧《大章》，舜《九韶》，禹《大夏》，汤《大濩》，周《武象》，此乐之不同者也。故五帝异道，而德覆天下，三王殊事，而名施后世，此皆因时变而制礼乐者。……故圣人法与时变，礼与俗化，衣服器械，各便其用，法度制令，各因其宜……

——西汉·刘安《淮南子·氾论训》

不同类型、不同行业的企业发展各有特点，但相同部门的功能设置或处于同一发展阶段的企业又往往在很大程度上存在一定的共性。

例如，对人力资源管理部门的功能设置而言，规模较大的企业，往往会把人力资源部相关板块分成专项来管理，设置专门的薪酬专员、考核专员、招聘专员等；而处于创业或发展初期阶段的企业规模一般也不大，人力资源部只有一个人，招聘专员、薪酬专员、绩效专员的职责集于一人之身，但共性问题是，人力资源管理部门无论在哪个企业都不是直接创造效益的业务部门，其绩效考核和股权激励方案的制定与业务部门相比，较难得到科学的量化。

在长期的公司治理与股权激励的实践中，充满智慧的社会经济学家和企业家们逐渐摸索出了一些比较经典的模型，这就为企业在定制适用于自身的股权激励计划时，提供了现实可行的借鉴参考，企业可以结合自身情况，通过修改演绎为己所用。

第一节　量体裁衣——根据不同激励对象选择不同激励模式

从某种程度上来说，股权激励是一种对绩效比较好的员工的认可和赞许形式。无论是在股权激励计划的制定或是实施的过程中，都必须要对激励对象进行考核。然而，并非所有岗位都像销售岗位一样，有销售业绩可以作为直接的衡量标准，用于计算激励额度、评价激励的效果。不同部门的业绩表现方式也可能完全不同，绩效的横向比较就比较困难。类似研发部门、人力资源部门等非业务部门，和销售等业务部门，以及总经理、副总经理、财务总监等核心高管相比，性质不同的职务就难以采用完全统一的标准衡量。

股权激励涉及公司最根本的权益划分，在不同的激励对象之间，如果采取绝对统一的标准，或者考核太过笼统、缺少公开且细致的量化指标，甚至在标准不能量化时直接采用定性的方法，这样的股权激励只能得到适得其反的结果。即使拿出再多的股权用于激励和分配，最终只会赔了时间精力，白白牺牲掉利益，导致企业因为内耗不止而走向终结。

企业在制定计划时，针对不同激励对象的特征选择与其职位、能力、责任相适应的激励模式，用细致、全面、公开透明的方式进行考核，是在细节上保障激励计划获得成功的必要步骤。

一、对核心高管的三种经典激励机制

许多高瞻远瞩的企业创始人在公司成立之初就十分重视核心力量的培养，希望通过股权激励的方式吸引和激励人才，但却曲高和寡，难以跟核心高管团队产生共鸣。团队认为，股权激励有时就像“画饼”，员工真正能够看到的利益短期内往往十分有限，股权远远不如现金的激励作用来得实在。

这为很多企业家造成了困惑：明明是企业好心为员工谋福利，让员工成为公司的股东，通过身份的转变激发奉献精神，从而促进业绩增长实现双赢，员工却不买账，只认为企业没诚意。面临这样困惑的企业家绝非少数，这种现象的造成并非是全部因为员工过于现实、目光短浅，反而从一方面说明初创企业的发展和市场潜力尚缺乏有力的验证，员工通过股权激励获得的利益尚不能确定是否具有可期待性，另一方面也表明创业团队还没有经过历练和磨合，在很多方面尚缺乏共识。有鉴于此，许多有经验的企业家针对企业最重要的股权激励对象——核心高管，设计出了三种经典的激励机制，采用循序渐进的方式，充分地表达老板乐于分享的宽广胸怀，也能很快调动高管们的积极性，打造出真正团结的核心力量。

（一）超额利润激励法——让高管看到企业潜力

超额利润激励法，顾名思义，是指通过给激励对象设定相关目标，将激励对象超额完成的利润按照一定比例进行分红的激励方式。超额利润激励法并非严格意义上的股权激励方法，而是相对简便、容易操作的现金激励方法。超额利润激励法单独使用或与股权激励搭配使用，能够促使激励对象更加关注企业利润，想方设法降低企业经营成本，提升公司营业收入。

超额利润激励法，“利润”是核心中的核心，激励方法的制定、考核和实施各个方面都与企业利润密不可分。

1. 利润目标的设定

首先，企业需要设定合理的利润目标，并以此作为标准，当激励对象通过完善管理、拓宽销售渠道、缩小产品成本等各种方式创造企业利润后，必须要让利润达到或者超越设定目标，才能分得现金红利。这个利润目标，必须既是老板想要实现的目标，也是受激励的高管认同的目标。

因此，利润目标不能由股东自己拍板决定，而应该与核心高管充分沟通达成共识——股东觉得这个利润目标能够接受的，高管认为是完全有信心完成的。结合企业经营实际，如果利润目标太高，会显得老板小气、缺乏诚意；如果目标利润太低，则激励的作用难以发挥，老板很可能会“赔了夫人又折兵”。

实践中对于利润目标的设定，有一个较为常见的公式可供参考，即：

本年度利润目标 = 上年度利润 ×（1+无风险利率）×（1+企业发展增长比例）

根据这个计算公式，利润目标的设定主要需要考虑的关键因素有三个：上年度利润、无风险利率和企业发展增长比例。

以上年度利润作为计算的基数，无论是对于股东或是被激励的高管都是比较容易接受的，它是企业经营情况、市场占有水平、团队配合情况、高管领导能力的综合反映。无论是企业经营的优势或是不足，都能在其中得以体现。

无风险利率，是指将资金投资于某一项没有任何风险的投资对象而能得到的利息率，是金融投资领域的常用概念。在超额利润激励法中运用无风险利率，主要是考虑到通货膨胀，为股东的资产保值提供保障。因此，无风险利率的确定往往也与通货膨胀率相对应，平均值在6%—8%。

需要股东与高管协商一致的内容就是企业发展增长比例。因为每个企业、每个阶段的发展情况不同，这个比例没有现成的数字可以套用，一方面要高于行业平均增长率，另一方面要符合企业的战略规划需求，而且遵循高要求原则。实践中20%、30%、50%，甚至100%、200%都被采用过，但无论确定为多少，股东和高管都一定要达成共识，且目标一旦设定，除非被外在的重大因素所影响，否则不能轻易变动。这是对被激励高管的负责和保障。

2. 提成比例的设定

完成设定的目标利润后，如何给高管分取赚得的红利，也是需要慎重对待的。举例来说，一个采用超额利润激励法的企业，股东与高管商讨后，将目标利润设定为1000万，而超额利润的提成比例有两种设定方法可供选择：一是将提成比例设定为一个固定的数额，一是设定为浮动数额。当采用固定提成比例，如30%时，无论当年盈利1500万或是2000万，高管的提成比例都是30%固定不变；而若采用浮动数额，如超额50%以内提成30%，超额50%—100%提成50%，超额超过100%提成60%，两种提成比例的设定方式对高管的激励效果是截然不同的。

有的企业家或投资人可能会觉得后一种的提成方式会让高管获利太多而心里不平衡，但这种顾虑是完全没有必要的。因为无论是股权激励还是现金激励，只有在细节设置，特别是真正涉及利益分享的细节设置上让被激励的对象看到收益的巨大潜力，才会达到激励的效果，也会感受到股东的胸襟和诚意，而只有受到激励的高管努力工作、提升业绩，他们才会有可观的分红，股东也才因此获利，这就是双赢。

在提成比例设定的方式选择上，最重要的是要让被激励的高管感受到：为企业创造的价值越高，得到的回报比例就越大。

3. 分红的递延支付

超额利润激励法的激励效果立竿见影，但同时也存在一些弊端，其中最常见的就是对核心高管的约束不足和大额分红造成的企业流动资金短缺问题。

作为一种现金激励方式，超额利润激励法的实施和考核期都不会太长，大多数企业都会设定半年、一年作为利润考核的周期，而高管通过考核拿到分红之后，即使离开企业，也几乎没什么损失，因为应当分得的利润已经收入囊中。另外，由于短期内的大量现金支付，企业扩大再生产或者长期投资的资金来源就会成为难题。

为了克服这些弊端，超额利润激励法往往会配合分红递延支付的方法使用。顾名思义，就是作为激励的分红奖金并非一次性发放给激励对象，而是分阶段多次给付。例如，高管经过考核，符合超额利润分配的条件，但第一年只能拿到应得红利的 50%；如果第二年仍然还在公司工作，就拿到应得红利的 30%；第三年还未离开再拿剩余的 20%。在这三年期间，无论高管因为什么原因离开公司，一律视为自动放弃剩余部分的分红。

532 延迟分红发放法是最常见的递延支付方式，根据企业现金流、经营情况和可分取的红利数额，企业还可以选择 55、433、631 等其他的分红延迟发放方式。

递延支付可以很好地缓解一次性红利发放过多而导致的流动资金短缺、来年员工动力不足、激励有余约束不足等多重问题，但需要注意的是，是否选择递延支付、选择哪种递延支付的方式一定要结合可分配的红利数额确定。如果本来可分取的红利不多，例如总经理年底通过超额利润激励方法获得的分红只有 5 万元，再通过 532 延迟分三次派发，反而会大大降低激励对象的积极性。

（二）在职分红激励法——优化管理结构稳固军心

在职分红激励法是企业最常用的一种对核心高管的现金激励方式，由于这种方法需要对高管进行考核评估，所以常常被当作股权激励的试炼。在职分红激励法常常与超额利润法组合起来使用，对于超出设定目标的利润，通过超额利润激励方法分配红利；对于设定目标以内的利润部分，即通过在职分红激励的方式，根据各岗位的工作性质、贡献大小、可替代程度等分别考量，得出的考核结果就用来计算分配用于激励的利润提成。

通过在职分红的方式激励核心高管，最关键的部分是对被激励的职位定位和考核。所谓在职分红，一定会对高管是否“在其位、谋其政”进行考核。通过这种考核，首先会促使企业对高管分工、岗位职权进行梳理，从而调整优化管理结构。清晰的职责划分是高效管理的首要条件，梳理岗位职权时，发现职责不清、职责交叉重叠、管理层级繁冗、管理混乱等问题，就要及时地加以改造和调整。同时，岗位考核还能促使高管重新树立起自身岗位和职权的认知，从而更高效地开展工作。

根据对不同高管的岗位职责进行界定，企业可以相应地制定出高管个人业绩的考核标准，例如，采用评估报告法、评级量表法、目标管理法、360 度绩效考核法、平衡记分卡法等，从高管的思想意识、绩效目标、自律情况、个人基本业务能力、岗位胜任度、个人特别业绩表现、历史贡献、工作态度、客户满意程度、学习成长情况、人才培养情况等多重维度进行考核。

企业可以根据不同的情况选择考核维度，有的企业因此制定“三星标准”“六星标准”或“九星标准”，其中最常用的是“六星标准”。为了兼顾考核的全面性、合理性和高管的接受程度，一般建议企业考核维度选择五至六个，关键维度不超过三个。此外，对高管的考核维度应当一定程度上体现出与其职位、能力和责任相适应的特征，与一般员工的考核区别开来。因此，应当尤其重视高管的学习成长情况和人才培养情况。

高管的能力水平一定程度上决定了企业发展规划的方向，信息化社会中市场瞬息万变，不断有各种新鲜的信息、知识呈现，高管只有不断学习提高，才能胜任自己的工作，带领企业在市场始终占有一席之地。为了促使高管不断学习成长，就需要通过制度机制予以保障。例如，有的企业在劳动合同中提前与高管约定服务期限，并安排高管参加各类培训，为其垫付交通费、住宿费和培训费，高管违反服务期限的约定就要承担违约责任。又如，在股权激励方案的制定中，激励方案可以将学习作为高管成为股东的一个必要条件，在考核标准中设置高管每年的学习培训费用的额度，全部完成了就在考核分数上乘以系数 1；如果超额完成，则按照相应比例提高系数；学习培训费用如果未达到规定额度，则按照相应比例降低系数。在设置系数比例时，应当限定系数比例的最低值和最高值。

企业不断发展壮大，对于人才，特别是高端人才的需求就会越来越迫切。企业人才获取通常有两种途径，一种是“外部输血”，一种是内部培养。相对于空降兵式的“外部输血”，大多数的企业更倾向于选择内部培养的人才，因为普遍认为，通过内部机制锻炼成长的人才对企业的了解度、认可度更高，最重要的是忠诚度更高。通过股权激励的方式，激励核心高管在经营企业的同时，为企业培养高端人才，保障企业在发展扩张的同时拥有稳定、高素质的管理团队，这正是核心高管激励的重要目的之一，也是核心高管股权激励方案的考核关键系数。

（三）135 渐进式激励法——持续激励稳定发展

无论是超额利润激励法还是在职分红激励法，都并非长久之计。对于被激励的核心高管而言，无论分得多少红利，始终都要依靠股东“让与”，高管与股东分属于两个阵营，根本利益上仍然存在分歧；而对于企业或者股东而言，长期的现金分红激励方式一方面会占用企业大量的现金流，影响扩大再生产，另一方面仅依靠现金分红的方式难以对高管产生有力的约束，没有约束机制，高管随时离开的代价很小，但却会造成企业前期的努力付诸东流，甚至对企业造成“伤筋动骨”的影响。

因此，对于核心高管而言，现金激励只能在一段时间之内让管理团队充分地认识到企业的发展前景和股东乐于分享的诚意，最终还需要通过实股激励的方式，让高管从职业经理人转变为真正的合法股东、注册股东，从而也变成企业的“主人”。这种转变无论从谁的角度来说，都不可能一蹴而就，经过企业家们不断地实践检验，通常需要 8 年的时间，这就是经典的“135 渐进式激励法”。

1.“1”年现金激励

“135”渐进式激励法首先采用简便实用的超额利润激励法或在职分红激励法，来激励高管创造利润、提升业绩、树立信心，并为高管参与后续的股权激励积累现金资本，同时为企业积累股权激励的经验。第一年一般情况下既是现金激励的阶段，也是考核的阶段，包含在接下来的3年考核期里。

2.“3”年滚动考核

135渐进式激励法从计划实施的开始，就进入考核期，采用3年滚动考核的方式，对拟激励的高管业绩进行考核，每年通过考核计算被激励高管获得的激励股数，累计3年，符合条件的高管就将对应获得累计总额的注册股份，但注册股份的获得并非赠与，而是需要高管用与股东协商一致的价格购买，购买也并非一次性的，而是分期解锁进行工商注册。

3.“5”年锁定

5年锁定期，是指用于激励高管的股权并不一次性授予，而是在5年锁定期内逐步释放解锁。锁定期内，高管应当首先预付一部分款项，作为购买股份的定金，一般占全款的3%—5%，且不能退还。随后，企业可以采取匀速释放解锁，即每年发放20%的股份，或者根据自身情况灵活选用加速释放或减速释放的方式授予股份。

二、对业务团队的激励机制——五步连贯激励法

作为企业利润和其他价值的主要创造者，企业的业务团队是除高管人员之外，股东密切关注和依赖的力量。只有充分调动业务团队的工作积极性和创新性，实现业务团队与股东、公司的利益一致化、事业共同化，才能保障公司经久不衰的创造力和生命力。优秀的企业是适应市场变化和社会需求而不断扩张、提升的，这不仅要求企业高管具有绝佳的战略眼光和学习能力，还要求业务团队能够与时俱进，紧密跟随企业的发展步伐，在企业发展的各个阶段都能够衷心忠诚、及时提高、贡献价值。

五步连贯激励法就是为了使公司与业务团队形成利益共同体、事业共同体而专门设计的组合式多层次股权激励机制。组合指多种股权激励工具的组合，多层次指集团总公司、下属子公司等多层次持股的方式。组合式、多层次的特征体现在激励计划循序渐进的步骤上，是指虚拟股、注册股、增持股、集团股及股权重组五个递进连环的步骤。

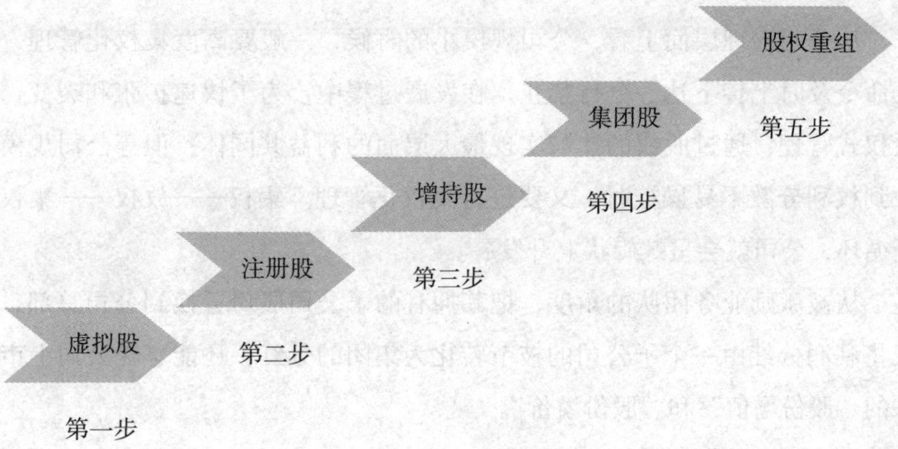

图4-1　五步连贯激励法

从第一步虚拟股到第五步股权重组，五步连贯激励法的激励强度逐步加强，也逐步促进业务团队与企业共同成长。通过虚拟股或者现金激励的方式，为员工积累参与股权激励的财富基础，其次转注册股，然后增持股份，随着职位升迁转入集团股，有外来资本进入或拟上市的，再进行股权重组。

从虚拟股、现金激励的方式转化为注册股的激励与核心高管的135渐进式激励法相同，业务骨干首先通过虚拟股和现金分红认识认可企业的发展前景，再通过虚拟股转注册股的形式实现利益捆绑，注册成为公司真正的股东，根据所占股份比例，享有相应的所有权、管理权和收益权。

成为正式股东之后，如果公司进行股份增发，业务团队可以作为公司股东享有优先认购权，可进一步增持公司股份。通过不断的扩张发展，公司可能由普通的有限责任公司发展成为集团公司，此时业务团队可能被调升到总部工作，从而通过集团总部的股权激励获得集团股份，业务团队的发展与集团的全局长远发展就被紧密地结合起来了。

当公司需要上市时，就会进行股权重组。当企业准备上市时，企业股权是分散且凌乱的，上市就会遇到很多障碍。在这种情况下，就需要将当初用于股权激励的股份置换回来，收回股份的目的，不是因为后悔进行股权激励分散了公司股权，而是要实现“共赢”。

从公司治理层面上看，公司规模小的时候，一般要高度集权化管理，保证命令及时上传下达、令行禁止；在发展过程中，为了快速扩张和裂变，要授权式管理，通过股权的让与实现最大层面的利益共同体；但等公司规模扩大到权利分散不易操控时，又要进行集权化管理。集权——放权——集权不断循环，公司就会呈螺旋状上升发展。

从被激励业务团队的角度，把其拥有的子公司股份置换到公司总部，不仅将利润分红由一个子公司的枝节转化为集团的分红，还能享受公司上市带来的“股份增值”和“股份溢价”。

三、对非业务团队的激励机制——海氏评估的西学中用

企业的非业务团队，主要是指保障公司高效管理、基础建设、研发工作的部门和人员，包括综合行政部门、人事管理部门和研发部门等。由于非业务团队不能直接用销售业绩等直观的数据和标准来衡量绩效，因此对其进行股权激励最大的难题就是如何将绩效考核进行量化，并且保证这种量化可以采用统一的标准，用于不同部门之间的比较。

为了解决这一难题，中西方的管理学和经济学的专家经过不断地实践检验，得出了各具特色的绩效考核方法。

早在20世纪50年代，美国的薪酬专家爱德华·海就发明出一种岗位薪酬评估方法，将给付薪酬的评估要素分为三个方面，分别是：知识水平和技能技巧、解决问题的能力以及承担职务的责任，并对每一个方面设计了详细

的评价量表，最后将所得分根据计算公式加以综合，计算出每个工作岗位的相对价值。

爱德华·海的岗位薪酬评估方法帮助企业将薪酬体系、考核体系等软件条件通过科学、操作性强的方式确定下来并且制度化，大大提升了企业的管理水平和管理效力，被称为“海氏评估法”。“海氏评估法”最初仅被用来做薪酬评估，但经过几十年的不断完善，“海氏评估法”已经广泛地被 50% 以上的世界 500 强企业采用，还帮助解决了股权激励的考核量化问题，享誉世界。

表4–1　“海氏评估法”评价系统一览表

评估要素	要素维度	对应级别
知识水平和技能技巧	专业知识技能	A. 基本的； B. 初等业务的； C. 中等业务的； D. 高等业务的； E. 基本专业的； F. 熟练专业的； G. 精通专业的； H. 权威专业的。
	管理技巧	A. 起码的； B. 有关的； C. 多样的； D. 广博的； E. 全面的。
	人际关系技巧	A. 基本的； B. 重要的； C. 关键的。

续表

评估要素	要素维度	对应级别
解决问题的能力	思维环境	A. 高度常规的； B. 常规的； C. 半常规的； D. 标准化的； E. 明确规定的； F. 广泛规定的； G. 一般规定的； H. 抽象规定的。
	思维难度	A. 重复性的； B. 模式化的； C. 中间型的； D. 适应性的； E. 无先例的。
承担职务的责任	行动的自由度	A. 有规定的； B. 受控制的； C. 标准化的； D. 一般性规范的； E. 有指导的； F. 方向性指导的； G. 广泛性指导的； H. 战略性指引的； I. 一般性无指引的。
	职务责任	A. 微小的； B. 少量的； C. 中等的； D. 巨大的。
	职务对结果的作用	A. 微小的； B. 次要的； C. 重要的； D. 主要的。

“海氏评估法”的理论认为，对一个岗位的评价就像科学地评价制造型企业来料加工的生产流程一样，全面考虑投入、过程和产出的三个环节。就一个具体的岗位来说，“知识水平和技能技巧”就是进入岗位产生价值的前提，

即“原材料”，而“解决问题的能力”就是“生产加工”的环节，“承担职务的责任”就是一个岗位工作产生的结果，也就是“产出”。

然而，用“海氏评估法”得出的绩效考核结果和股权激励额度是对岗不对人的。如果直接照搬，就只能体现出对激励对象所在岗位在未来对公司所产生价值的激励，而没有考虑激励对象个人的历史贡献和现阶段实际具有的素质水平。相比较于许多西方成熟企业，中国大部分民营企业没有科学的岗位分工和专业细致的岗位描述，大部分组织结构都非常简单。为了避免“海氏评估法”对激励对象的岗位现阶段和历史评价的不足，让“海氏评估法”能够更好地被推广和应用于我国企业，就需要结合中国实情，实现西学中用。

例如，在三个评估要素的基础上，企业在评估时可以考虑计算工龄系数。其设计有两种不同的倾向：多做加法和多做减法。

做减法的工龄系数设计类似于曾经风靡一时的“底薪＋浮动工资”薪酬制度。这种薪酬制度的兴起非常迅速，但很快就因为丧失民心而被陆续抛弃，在员工的角度看来，他们往往不会认为拿到全额“底薪＋浮动工资”的薪水中，“浮动工资”是额外的奖励，反而当不能拿到“底薪＋浮动工资”的全额时，会认为企业抠门，在想方设法跟员工算计。相反，如果采用多做加法的方式，同样是 4500 元的工资，通过“3000 元底薪 +2000 元浮动工资”做减法得来和“4000 元工资＋500 元奖励”“4500 元工资 +0 元奖励”这样做加法拿到，员工的感受是完全不一样的。前者是“克扣”，后者才是“奖励”。

同理，在通过“海氏评估法”采用工龄系数时，企业可以根据情况自行设置，但也建议少用减法多用加法。例如，企业可以将 2 年及 2 年以下的工龄均设定为系数 1，从两年以上开始做加法，每一年增加 0.1，即工作 3 年的工龄系数为 1.1，10 年的是 1.8，同时设定上限为 2，既要考虑基于员工的忠诚度和历史贡献给予奖励，也要予以控制，以保障不能将其无限放大。

四、对“昨日黄花”的激励机制——金色降落伞计划

安抚老员工、实现企业控制权的平稳过渡是根据激励对象划分的三大股权激励目的之一。金色降落伞计划虽然是针对“昨日黄花”的激励机制，但真正目的，是为了保障企业未来的稳步发展。通过“金色降落伞计划”的实施，企业可以最大限度地避免老员工，特别是创业元老，为了对抗控制权旁落而发起的控制权争夺战或者通过出走投靠竞争对手、泄露企业核心机密等行为，对企业制造的不利局面；还能为企业和股东的商德和智慧树立招牌，同时为安抚现有员工、吸引新的有机力量提供助力。

经典的金色降落伞计划针对的对象和实施的方法都较具局限性，对象主要是接触企业核心机密的董监高或者技术研发人员，而方法也以限制性股份（股票）激励的模式为主。随着近年来股权激励的接受程度逐步提高、适用范围的逐步扩大，金色降落伞计划也因为企业个性化的特征逐渐发展演变出多种经典模式，对象和方法都有不同程度的演变。

1. 限制性股份（股票）激励与控制权交接

限制性股份（股票）激励是最常用也是最经典的金色降落伞计划激励工具。当企业发展壮大到一定的阶段，旧的高管团队已经无法带领企业实现长足的发展，此时，企业通过授予元老们限制性股份（股票），让元老们心甘情愿地“退位让贤”，同时设置限制性条件达到约束性效果。

企业可以根据自身情况设置不同的限制性条件。例如，有的企业为了成功上市引进职业经理人，在上市之前，授予创业元老限制性股份，限制条件设置为创业元老隐退，且隐退后2—5年内不能在竞争对手企业中再任职，2—5年的期限经过之后，就获得激励股份；还有企业会参考分红延递支付的办法，分期分批给隐退的元老授予股份。

2. 退休福利计划安抚特殊人才

退休福利计划就是帮助受激励的员工在退休后在社会保障养老金之外，

额外享受企业赋予的股份或养老金。与限制性股份（股票）激励实现控制权交接的功能不同，退休福利计划并不是要让激励对象退位让贤，相反，是要让他们“尽忠职守”，用可靠的职业生涯愿景规划、未来真实确定的可观收益来促使员工踏实地干工作。

仅从计划设置的角度上来说，激励对象必须满足在企业的持续工龄超过20或30年。大费周章地实施股权激励计划，却设计如此严苛又简单的考核条件，可见采用这种办法的企业有多么想超长期地留住和捆绑激励对象。因此，退休福利计划并非是任何员工都能享受的福利，这种方法一般只针对某些企业特定的人才使用。

3. 老员工创业计划培养商业帝国

金色降落伞计划的股权激励模式发展至今，特别值得一提的是老员工创业计划。它很大程度上跳脱出了股权激励传统的框架，却又很好地保留和发挥了股权激励的基本原理，最大限度地激发和利用了人才的价值。

俗语说“天要下雨，娘要嫁人”，当一个享受了企业最大诚意的股权激励政策的员工想要离职自己创业当老板，无论是企业还是他人，都是很难阻止的，但对于企业股东来说，已经耗费的财力、失去时间和人力成本，以及要离职的员工本身，全部都意味着短时间难以挽回的损失。

面对这种看起来似乎无法避免的风险，避免沦落为替竞争对手培养人才的“黄埔军校”，企业充分发挥智慧，创造出了老员工创业计划。即针对工龄超过一定年限、对企业拥有特殊贡献的员工，在已经培养出岗位接班人的前提下，企业专门为其提供一定额度的创业基金，但前提是激励对象必须将新企业一定比例（通常为20%—40%）的股份让与原企业。通过这种做法，不仅不用担心企业自己培养的人才流失，还能把潜在的未来竞争对手变成紧密的合作伙伴，甚至可以通过这种模式培养庞大的商业帝国。

五、对企业上下游的激励机制——七步激励法整合资源

再强大的企业，也不可能垄断经营涉及的每个行业。相对于庞大的市场而言，企业的自身资源是十分有限的。因此，如何有效地整合社会资源为己所用是企业扩张和发展的一大课题。通过股权激励的方式对企业上游供应商和下游经销商进行激励和利益捆绑，是为了整合资源的一种大胆尝试。它突破了传统股权激励局限在企业内部结构的框架，用核心权利共享的理念广泛地发展利益同盟，体现出企业治理的高超智慧。

针对企业上下游的激励机制与内部员工激励有所不同，在选定激励对象、考核方式、激励条件等各方面都更加关注企业的市场效益。经过不断的实践，“七步激励法”用于激励上下游逐渐被企业认可和应用，具有较强的参考价值。

第一步，明确企业发展规划。

与内部员工不同，上下游的供应商和经销商，他们对企业的了解远不如内部员工明确和细致；企业方面，应当明确企业未来的发展规划中，上下游的参与者对于企业的扩张发展能够起到的作用大小，以及他们的地位是否可以被替代。只有潜在的上下游激励对象和企业清楚了解到企业发展规划，才能对股权激励的背景和目的有正确的认知。

第二步，明确市场定位。

追根究底，企业之所以会选择对上下游实施股权激励，目的是为了更好更高的市场占有率和市场销售业绩。企业中长期的目标是为了发展或巩固区域性的市场，还是为了抢占全国甚至国际的市场，很大程度上决定了上下游股权激励的程度。因此，对上下游股权激励，除了明确企业发展规划之外，还必须有明确的市场定位。

第三步，明确盈利模式。

上下游股权激励并非所有企业都适合，也并非所有供应商和销售商都愿意参与，如果不能清楚界定企业和上下游都可期待的“利”，即使勉强推广，

效果可能也会差强人意，最终企业花了时间和物力财力，收效甚微，实质上就是很大一笔损失。找准了发展方向和市场定位，企业还能有非常可观的盈利模式，才会吸引上下游的积极参与。

第四步，选定激励对象。

上游供应商和下游经销商两者并非捆绑或完全对等的关系，而无论是供应商或是经销商，都很可能有大小或层级的区分。企业在进行上下游激励时，应当结合自身的特性、发展规划、市场定位等因素审慎衡量激励对象。例如，泸州老窖对市场业绩的渴求程度远远高于稳定的上游供应，因此，其激励对象就没有囊括上游的供应商，但对于下游的经销商，不仅考虑了长期合作的大型供应商，还放开了激励范围，把在国内做得很优秀的烟酒代理点小老板也囊括进来，最大限度地保障企业整体的销售业绩。又如，百丽鞋业除了下游经销商之外，还动员上游的供应商参与股权激励，由百丽负责产品研发和包销，工厂只负责生产，百丽成功上市，工厂就可以成为股东，获得巨额的利益；百丽如果不能上市，工厂也可以获得销售的利润，没有任何风险。事实证明，正是百丽的战略性眼光和宽广的胸襟为其稳定了上下游，形成广泛的利益共同体，帮助其最终成功在香港上市。

第五步，设置考核标准。

在考核的方式和内容上，针对上下游的股权激励，没有复杂的综合考核指标，而基本都会采用单一的考核指标：针对上游供应商采用生产业绩，针对下游经销商采用销售业绩。为了同时兼顾激励的力度、上下游参与的积极性以及激励的长期性，企业在设置考核目标时，应当结合既定的发展规划、市场定位以及盈利模式，设置具有挑战性和可执行性的考核目标。

第六步，设置配送股份。

根据考核标准设置相应的配送股份，是业绩创造价值的具体体现。例如，在泸州老窖的经销商股权激励机制中，通过股份增发的形式予以激励，销售商根据各自完成泸州老窖销售额获得配送的股份，每完成 100 亿元的销售额，就获取 1000 万配送股。

第七步，明确退出机制。

针对上下游的股权激励，还应当制定完善的退出机制，原因在于供应商和经销商都并非内部员工，没有系统的工作制度和奖惩机制可以参考。为上下游设置的退出机制包括：与竞争企业合作损害本企业利益，自行开办竞争公司，引诱核心高管离开公司或者引诱大客户等。

第二节　因时制宜——企业不同发展阶段的不同激励模式

前文谈到，在制定股权激励计划选择激励对象时，应该掌握好股权统筹与布局的高阶手段，即在制定股权激励计划、选择股权激励对象时，不要针对固定的激励对象、一次性发放股权激励份额，而是要为将来一段时间内可预计和不可预计的变动因素留够充足的变动空间，既要考虑同一类对象不同时间段的激励股权分配，又要考虑不同时间段激励对象的确认与布局，确保激励股权的分配、变动与企业实施股权激励阶段的基本情况、控制权结构和长期发展战略相辅相成。

事实上，股权统筹与布局不仅是选定股权激励对象时应当遵循的基本原则，更是整个股权激励计划制定的核心原则之一。

股权激励的本质是一种长期激励机制，要想保障激励的长期性和可持续性，必然要求激励计划在时间、对象、额度等各方面因素的设计能够适应不同时期企业发展的不同特征，应用于不断变化的内部组织结构、经营战略变化，这就是股权激励的“因时制宜”原则。

管理学理论认为，企业的发展与世界上任何事物的发展一样，都存在生命周期。虽然不同企业寿命长短有很大的差异，但企业所经历的诞生、成长、壮大、衰退直至死亡的过程，不同企业在生命周期的各个阶段所表现出来的特征却具有某些共性。正因如此，从管理学的理论中，诞生出一种经典的“企业生命周期理论”，该理论的研究学者试图为处于不同生命周期阶段的企业找到与每一个阶段特点相适应的、能够促进和推动企业各个阶段健康向前发展的特定组织结构形式、内外部制度等，最终帮助企业实现自身的可持续发展。

对于企业生命阶段的划分，学者们并未形成完全统一的一致结论。

伊查克·爱迪思是美国最有影响力的管理学家之一，也是公认企业生命周期理论最具代表性的人物之一。在《企业生命周期》（*Corporate Lifecycles*）一书中，爱迪思把企业的成长过程分为孕育期、婴儿期、学步期、青春期、盛年期、贵族期、官僚初期、官僚期以及死亡期共十个阶段，并且用灵活性和可控性作为关键性指标，对企业的不同阶段进行评价和区分。爱迪思认为，企业从孕育期到死亡期，灵活性逐步减弱，可控性逐步加强。[①]

我国企业生命周期理论的代表学者是陈佳贵和李业。

中国社会科学院著名经济学家陈佳贵将企业的生命周期划分为：孕育期、求生存期、高速发展期、成熟期、衰退期和蜕变期。他在主要参考日本明治大学藤芳诚一教授企业“蜕变理论”和“蜕变的经营哲学”的理论基础之上，进行了论证和升华，将企业的蜕变看成是企业成长的一个特殊阶段，进而在企业的衰退期之后，又加入了蜕变期，认为企业可以从经济形体、实物形态和产品三方面实现蜕变。[②]蜕变期的提出对企业可持续发展具有重要意义。

时任华南理工大学工商管理学院副教授的李业在爱迪思和陈佳贵的企业生命周期模型基础之上，提出了企业生命周期的修正模型。他采用销售额作为变量，以销售额作为纵坐标，将企业生命周期依次分为孕育期、初生期、成长期、成熟期和衰退期。[③]

在第三章中，我们在介绍选定股权激励工具与企业发展阶段的关系时，已经将企业在初创期、成长期、成熟期和衰退期常用的股权激励工具进行了介绍。本节结合企业生命周期理论和股权激励的统筹与布局理论，对企业生

① 参见［美］伊查克·爱迪思著，赵睿译:《企业生命周期》，华夏出版社 2004 年版。
② 陈佳贵:“关于企业生命周期与企业蜕变的探讨”，载《中国工业经济》1995 年第 11 期。
③ 李业:“企业生命周期的修正模型及思考”，载《南方经济》2000 年 02 期。

命周期中五个阶段的股权激励策略进行进一步的分析和阐述。

一、生存初创期：进攻型股权激励策略

企业的生存初创期，也就是俗称的“专业户”“个体户”阶段，处于这一阶段的企业，年产值和销售额一般都在200万元以下，企业的创始人往往既是最高决策者，又是企业的经营者，此时企业实力还相当的弱小，规模小、人才缺、资金紧，企业随时都处在生死线上，面临随时遭遇打击而倒闭的风险。

生存初创期进行股权激励，最重要的目的，是要吸引和留住人才，特别是要培养一支“狼性”的业务团队，帮助企业提升销售业绩、树立市场地位、快速成长，摆脱随时面临倒闭风险的局面。

考虑到这一时期员工存在很大程度的不稳定性，同时为了避免注册股激励工商变更登记的程序繁杂影响效率，企业在制定股权激励方案时，很可能不会直接采用注册股直接激励，而是选用现金分红、在职股、虚拟股份等方式，既可以达到激励的目的，又可以使激励不影响企业决策权。

但激励方式的选定也必须要结合企业的实际情况，特别是团队的建设情况。如果创始人组建的生存初创期团队本来就是要跟着创始人干一番大事业，此时用现金分红、在职股、虚拟股等方式进行分红反而暴露出创始人的胸襟和格局都不够广大的问题。这时只有注册股才是最佳的选择，但考虑到初创团队的支付能力以及实现激励性的同时兼顾约束性，企业一般会将用于激励的股份不直接予以注册，而是用期股激励的方式，要求激励对象先进行“首付”以获得该笔现金出资的实股和约定倍数的期股，享受实股和期股的分红权和配股权，而后在期股期限内按照约定价格分期购买期股所有权。

为了最大限度地吸引和留住人才，调动初创团队的积极性，创始人必须要乐于分享利益，但需要注意的是，生存初创期的企业，在发放注册股时，应当将激励额度控制在股份总额度的1/3范围内，即创始人持有的股份应当

大于等于股份总额的 2/3。

掌握好这一黄金比例，无论对外释放了多少股权，创始人始终拥有企业的绝对控制权，把握住了股权激励的第一条生死线，可放可收，可进可退。由于这一时期团队仍然需要磨合，特别是管理团队仍然不够成熟，尚不能独当一面，创始人掌握绝对控制权，才能确保政策的上行下效、顺利执行，确保公司运营和发展的总体方向。

既要敢于分享，又要守住底线，这就是生存初创阶段的进攻型股权激励策略。

二、发展规范期：管理型股权激励策略

所谓企业的发展规范期，也即企业开始进入公司化阶段，年产值或销售额相较于生存初创期有了大幅度的提升，达到 2000 万元左右，增长势头良好，但由于此时企业处于“个体户”向“公司化”的过渡阶段，随着员工队伍的不断扩大，企业逐渐暴露出管理层经营管理不力、制度成本过高、财务失控等问题，原有的管理制度已经不能满足企业发展的需要，管理结构和治理结构都需要改革，迫切需要建立规范的公司化管理制度。这一时期企业的创始人逐步将经营和执行的权力下放，公司中、高管层慢慢形成、初具雏形。

然而，经营和执行权力的下放并不必然伴随着股权权益的下放和分享，实践中能够做到同步的企业十分少见。正因如此，中、高管理层，在公司化制度正在建立却仍不完善的过程中，一旦与最终利益享有者的创始人站在对立面，或者因为短视而利用手中权柄谋取私利，不仅会从根本上侵犯创始股东的利益，还会对企业的进一步发展造成极大的障碍。

这一阶段，创始股东会更加切实地认识到由于企业成员利益、立场不一致带来的负面影响，开始进一步地释放手中的股权，急迫地想要通过股权激励等方式打造利益共同体。

一方面，为了适应这一阶段公司化的发展特征，企业在发展规划期进行

股权激励时，其对象的选择开始表现出一定的倾向和侧重性，高管人员、核心技术人员和业务骨干成为大力激励的核心对象。

另一方面，创始股东对股权的释放并不能无所限制，此时必须掌握好企业发展的第二条生死线，即无论释放多少股份，创始股东的持股比例都应当保持在 52% 以上，以确保在发展规划期控股之外，企业在风投和上市两轮稀释之后，仍然可以拥有重大事件否决权。

通过集中、大力度的股权激励打造利益共同体，同时通过控股把握好企业生死线、避免企业在发展重要阶段脱离掌控，这就是管理型股权激励策略。

三、高产扩张期：防御型股权激励策略

通过发展规范期对公司化管理结构的建立，企业逐渐从规范化的管理体制中受益，生产和管理的效率都得到了长足的进步，进入平稳、迅速的高产扩张期，企业迅速地开发新产品、扩大市场占有率，迅速提升业绩，年产值或年销售额达到 2 亿元左右。

处于高产扩张期阶段的企业，主要发展任务就是要实现产值的高速增长和企业规模的迅速扩张。因此，为了更好地在核心业务领域吸引更多的优秀人才，或者对企业内部潜在的骨干力量进行引导和激励，创始股东往往考虑通过业绩股份等着重业绩考察的模式，进一步进行股权激励、释放股权，以打造强大的业务团队。

高产扩张期创始股东释放股权，必须要掌握企业最后一条生死线，即将创始股东的股份控制在 1/3 以上，确保掌握重大事项的一票否决权。

根据我国现行《公司法》第 43 条第 2 款的规定：“股东会会议作出修改公司章程、增加或者减少注册资本的决议，以及公司合并、分立、解散或者变更公司形式的决议，必须经代表三分之二以上表决权的股东通过。”也就是说，公司在进行上述重大事项决策时，必须获得 2/3 以上表决权的赞成票方能通过。

反过来，当创始股东通过股权激励的方式分享股东权利时，在没有特别

约定的前提下，拥有股权及对应的表决权也逐渐减少。当其拥有的股权仍然高于 1/3 时，股东会或股东大会作出重大事项决议，无论外围股东如何联合，只要创始股东反对，决议始终无法突破 2/3 的支持率，创始股东就能把握好最后一道防线，维护好企业最基本的框架。

在高产扩张期，对以核心业务骨干为主的员工进行进一步的激励，同时保证创始股东拥有重大事项一票否决权，这就是高产扩张期的防御型股权激励策略。

四、成熟上市期：公众型股权激励策略

当发展到集团化的阶段，年产值或销售额可以达到 20 亿元时，企业就逐渐步入成熟期，此时无论是市场还是公司内部的管理结构，都相对比较稳定，开始展示出雄厚的实力，并考虑走向公众治理的上市路线。因此，这一阶段企业的发展重点，就不会放在与具体经营相关的管理制度构建、业绩水平的提升之上，而是采用多种方式融资，并且不断完善公司的治理水平。

公司管理和公司治理是两个内涵不同却又相互联系的概念。

公司管理主要涉及具体的运营过程，包括三个部分：企业战略目标的制定与战略决策，企业组织结构的建立与组织管理，以及企业价值观、文化传统、行为规范等软件要素的构建。在这三个部分搭建的公司管理体系之下，公司管理表现出的具体执行制度就涉及企业运营的方方面面。例如，企业的人事制度与人事管理、财务制度与财务管理、合同制度与合同管理、激励与约束制度等，都属于公司管理的范畴。

公司治理并不局限于具体的运营，而是针对公司作为一个复杂的利益关系集合体的特性，避免股东之间相互权利侵害、职业经理人侵害股东权益以及公司的实际控制人侵害利益相关者权益等风险，通过董事会制度、监事会制度、信息披露制度、独立的外部审计制度、决策与执行制度等制度安排，来协调公司、股东、债权人、职工、潜在的投资者等与所有和公司利益相关

的角色之间的关系，从而保证公司决策的科学性、有效性，最终兼顾和维护各方面的利益。

在企业初创阶段和发展初期，公司结构相对简单，利益相关者基本只涉及作为所有者的创始股东和企业在发展过程中逐渐培养或引进的人才而形成的中高管理层，很少产生复杂的利益纠纷。因此，发展前期的公司治理和公司管理的内容和目的都基本一致，主要是培养和经营企业本身，树立企业本身的市场地位和影响力，实现企业利益的最大化。

进入成熟期之后，企业逐步走向上市，由于多途径的融资，导致公司所有层——股东结构的根本性变化，企业不再由一个人或者几个人所有、决策，而是由数十个逐渐发展为庞大数量的公众所有。因此，这一时期，大量资金的进入不断稀释创始股东拥有的股权，创始股东再坚持企业的生死线已经意义不大，反而应该放开胸襟、提升格局，通过眼光更长远、筹划更全局的公司治理体系，调和利益相关者的关系与利益分配，在保障自身利益不受侵害的前提之下，实现利益共享和多方共赢。

为了保障创始股东的利益在股权不断受到稀释的过程中不受侵害，在企业公众化的过程当中，创始股东通常会采用特别的公司治理手段，以确保一定程度上对公司的控制权和监督权。这些治理手段包括：通过固定公司章程的“原始大股东核心利益的条款”，例如，约定创始股东对公司的表决权不受股权稀释的影响，始终不低于一个固定数值，或者约定创始股东对董事会成员半数以上席位拥有绝对的提名权；通过建立和完善董事会制度，特别是独立董事制度确保企业决策的科学性和公平性；通过独立的外部审计制度确保企业财务运作的真实性和规范性等。

但在众多的公司治理手段中，这一时期调和各方利益矛盾和需求，实现长期有效的公司治理目标，最有效也最影响长远的是多层级、组合式的全面股权激励制度。

这一阶段，股权激励的重点，不是对某一些或某几类激励对象进行集中重点的激励，而是将股权激励与公司治理的目标结合起来，针对庞大的员工群体和复杂的利益关系，用“组合拳”的形式，消除利益对立或不均衡带来的治理风险，逐渐将股权激励模式化、制度化，成为公司治理体系的有机组成部分。利用业绩股票、限制性股票、延期支付、股票增值权等模式，将奖励性质的薪酬予以延期支付，为管理层和核心骨干员工戴上“金手铐”；对于管理层和核心骨干员工之外的普通员工，组合使用干股、虚拟股票、储蓄——股票参与计划等“虚股”激励的工具与其分享企业利益。

五、稳定调整期：持续型股权激励策略

一个企业对于人才的需求与企业的发展并不呈现绝对的正相关关系。在企业初创、发展、扩张期内，与不同发展阶段的重点相适应，企业的人才偏向需求不同，但只要企业没有成熟稳定，均属于用人之际，对股权激励的需求也十分迫切，股权激励的效果也非常显著。当企业经过成熟上市期，逐渐进入稳定调整期之后，企业也逐渐迈入了产业化、资本化阶段，年产值或年销售额可以达到200亿元、2000亿元左右，以雄厚的实力跃居行业领导者。企业进入这一阶段，不是依靠一个或几个人才的努力和贡献，而是依靠资本化的扩张，能人在组织中的作用逐渐下降。

此时，公众化治理的企业不再仅仅关注企业通过经营创造的价值，而是在追求企业本身所处行业领域可持续发展之外，同时也会通过资本市场的金融运作向其他产业拓展，通过资本理想的优化配置，分化或转移企业本身的经营风险，确保股东所拥有的股权具有更高的投资价值，在股权融资的过程中可以获得更高的溢价倍数。

“稳中求升”，可以很好地概括这一时期的企业发展策略。与此相对应，稳定调整期的股权激励策略也不再以激励为主，而是采用持续型的股权激励策略，以管控为主，更加追求股权激励的长期性，追求少犯错误、长期稳定。

这一时期另一个股权激励策略的特点是许多处于稳定调整期的公司会陆续成立持股公司持有激励股份。原因在于，自渡过成熟上市期以来，企业因

为广泛的投融资和股权激励策略，完全进入公众治理模式，这必然带来股东过多、股东结构过于复杂，从而影响企业经营决策的问题。此时，在本公司的基础上成立投资公司，将大部分利益一致且独自持有数额较少的股东联合起来共同对公司的治理产生影响，这将有利地避免繁杂的利益纷争影响经营决策，保障公司经营决策的效率。

第五章 非上市公司股权激励

中小企业是我国企业中数量最大、最具活力的企业群体，在经济增长、推动创新、增加税收、吸纳就业、改善民生等方面具有不可替代的作用。从这个意义上讲，中小企业是我国国民经济和社会发展的重要力量，促进中小企业发展，是保持国民经济平稳较快发展的重要基础，是关系民生和社会稳定的重大战略任务。中小企业提供了 50% 以上的税收，创造了 60% 以上的国内生产总值，完成了 70% 以上的发明专利，提供了 80% 以上的城镇就业岗位。

——工业和信息化部中小企业司《我国中小企业发展情况》[①]

① “我国中小企业发展情况”，中国网：http://www.china.com.cn/zhibo/zhuanti/ch-xinwen/2014-05/27/content_32502454.htm，最后访问时间为 2017 年 2 月 23 日。

非上市公司，是与上市公司相对应的一个概念，是指其股票/股权没有上市和没有在证券交易所交易的公司法人，按照公司的法定分类标准，包括有限责任公司和未上市的股份有限公司。

国家市场监管总局统计数据显示，截至2018年11月月底，我国市场主体数量从改革开放初期的49万户增长到1.09亿户，其中实有企业达到3434.64万户。[①]而同一时期深圳证券交易所和上海证券交易所公示的挂牌公司显示，A股上市公司总数在2018年11月月底达到3559家[②]。据不完全统计，截至2018年上半年，在香港上市的中国内地企业共1062家，在美国上市的中国内地企业共195家[③]。

上述数据表明，非上市公司占我国企业总量的绝大多数，是最重要、最活跃、最具有发展和增长潜力的市场主体。除明确表明不上市的华为、老干妈、立白等少部分知名大型公司之外，我国目前非上市公司的构成主要是处于初创和发展期的中小微型企业。中小微企业数量庞大，已经成为国民经济的重要支柱，对促进就业、保障经济持续稳定增长有极大的贡献。

由于处于初创和发展阶段，中小微企业正值用人之际，关键人才和岗位甚至对企业的兴衰发展起到决定性的作用，企业此时对人才的需求十分迫切，希望通过恰当的激励和约束手段达到吸引人才、留住人才，进而保障企业进一步发展的效果。

正因为这样的现状，非上市公司实际上成为了我国企业开展股权激励最重要的实践基地。在非上市公司中实施恰如其分、适合其本身组织架构和企业战略发展方向的股权激励计划，不仅关系非上市公司本身的兴衰成败，也

① “我国市场主体1.09亿户增222倍 个体户增516倍”，中国网：http://news.china.com.cn/txt/2018-12/25/content_74311697.htm，最后访问时间为2019年4月22日。

② “A股上市公司家数历史数据”，乐咕乐股网：https://www.legulegu.com/stockdata/companynum，最后访问时间为2019年4月22日。

③ “亿欧智库：2018中国内地企业境外上市历程与现状研究”，知识库网：https://www.useit.com.cn/thread-19992-1-1.html，最后访问时间为2019年4月22日。

关系社会就业、民生民情和经济的稳定与增长。

第一节 我国非上市公司股权激励现状

虽然许多学者将我国最早的股权激励实践追溯到了19世纪20年代清朝道光年间晋商“出资者为银股，出力者为身股”的身股制，但我国真正现代意义上的公司股权激励制度实践开始于20世纪80年代末至90年代初。

当时，中国经济正处于由传统的计划经济体制向现代市场经济体制的转型过程中，与此相对应，中国企业也开始了转化经营机制、进行股份制改造的改革时期，所有制和收入分配制度都发生了重大的突破，为职工持股制度的推行奠定了基础，职工持股伴随着企业股份制改革在各地悄然兴起。

1984年起，北京天桥百货商场开始进行股份制改造，每股100元人民币，由工商银行代理分期发行，共1000万元，其中向公司内部职工发行了300万元的内部职工股票。股份制改造后的天桥商场更名为天桥百货股份公司，成为全国第一家正式注册的股份有限公司，同时开创了员工持股计划的先河。

以天桥百货股份公司为主要代表，20世纪80年代末至90年代初的员工持股计划的股票来源主要有两种：一是对公司内部员工定向募集股份，由员工个人作为投资者出资购买的本企业股票；二是在面向社会募集股份时，按照流通股的一定比例（按照《股票发行与交易管理暂行条例》的规定，不得超过拟向社会公众发行的股本总额的10%[①]）向员工配售的股份。前者被称为

---

①《股票发行与交易管理暂行条例》第8条规定：“设立股份有限公司申请公开发行股票，应当符合下列条件：……（五）向社会公众发行的部分不少于公司拟发行的股本总额的百分之二十五，其中公司职工认购的股本数额不得超过拟向社会公众发行的股本总额的百分之十；公司拟发行的股本总额超过人民币四亿元的，证监会按照规定可以酌情降低向社会公众发行的部分的比例，但是最低不少于公司拟发行的股本总额的百分之十；……”

内部职工股，后者被称为公司职工股。

企业职工持股制度从一开始就带有非常强烈的自发性和实验性，加上发行过程中存在有法不依、执法不严的现象，从一开始就出现了大量的违规或者不规范的情形，包括内部职工股超范围发行、私下转让、登记管理不规范等。

由于当时中国股市一、二级市场差价收益巨大，员工持有股份在新股上市之日起半年允许流通后，大多数员工就会马上抛出手中的股份换取收益，这种现象很大程度上影响了企业乃至整个市场的稳定性，国家很快就叫停了员工持股。1994 年 6 月 19 日，国家体改委发布《关于立即停止审批定向募集股份有限公司并重申停止审批和发行内部职工股的通知》，正式通知“立即停止审批定向募集股份有限公司”“立即停止内部职工股的审批和发行”。1998 年 11 月 25 日，证监会发布《关于停止发行内部职工股的通知》，要求“自本通知下发之日起，股份有限公司公开发行股票一律不再发行公司职工股。目前尚未发行的，一律停止发行。”

内部职工股和公司职工股的实践虽然失败，但并没有停止企业对员工持股的尝试。针对初期实践缺乏登记、管理规范，以及公司法规定有限公司股东人数上限限制的情况，一种新的持股形式——职工持股会应运而生。1994 年 6 月 18 日，国务院批复对外贸易经济合作部、国家经济体制改革委员会的《外经贸股份有限公司内部职工持股试点暂行办法》，确立了职工持股会的地位和组织形式①。1997 年 10 月 6 日，民政部、外经贸部、国家体改委、国家工商行政管理局联合发布《关于外经贸试点企业内部职工持股会登记管理问题的暂行规定》②，正式确立了职工持股会作为“社会团体法人”的法人资格，以及职工持股会的业务主管部门和登记管理部门。

①《外经贸股份有限公司内部职工持股试点暂行办法》第 9 条：“公司向内部职工发行股份，应当通过公司工会组织，采取职工持股会的形式进行。”第 10 条：“职工持股会是公司工会下属的专门从事本公司内部职工股的管理组织。职工持股会向职工代表大会或工会报告工作。职工持股会受公司审计部门的审计监督。”

② 现已失效。

职工持股会以社会团体法人的身份参与员工持股的制度，作为特殊历史时期的产物在20世纪末我国国企改革的进程中起到了积极的作用，但随着国企改制的完成，职工持股会也逐渐表现出较多的弊端。例如，《关于外经贸试点企业内部职工持股会登记管理问题的暂行规定》确立了职工持股会的法律性质为社会团体法人，但1998年《社会团体登记管理条例》[①]第4条第2款明确规定："社会团体不得从事营利性经营活动。"职工持股会通过员工投资占有公司股份，从而获得分红权和增值收益，违反了社会团体不得从事经营活动的强制性规定，员工通过职工持股会的形式进行持股获得收益缺乏法律依据。

另外，实践中许多企业给职工持股会大量配股，导致职工持股会成为事实上的第一大股东，重大决策必须在职工持股会内部通过后，才能提交公司股东会或董事会表决，职工持股会和其所在的工会成为了企业实质的经营决策者，这不仅影响企业决策效率，职工持股会和工会因经营管理能力的缺失，还成为企业发展的障碍。

2000年7月6日，民政部办公厅印发《关于暂停对企业内部职工持股会进行社团法人登记的函》[②]，不再对职工持股会进行社团法人登记。2000年12月11日，证监会印发《关于职工持股会及工会能否作为上市公司股东的复函》，认为职工持股会不再具有社会团体法人资格，不能成为公司的股东，暂不受理工会作为股东或发起人的公司公开发行股票的申请。公司员工通过职工持股会的形式持股的实践也宣告终结。

在股权激励制度的发展初期，内部职工股、公司职工股和职工持股会都是伴随着企业股份制改革或国有企业改革而形成的，其主要目的并不是为了进行激励，而是侧重中国特色社会主义市场经济的建立、分散国有企业的单一股权性质，实现企业产权多元化。这一阶段，股份制改革尚未完成，中国的证券市场更没有建立起来，因此，早期的员工持股制度大部分的实践还是

① 根据2016年2月6日《国务院关于修改部分行政法规的决定》修订。

② 现已失效。

来源于非上市公司。

内部职工股、公司职工股和职工持股会本身的缺陷和实践中产生的问题导致这几种形式最终都被叫停，它的停滞影响了非上市公司股权激励的整体发展。

2000 年之后，我国企业股权激励的实践重心逐步向上市公司转移，实践目的向激励性转移。2005 年 12 月 31 日，在经历了多年的论证和艰难等待之后，证监会公布实施《上市公司股权激励管理办法（试行）》[①]，自此，我国企业的股权激励制度的构建才开始真正走向法制化、规范化的道路。

一、我国非上市公司股权激励的立法规范与市场环境

纵观我国企业股权激励历史实践的发展脉络，可以较为清晰地了解我国股权激励的立法进程：虽然早在 2005 年《上市公司股权激励管理办法（试行）》公布实施起，上市公司股权激励的法律制度就开始逐步建立、完善；非上市公司股权激励面临的企业内部所有制关系、人事关系和市场环境更为复杂，截至目前，我国并没有非上市公司实施股权激励系统、明确的法律法规。

尽管缺乏明确的法律规定，但我国非上市公司作为数量最多、最具活力的市场主体，在实践中实施股权激励的案例非常普遍。与此相对应，随着实施股权激励的企业规模越来越大，非上市公司在实施股权激励的实践中，与股权激励授予股份相关的纠纷案件也开始频繁发生，实践中规范非上市公司股权激励的呼声越来越高。

（一）我国非上市公司股权激励的立法规范

在 2005 年《公司法》修订以前，我国公司实行的法定资本制设置了各类公司注册的最低资本标准，在公司成立前由股东一次性足额认购完毕、一次性缴足，并规定：有限责任公司的注册资本为在公司登记机关登记的全体股

① 已被《上市公司股权激励管理办法》废止。

东实缴的出资额；股份有限公司的注册资本为在公司登记机关登记的实收股本总额。另外，第 149 条第 1 款明确规定："公司不得收购本公司的股票，但为减少公司资本而注销股份或者与持有本公司股票的其他公司合并时除外。"直接否定了公司回购股票用作股权激励的合法性。

上述规定直接导致公司无法在发行新股时为股权激励预留库存股份，也无法通过回购公司股份用于激励，阻断了公司实施股权激励的股票来源，股票来源成为我国公司股权激励中最大的难点。

2005 年 10 月 27 日，第十届全国人大常委会第十八次会议对《公司法》进行了修订，其中第 143 条规定："公司不得收购本公司股份。但是，有下列情形之一的除外：……（三）将股份奖励给本公司职工；……公司依照第一款第（三）项规定收购的本公司股份，不得超过本公司已发行股份总额的百分之五；用于收购的资金应当从公司的税后利润中支出；所收购的股份应当在一年内转让给职工。……"

修订后的《公司法》扩大了公司可回购股票情形的范围，允许股份有限公司回购本公司的股票奖励给员工且无需注销，为股份有限公司的股权激励初步扫清障碍，一定程度上也为非上市股份有限公司股权激励制度提供了立法保障。

对于非上市公司股权激励，我国目前没有一部完整的法律作为依据，在制定和实施股权激励计划时，主要以《公司法》《中华人民共和国公司登记管理条例》和税法为依据，在缺乏明确规定的情形下，具体只能参考上市公司情况执行。

对于一些特殊的非上市公司类型，如：未上市国有高新技术企业、未上市中央高新技术企业等，国家部委在其职权范围内也颁布了一些规章或规范性法律文件予以规范。例如：2002 年 9 月 17 日，国务院办公厅转发财政部、科技部《关于国有高新技术企业开展股权激励试点工作指导意见的通知》[①]，

---

① 已失效。

规定对“按《中华人民共和国公司法》设立，并经省级以上科技主管部门认定为高新技术企业的国有独资公司和国有控股的有限责任公司、股份有限公司（上市公司除外）”的试点企业中“做出突出贡献的科技人员和经营管理人员”实施股权激励；2004 年 4 月 30 日，国务院国有资产监督管理委员会办公厅、科学技术部办公厅公布了《关于高新技术中央企业开展股权激励试点工作的通知》①,对选择部分高新技术企业和转制科研院所等中央企业进行股权激励的试点，试点企业的条件之一，就是要符合《关于国有高新技术企业开展股权激励试点工作指导意见的通知》中对国有高新技术企业的要求，即“按《中华人民共和国公司法》设立，并经省级以上科技主管部门认定为高新技术企业的国有独资公司和国有控股的有限责任公司、股份有限公司（上市公司除外）。”

从规范非上市公司股权激励的现有普遍性法律规范和特殊规范的立法整体来看，我国非上市公司股权激励立法表现出以下鲜明特征：

1. 缺乏明确细致的实施依据

现行《公司法》在禁止股份有限公司回购本公司股份的条款中提到公司可以回购本公司股份用于奖励本公司职工之外，并未对有限责任公司和股份有限公司实施股权激励的条件、程序等进行详细的规定。

因此，对于股权激励计划的制定和实施过程中涉及的激励目的、对象、工具、数量、时间、价格、来源、条件和机制九大要素，目前都没有详细的法律指引或限制性规定。在股权激励计划的监管方面，对授予股份、信息披露、股份托管和股份出售等方面也没有完善的法律规定。

2. 公司法、合同法与劳动法交叉领域立法缺失

在股权激励计划中涉及的主体包括企业、发起人或创始股东、作为激励对象的员工，一旦在实施过程中发生纠纷，可能表现出多种形式。员工通过参与股权激励计划成为公司的股东，并不意味着其作为劳动者地位的改变，

---

① 已失效。

而是享有了劳动者和股东的双重身份。作为劳动者，员工与发起人或创始股东之间没有直接的法律关系，与企业是劳动合同法律关系；作为公司股东，员工与发起人或创始股东一样拥有股东权利，与公司形成了股东与公司之间的关系。

在股权激励的实施过程中，劳动合同会因各种原因而变更或终止，但并不必然导致员工作为注册股份的股东资格的变动或丧失。一些企业在设计股权激励方案时，对公司实际控制人变更、组织机构变动、员工职位变动、离职、退休、死亡等调整与变化机制的制定不够完善，导致在发生上述变化时产生大量的纠纷。

我国现行立法并未明确规定股权激励纠纷的法律性质，对于股权激励纠纷属于劳动争议、股权纠纷还是合同纠纷，应该适用《劳动合同法》还是《公司法》《合同法》并没有明确规定，这种立法现状不利于股权激励纠纷的有效解决，整体上也影响了股权激励的效果。

3. 缺乏股权激励的税收优惠政策

许多发达国家股权激励之所以被广泛地接受和实施，一方面是因为股权激励制度本身具有的激励、约束和利益捆绑的制度价值，另一方面，非常重要的原因在于许多发达国家对实施股权激励的企业给予了大幅度的税收优惠政策。例如，针对美国的两种股票期权——激励型股票期权（Incentive Stock Options, ISO）与非法定型股票期权（Non-qualified Stock Options, NSO），美国《国内税收法则》（Internal Revenue Code）就根据不同类型股票期权的法律特征给予不同程度上的税收优惠，激励型股票期权是激励对象享有税收优惠，非法定型股票期权是对公司有税基扣除的优惠。[①]

我国目前与股权激励相关的税收政策，特别是非上市公司的税收优惠政策水平与许多发达国家相去甚远。对于实施股权激励的非上市公司，不仅没有相应的税收优惠制度，反而需要缴纳印花税和个人所得税。

---

① 参见马永斌著《公司治理之道：控制权争夺与股权激励》，清华大学出版社 2013 年版，第 334 页。

根据《中华人民共和国印花税暂行条例》第1条“在中华人民共和国境内书立、领受本条例所列举凭证的单位和个人，都是印花税的纳税义务人（以下简称纳税人），应当按照本条例规定缴纳印花税。”以及第2条“下列凭证为应纳税凭证：（一）购销、加工承揽、建设工程承包、财产租赁、货物运输、仓储保管、借款、财产保险、技术合同或者具有合同性质的凭证；……”的规定，股权激励对象在行权购买公司注册股份时，公司（或转让股份的股东）和激励对象均需要缴纳印花税；股权激励对象在转售激励股份时仍需再次缴纳印花税。

根据《中华人民共和国个人所得税法》第2条“下列各项个人所得，应纳个人所得税：（一）工资、薪金所得……（六）利息、股息、红利所得；……（八）财产转让所得；……”；《中华人民共和国个人所得税法实施条例》第6条“工资、薪金所得，是指个人因任职或者受雇取得的工资、薪金、奖金、年终加薪、劳动分红、津贴、补贴以及与任职或者受雇有关的其他所得。”第8条“个人所得的形式，包括现金、实物、有价证券和其他形式的经济利益。……所得为有价证券的，根据票面价格和市场价格核定应纳税所得额；……”的规定，股权激励对象通过股权激励计划取得虚拟股份或注册股份后，所得股息、红利、现金奖励或转让激励获授股权时，均应缴纳个人所得税。

印花税和个人所得税的规定导致企业实行股权激励的成本过高、动力不足，弱化了激励的强度，降低了激励的效果。

（二）我国非上市公司股权激励的市场环境

中国特色的社会主义市场经济体制脱胎于计划经济且起步较晚，自20世纪80年代末至90年代初改革至今，市场环境尚未完全成熟。

从公司治理的角度来看，我国许多股份制公司由原国有企业改制而来，仍然带有一定的计划经济行政色彩和国有企业的管理痕迹，法人治理结构尚不完善，市场诚信水平较差，监督机制尚不到位，实施股权激励缺乏健全的公司治理机制作为有力支撑。

从公司利益导向上看，中国现代公司制度是在以公有制为主体的经济体制下建立起来的，国有股份保持强势地位，小到企业内部，大到市场环境都以“国家利益”为导向。

从融资环境上看，目前我国针对非上市公司股权激励的配套财政和税收优惠政策都极其缺乏，激励对象无法获得财税优惠，根据现有的国家信贷法规也无法通过贷款的方式支付购买股份的对价，市场融资方式和渠道均不健全，融资环境也不容乐观，客观上为公司实施股权激励计划、激励对象参与激励制造了障碍。

从国家对企业发展的引导和支持上看，目前对非上市公司，特别是民营中小企业的关注度明显不够，立法和政策都偏向于国有企业和上市公司，对于未上市的民营中小企业股权激励缺乏必要的引导、鼓励和规范。

二、有限责任公司股权激励现状

上市公司股权激励的相关规定虽然对有限责任公司有一定的参考价值，但上市股份有限公司与有限责任公司法律性质不同，许多规定不能严格参照执行。

区别于股份有限公司完全的资合性的特性，有限责任公司兼具资合性和人合性，在制度设计上表现出封闭性的特征：1. 有限责任公司股东数额受限，如我国《公司法》规定，有限责任公司由五十个以下股东出资设立；2. 公司的出资额只能由全体股东认缴，禁止公开募集；3. 有限责任公司股东的股份不能上市交易，向公司以外的人转让股权存在一定的限制条件，对外转让通常要履行一定的程序或获得其他股东的同意，我国《公司法》第 71 条第 2 款规定，股东向股东以外的人转让股权，应当经其他股东过半数同意。

正因为上述封闭性特征，有限责任公司不需要像上市公司一样，披露公司的经营情况和重大决策，各国立法实践中也没有规定有限责任公司像上市公司一样负有详尽和严格的披露义务，因此，大多数实行股权激励的有限责任公司也没有对外公开股权激励计划的义务。

实践中，由于股权激励计划涉及公司管理结构、薪酬制度、经营方向、市场策略等信息，大多数有限责任公司会把股权激励计划作为内部机密，很少会选择主动公开。即使公布了实施股权激励计划的决定，也不会把方案制定和实施的细节全部公开。因此，通过公开渠道，很难查询我国有限责任公司实施股权激励的企业数量、实施过程、激励机制等各方面的具体信息和数据。

从现有公开报道和通过公开渠道可以获取的案例来看，现阶段我国有限责任公司实施股权激励整体上表现出三方面的特征：

1. 有限责任公司股权激励需求越来越大，但缺乏引导和规范限制了其大规模的普及。

近年来，随着工商登记制度改革的不断深化、市场机制的不断完善，我国注册企业的规模大幅度增长。伴随而来的是社会化分工日趋细化、专业化，这不仅体现在生产和销售工作上，企业管理工作也越来越专业化，越来越多的企业迫于市场竞争压力，不得不通过大量地引进人才，提升企业、产品和服务的水平，增强市场竞争力。企业对高端技术人才、管理人才的依存度也日益加大。

为了避免引进人才与公司和股东的利益冲突影响企业发展，越来越多的企业倾向于制定实施股权激励方案来激励和约束引进的人才，但鉴于相关法律规范、税收优惠缺乏，国家也缺乏鼓励和引导，无形中增加了有限责任公司实施股权激励的成本，也加大了实施风险。

2. 有限责任公司目前更倾向于采用现金和虚拟股份的方式进行激励。

在有限责任公司股东数量上的限制、注册股权转让的税负负担、工商变更登记程序繁杂等系列综合原因的影响下，目前有限责任公司对采用注册股权进行激励的积极性一直不高。同时，大部分有限责任公司控股股东也担心通过股权激励转让股权后，一方面会在公司内部造成控股股东和其他股东之间股权比例的失衡，另一方面，一些有限责任公司发展到一定阶段会考虑变更为股份有限公司并上市，经过稀释后，控股股东的持股比例进一步降低，很有可能将丧失控股地位，控股股东提供其持有的股权用于激励也缺乏积极性。

相比较之下，采用现金和虚拟股份激励的方式，可以一定程度上节约公司和激励对象的税负负担，简化工商变更登记程序，也不用担心法律对公司股东数量的限制影响股权激励实施的效果，因此，目前有限责任公司更倾向于采用现金和虚拟股份进行激励。

3. 有限责任公司股权激励纠纷增加，法律适用问题争议较大。

随着股权激励的普及，有限责任公司在实施过程中产生的纠纷案件逐渐增多，也逐渐暴露出因为立法缺失引起的法律适用争议。

例如，上文提到的股权激励纠纷的法律性质问题，股权激励引起的纠纷属于劳动争议、股权争议还是民事合同争议，在司法实践中各地法院裁判并未统一。上海市第一中级人民法院（2013）沪一中民三（民）终字第 198 号判决[①] 认为，“甲公司向甲出具的‘华予信公司业务合伙人股权凭证’实为一种虚拟的股权激励，该股权激励赋予员工的分红权属于甲薪酬的组成部分，当属劳动争议范畴。”与此相反，浙江省台州市椒江区人民法院（2014）台椒民初字第 1778 号民事判决书[②] 中，对原告尹某个人为了促进江苏某公司的发展，与被告李某在 2011 年 9 月 28 日签订协议书，约定原告尹某为被告李某提供股权和现金激励的协议性质，法院认定，“原、被告签订的协议系无名合同，双方不存在劳动关系，无需先经过劳动仲裁。”

另外，实践中对于股权激励纠纷当事人的认定，也常常产生争议。在具体纠纷中，到底是由有限责任公司还是股东来承担责任，或者两者承担连带责任，这取决于股权激励协议的签订情况和有限责任公司股权激励方案的制

①（2013）沪一中民三（民）终字第 198 号民事判决书，法律图书馆：http://www.law-lib.com/cpws/cpws_view.asp?id=200401967479，最后访问时间为 2017 年 2 月 25 日。

②（2014）台椒民初字第 1778 号民事判决书，北大法宝网：http://www.pkulaw.cn/case/pfnl_1970324840747626.html?keywords=%282014%29 台椒民初字第 1778 号 &match=Exact&tiao=1，最后访问时间为 2017 年 2 月 25 日。

定和发布程序。明确股权激励纠纷的当事人，才能正确地主张权利，避免因为找错了主张权利的对象而加大诉讼成本。

案例 5.1

肖思宇与上海市相互广告有限公司股权激励纠纷①

上海市相互广告有限公司（以下简称“相互广告公司”）是一家注册于上海市松江区的有限责任公司，成立于2009年，主营业务范围：设计、制作、代理、发布各类广告，创始股东为李A与贾B，分别享有90%和10%的股权。

2011年6月16日，为了对公司核心团队进行激励，实现利益捆绑，促进公司发展，李A、肖思宇、周E、白F签订《上海市相互广告有限公司股权激励方案》（以下简称《股权激励方案》），方案载明：…… 3. 本激励方案自2011年1月1日开始实施。4. 本股权激励方案相关人员包括创始人李A，首批激励人员：肖思宇及周E、白F。5. 每个激励人员可享有2011年至2012年两个会计年度内5%公司股权对应的分红权。根据两个会计年度内获得的股权红利总额来认购公司5%的股权，红利总额大于所认购股权价格的，多出红利退还激励人员，反之，激励人员出资补足。6. 经协商一致，公司股权总价人民币（以下币种均为人民币）100万元，激励人员的出资额按其个人所能认购的股权比例计算。7. 激励人员可自主决定是否将个人每个会计年度结束后所获得的股权红利用于认购公司股权，如决定不认购公司股权的，则将股权红利退还给激励人员。8. 激励人员发生下列情况之一的，丧失当年分红权资格及后续认购公司股权的权利：（4）未经公

① 详见上海市第一中级人民法院（2014）沪一中民四（商）终字第1506号民事判决书，上海市高级人民法院网：http://www.hshfy.sh.cn/shfy/gweb/flws_view.jsp?pa=adGFoPaOoMjAxNKOpu6bSu9bQw/HLxCjJzCnW1dfWtdoxNTA2usUmd3N4aD0xz&jdfwkey=e6xrk3，最后访问时间为2017年2月25日。

司批准，利用职务的便利，自己经营或为他人经营与本公司同类的业务。9. 股权激励所涉的股权转让实施，直接通过股权转让协议的方式具体落实，不另行变更公司工商登记信息。10. 公司章程、公司股东名册或公司登记机关登记的内容，与基于本激励方案所签订的股东协议内容有冲突或不一致的，以股东协议的约定为准。11. 激励人员完成对公司股权的认购后，正式成为公司股东，享有股东权利。……13. 本激励方案实施之日起，李A、贾B、肖思宇、周E、白F等人员为首届董事会成员，其中李A任董事长。股权激励方案还对其他相关事项进行了约定。

2013年3月14日，经黄浦区劳动人事争议仲裁委员会调解，肖思宇与相互广告公司解除劳动关系，并达成协议：相互广告公司支付肖思宇30926元（税后），肖思宇放弃其他仲裁请求，双方无其他劳动争议。

2014年3月12日，肖思宇以相互广告公司为被告，诉至上海市松江区人民法院，依据《股权激励方案》，请求判令：1. 相互广告公司支付肖思宇2011年会计年度内5%股权对应的分红10万元及其三年来未分红产生的利息73800元；2. 相互广告公司支付肖思宇2012年会计年度内红利15万元及其两年来产生的利息73800元；3. 相互广告公司支付肖思宇2013年会计年度内应分红利20万元。

肖思宇提出：2011年分红额根据2012年1月18日董事会决议为100万元，另留存65万元作为发展基金，各方股东还口头协议分配35万元给隐名股东，故分红额合计为200万元，肖思宇5%股权对应10万元分红；2012年及2013年的分红额根据相互广告公司之前利润情况及公司营业发展、利润逐年递增比例推算，但肖思宇对上述事实未提供证据。

上海市松江区人民法院一审认定：1. 股权激励方案的相对方是否为相互广告公司，原审法院难以确定。因股权激励方案并无相互广告公司签章，虽有相互广告公司股东李A签字，但未有证据证明李A得到相互广告公司的授权，在相互广告公司另一股东贾B未追认的情况下，股权激励方案对相互广告公司不具有约束力；2. 即便股权激励方案对相互广告公司具有约束力，按方案的约定，肖思宇所享有的也是向相互广告公司主张虚拟股权对应公司利润的现金奖励，双方间应属劳动关系争议，但双方间劳动争议已经黄浦区劳动人事争议仲裁委员会调处后，无其他争议，肖思宇也丧失主张的权利；3. 分红权系股东的专属权利，即便股权激励方案合法有效，也不能证明肖思宇已取得相互广告公司的股东资格；4. 主张公司分红，首先公司应按法律规定在补亏，缴足法定公积金后还有红利可分，其次需经董事会提议，得到股东会审议批准，但肖思宇对上述分红要件均无证据证明。

据此，上海市松江区人民法院作出（2014）松民二（商）初字第783号民事判决，驳回肖思宇的全部诉讼请求。

肖思宇不服一审判决，向上海市第一中级人民法院提起上诉，上海市第一中级人民法院经审理，于2014年10月16日作出（2014）沪一中民四（商）终字第1506号终审判决，驳回上诉，维持原判。

对于肖思宇与相互广告公司股权激励纠纷案件的当事人，终审判决进一步认定：首先，股权激励方案中涉及的是相互广告公司的股权及股权红利，而股权及股权红利的拥有者和有权处分者是公司的股东而非公司，因此本院无法推断出股权激励方案是以公司名义形成的；其次，在股权激励方案中关于李A的身份是明确的，李A是作为相互广告公司创始人股东参与的，并非以公司名义参与的；再次，股权激励方案的概述亦明确该方案经肖思宇等参与激励人员与创始人股东李A签字确认，即可作为各自所签订的股权转让协议的补充文件，对股权转让协议存争议之处起解释作用，由此可见，此方案约束的是股东对股权或股权红利的处置行为，而不是公司的行为。

三、未上市股份有限公司股权激励现状

在市场经济发达国家的公司法相关立法中，一般是将公司分为公众公司（即上市公司）和封闭公司（即非上市公司），分别予以规制。与此相对应，这些国家对股权激励的相关立法也并未区分有限责任公司和未上市股份有限公司，在立法规范和实际运作中基本等同对待，由于非上市公司封闭性不对公司信息披露有强制性的细致要求，非上市公司如何安排公司的资本，可以完全体现股东的意思自治，由章程以及股东（大）会加以约定。

我国现行的《公司法》并未对公司类别采用上述分类方式，而将公司分为有限责任公司和股份有限公司两种类型。其中，根据股份有限公司是否在证券交易所挂牌上市，股份有限公司又分为上市公司和未上市股份有限公司。

从法律性质上看，有限责任公司和未上市股份有限公司属于不同的法定公司形式，其适用的法律规定各有不同；从资本规模股东人数上看，未上市股份有限公司是有限责任公司和上市公司之间的过渡，是有限责任公司上市前的必经阶段，是适应现实需求而存在的组织形式。因此，对于未上市股份有限公司和有限责任公司的股权激励，要适当的区别对待，不能一概而论。

从公司的开放程度而言，未上市股份有限公司也与上市公司的完全公众化和有限责任公司的封闭性不同，未上市股份有限公司往往是参照上市公司的规则，在一定程度上保持公开性。

我国《公司法》第138条规定："股东转让其股份，应当在依法设立的证券交易场所进行或者按照国务院规定的其他方式进行。"《证券法》第39条规定："依法公开发行的股票、公司债券及其他证券，应当在依法设立的证券交易所上市交易或者在国务院批准的其他证券交易场所转让。"未上市股份有限公司依法公开发行的股票，因其不存在"上市交易"的问题，只可能适用"在国务院批准的其他证券交易场所转让"这一规定。

2013年1月16日，全国中小企业股份转让系统正式揭牌运营。全国股

份转让系统俗称“新三板”，所谓“新三板”是针对“旧三板”而言的，即原STAQ系统（全国证券交易自动报价系统）和NET系统（中国证券交易系统有限公司开发设计）“两网股”，以及被强制性从主板市场终止上市后退到代办股份转让系统的“退市股”。

以“新三板”为代表的未上市股份有限公司通过挂牌披露信息、双方协议成交的形式开展股份转让和交易，其法律依据就是《证券法》关于依法公开发行的股票，应当“在国务院批准的其他证券交易场所转让”的规定。

根据《全国中小企业股份转让系统业务规则（试行）》、《全国中小企业股份转让系统挂牌公司信息披露细则》、《全国中小企业股份转让系统公开转让说明书内容与格式指引（试行）》等相关规则的规定，“新三板”挂牌企业对股权激励方案决议、股权激励计划、董监高的薪酬和激励政策，都负有披露义务。对“新三板”挂牌企业股权激励相关信息的披露进行整理和分析，有利于了解和掌握目前我国未上市股份有限公司股权激励实施的基本情况和相关问题。

1.“新三板”股权激励发展概览

新三板市场的股权激励实施情况与新三板市场的整体情况密切相关。2016年数据显示，“2015年至2016年5月22日，新三板市场上共有209家企业推出股权激励措施，2015年全年共有105家企业推出股权激励方案，而仅2016年上半年度，就有108家企业推出股权激励措施，有四家企业在2015年、2016年都推出股权激励计划（创远仪器、合全药业、纳晶科技、新眼光）。从中可以看出，股权激励计划受到越来越多新三板企业的重视。”[①]

然而，随着新三板市场持续低迷的状况，至2018年9月，新三板市场越来越多的挂牌公司股权激励计划都处于尴尬境地。“据不完全统计，自2015年以来，共有425家新三板企业发布了486份股权激励方案，但截至目前，

---

①“已超2015全年　新三板2016年108家股权激励盘点”，新三板在线：http://www.chinaipo.com/viewpoint/16543.html，最后访问时间为2017年2月27日。

已实施的仅有106家，实施率仅有21.81%。”“另外，今年以来已有15家企业宣布终止实施股权激励计划，因未达行权条件而终止的有3家，不少企业股权激励计划中的行权价与二级市场交易价格存在倒挂情况，甚至有企业在二级市场未出现过交易。”①

2.“新三板”挂牌企业股权激励相关问题

“新三板”挂牌企业作为“准上市公司”，虽然相关规则和操作指南多参照上市公司执行，但在公司运营和监管制度上与上市公司仍然存在很大的差距。随着“新三板”市场的扩容，股权激励案例相应增多，由于缺乏专门、详细的规则或操作指南，“新三板”挂牌企业股权激励方案中常出现一些特例，也出现了一些不利于市场稳定的“乱象”。

其一，《上市公司股权激励管理办法》明确规定，独立董事及监事不能作为激励对象。目前“新三板”相关规范中并不存在上述禁止性规定，因此，“新三板”挂牌公司将监事纳入股权激励对象的现象较为普遍。评论认为，监事并不属于公司管理机构，并不参与公司的经营决策和日常管理，而是发挥监督作用，需要对整个股权激励计划的制定和实施进行核实监督，一旦监事成为股权激励对象，则可能对其独立性造成影响。据《上海证券报》2016年8月3日报道，“今年以来推出股权激励的新三板公司中，激励对象包括监事的达23家。”②

其二，现行“新三板”规则无法有效地防止大股东通过股权激励计划侵害小股东和其他利益相关者权益的风险。对于上市公司，单独或合计持有公司5%以上股份的股东或实际控制人及其配偶、直系近亲属，已被明确将禁止成为激励对象，但“新三板”挂牌公司目前并无相关限制，因此，一些挂牌公司的大股东便“自己激励自己”，客观上侵害了小股东和其他利益相关者

---

①“白送都不要　新三板股权激励为何成了‘烫手山芋’？”，东方财富网 http://stock.eastmoney.com/news/1614,20180917946678397.html，最后访问时间为2019年4月22日。

②“新三板股权激励乱象”，上海证券报：http://stock.hexun.com/2016-08-03/185295898.html，最后访问时间为2017年2月27日。

的合法权益。

其三，“新三板”公司股权激励价格“白菜价”和“无业绩门槛”的现象并不少见。为了保障公平和公众公司大部分利益相关者的普遍利益，预防股权激励沦为攫取私利的工具，《上市公司股权激励管理办法》对上市公司股权激励计划中股票的定价进行了较为严格的限定：股权激励行权价格和授予价格均不得低于股票票面金额，且原则上不低于两个价格（计划草案公布前1个交易日的公司股票交易均价的50%，前20个交易日、60个交易日或120个交易日的公司股票交易均价之一的50%）的较高者。由于“新三板”市场股份交易的流动性尚未完全释放，股份定价的功能尚未完全成熟，不少公司的股权激励授予价格（行权价格）参照最近一期的每股净资产设定，其价格堪称“白菜价”，基本在每股1元至3元。激励股权的定价过低，意味着激励对象在获得股权后即可以短期内转让变现并获取不错的收益，存在套利机会。

案例 5.2

超凡股份激励对象零元购股[①]

四川超凡知识产权服务股份有限公司（以下简称“超凡股份”）成立于2002年，业务类型以商标及专利代理、咨询、交易、管理、商业化运营等为主，并推进版权、域名等其他知识产权类业务。

经过十几年的发展与壮大，超凡股份已成长为知识产权行业的“龙头企业”，并于2015年8月13日，在全国中小企业股份转让系统正式挂牌，成为全国首家在新三板成功挂牌的知识产权企业。

为使员工有所成就，建立并推行员工持股计划，建立员工成长机制，使员工能分享公司发展所带来的资本财富，形成有效激励与约

① 详见“四川超凡知识产权服务股份有限公司员工股权激励计划方案”，全国中小企业股份转让系统：http://www.neeq.com.cn/disclosure/2016/2016-05-17/1463471071_522955.pdf，最后访问时间为2017年2月27日。

来，保障企业的中长期战略的顺利实施，使激励对象在承担经营风险的同时能够更好享有公司业绩增长所带来的股权增值，2016 年 5 月 16 日，超凡股份 2015 年年度股东大会审议通过《关于审议员工股权激励计划的议案》。公司预留 200 万股股份（相当于公司总股本近 20% 的股份），用于在未来激励管理人员、骨干员工及重要战略合作伙伴。

超凡股份成立持股平台，受让超凡合伙现有合伙人持有的财产份额，作为激励池，激励对象通过受让该持股平台（即激励池）持有的超凡合伙财产份额，获得激励份额；持股平台（激励池）首期受让超凡合伙财产份额 72.89 万元，对应公司股份 200 万股，用于公司未来 4 年分批授予激励对象。所有激励对象原则上每批被授予激励份额的解锁期均为 4 年，每满一年为一个解锁日，解锁日考核通过的激励对象每年可解锁已授予的该批次激励份额的 25%，如激励对象连续两年未达到解锁考核条件，则应将未解锁的股份无偿转让给持股平台或超凡合伙执行事务合伙人或其指定的第三方。

激励对象通过受让持股平台（激励池）持有的超凡合伙财产份额或通过受让其他持股平台普通合伙人持有的其他持股平台财产份额，获得激励份额。激励对象通过受让方式取得激励份额，受让价格均为 0。

股权激励计划方案公布实施以来，超凡股份已有 130 余名员工签订股权激励相关协议，股权激励有效地提高了员工的积极性、创造性，实现员工与公司的共同进步、共同持续发展。

第二节　非上市公司股权激励的特殊性

从我国现有法律框架和市场环境来看，有限责任公司和未上市股份有限公司在制定和实施股权激励计划的过程中均存在许多特殊性的问题，客观上为股权激励计划的实施制造了障碍。因此，非上市公司在开展股权激励之前，必须正确地认识和对待这些特殊性，并有针对性地在实施方案中进行设计和完善，从而达到避免风险、保障实施效果的目的。

一、有限责任公司的资本股份化

根据我国现行《公司法》的相关规定，有限责任公司的注册资本为登记的全体股东认缴的出资额，股东以其认缴的出资额为限承担有限责任，有限责任公司以其全部财产对公司的债务承担责任。有限责任公司成立后，即向股东签发出资证明书。

由此可见，有限责任公司的资本不是以等额形式存在的，资本不划分为等额股份，不单位化也不发行股票，没有明确的股份价格和数量，但制定股权激励计划一个十分重要的步骤，就是要“定数量”，即确定将要授予的股权数量，包括确定股权授予总量以及每一位激励对象获授激励股权的个量两方面内容。

因此，有限责任公司实施股权激励必然面临如何将资本股份化的问题：首先，要将公司的资本划分为若干份额，利用公司内部对公司资产的评估与核算，对公司的资本进行股份化，并确定授权和行权的股份价格；其次，资本股份化后，有限责任公司可以参考股份有限公司制作和签发股东持股证明，作为股权激励计划实施中确权的依据或参考。

二、非上市公司的股东人数限制

《公司法》第 24 条规定:“有限责任公司由五十个以下股东出资设立。”第 78 条规定:“设立股份有限公司,应当有二人以上二百人以下为发起人,其中须有半数以上的发起人在中国境内有住所。”

《证券法》第 10 条规定:“公开发行证券,必须符合法律、行政法规规定的条件,并依法报经国务院证券监督管理机构或者国务院授权的部门核准;未经依法核准,任何单位和个人不得公开发行证券。有下列情形之一的,为公开发行:(一)向不特定对象发行证券的;(二)向特定对象发行证券累计超过二百人的;(三)法律、行政法规规定的其他发行行为。非公开发行证券,不得采用广告、公开劝诱和变相公开方式。”第 39 条规定:“依法公开发行的股票、公司债券及其他证券,应当在依法设立的证券交易所上市交易或者在国务院批准的其他证券交易场所转让。”

非上市公司实施股权激励,必须在公司股东总数上受上述规定的限制。如果非上市公司要实行较广泛的股权激励计划,则必须要考虑间接持股的方式。实践中,间接持股通常包括五种形式:职工持股会、工会、自然人代持、壳公司持股和信托。

职工持股会和工会间接持股的形式在 20 世纪 90 年代经过实践,由 2000 年 7 月 6 日,民政部办公厅印发《关于暂停对企业内部职工持股会进行社团法人登记的函》①,2000 年 12 月 11 日,证监会印发《关于职工持股会及工会能否作为上市公司股东的复函》,宣告终结。职工持股会和工会都不能成为公司股东,职工持股会和工会间接持股目前在我国缺乏法律依据。

通过自然人代持的方式目前也缺乏法律依据和保障,存在很大的风险。委托人与代持人之间签订委托代持协议具有法律效力,但是不具有公示公信

① 已失效。

的效力，一旦代持人利用股东身份做出损害委托人利益的行为，委托人在现有法律框架下进行维权困难重重。因此，自然人代持的方式需要委托人与代持人之间具有足够的信任关系。另外，上市审批不允许自然人代持股份，如果公司正筹备上市，则需要将代持的股份变为自然人或者公司直接持股的模式，否则上市审批较难通过。

壳公司持股和信托没有法律障碍，是最为正规的间接持股方式。

壳公司持股，即由激励对象设立公司后，由公司对企业投资而实现激励对象间接持股。目前许多拟上市公司上市前采用这种模式，这种方式的缺点是会碰到重复缴税的问题，成本较大。

通过信托的方式间接持股，是指将员工持股的职能委托给信托机构行使，由信托机构按委托人意愿进行管理或者处分。实践中拟进行股权激励的非上市公司一般会用预提的方式提取激励基金，再由激励对象授权公司委托信托机构采用独立账户运作的方式，利用激励基金购入本公司股份，在条件成熟时再过户给激励对象。采用信托方式间接持股的优点在于，既可以融资，又可有效地实现股权流动，但信托方式操作起来程序比较复杂，激励对象还需要额外负担信托管理费用，目前还未得到广泛地普及。

三、非上市公司的股价确定

非上市公司与上市公司不同，没有证券市场股票价格可以直接参考，在制定和实施股权激励方案的过程中，必然面临激励股份的定价问题。

股份定价是一个较为复杂的问题，并非通过简单计算即可得出，定价不合理将很可能直接导致激励对象或者公司、创始股东利益的损害，也影响股权激励计划实施的效果。一些股权激励实施较为普遍和成熟的国家，在确定非上市公司股价时，通常会依据一个较复杂的数学模型，计算出公司和股份的真实价值。例如，许多美国非上市公司在对激励股权定价时，通常会使用Black-Scholes 期权定价模型和二叉树模型来对企业价值进行专业评估，再确定企业每股的内在价值，以此作为股权激励行权价和出售价的基础。

我国非上市公司实施股权激励最常采用的定价方法是每股净资产值定价法，这种方法简单易行，但也广为诟病，其客观性、准确性与公正性都受到质疑。

为了一定程度上保障股权激励的公正客观，一些非上市公司越来越倾向于委托专业的中介机构，根据公司的各项财务指标来确定股价。委托定价最大的优越性就是能较好地将股价与公司业绩、发展前景和市场水平结合起来，不同于上市公司的股票市场定价方式，较少受到外部因素的影响。因此，当市场大起大落时，它仍能发挥很好的激励作用。

非上市公司委托专业的中介机构进行股份定价时，主要考虑三个方面的因素：一是股份定价应当反映公司达到一定的财务标准；二是考虑如果公司股票上市，在模拟市场中长期定价应当是多少；三是行业股价的整体水平。

四、非上市公司股权激励的业绩评价

对于非上市公司而言，不同公司经营情况各不相同，财务及管理现状也有很大差异。为了保障股权激励的有效性，非上市公司股权激励的业绩评价指标确定必须要慎重。

在股权激励的业绩评价中，涉及对公司本身的业绩评价以及对激励对象个人的业绩评价与考核。公司业绩评价与个人业绩评价难易程度不同，公司业绩可以通过较为直观的会计数据、销售数据、客户统计数据等进行评价；但对于激励对象个人而言，需要考察个人基本业务能力、岗位胜任度、个人特别业绩表现、历史贡献、工作态度等，许多因素都没有统一通行的量化标准。有鉴于此，为了公平客观地考察激励对象的个人业绩，实践中公司发明创造了评估报告法、评级量表法、目标管理法、360 度绩效考核法、平衡记分卡法等科学、专业的方法。

但无论采用何种业绩评价方法，非上市公司在股权激励计划制定和实施过程中，涉及业绩评价时，都应当考虑下述因素：

1. 业绩评价指标的设定应当与股权激励的目标相结合，确保业绩评价指标的实现可以达到股权激励制定时想要实现的基本目标。

2. 业绩评价指标应该是客观、可操作性强，应当尽量避免主观判断的因素，避免股权激励带来的分配不公。

3. 业绩评价指标的确定应当充分考虑公司发展的现有水平，不能好高骛远定立高指标让激励对象感到根本无法实现，也不能太低将股权激励变为福利发放，应当是激励对象付出较大努力可能达到的绩效目标。

4. 业绩评价指标还应当充分考虑对公司自身商业机密的保护，公司应当视情况决定是否需要将其作为商业秘密进行保护，因为业绩指标通常一定程度上也反映出公司的业绩水平和发展方向。

第三节　非上市公司股权激励常用模式及范例

一、认股权模式

非上市公司的认股权模式，是指非上市公司授予激励对象认购股份的权利，即授权激励对象在未来一定期限内以预先确定的价格和条件购买一定数量的公司股份，是一种长期的激励形式。从认股权模式的基本框架上看，认股权模式的本质与股票期权没有差异，是股票期权在非上市公司的应用。

(一)非上市公司认股权模式典型案例

案例 5.3

阿里巴巴集团的“受限制股份单位计划”[①]

阿里巴巴集团(以下简称“阿里集团”)于2014年9月19日成功登陆美国纽约交易所,以首日开盘价计算,阿里集团的市值达到2383亿美元,成为仅次于中国移动、中石油的第三大市值的中国企业。阿里集团的高市值引起广泛关注,随之而来的是外界对阿里将给员工、管理层、股东、投行等所带来的财富效应的猜测,“千名百万富翁员工”也在媒体的渲染下被越传越神。

空穴来风,未必无因。阿里集团“千名百万富翁员工”的传言来源于其很早就发展的股权激励制度。

阿里集团成立以来,曾先后推出四次股权激励计划,分别是:1999年购股权计划、2004年购股权计划、2005年购股权计划及2007年股份奖励计划。据推测,在阿里集团股权结构中,管理层、雇员及其他投资者持股合计占比超过40%。

阿里巴巴网络有限公司(以下简称“阿里网络”)的招股资料显示,其授予员工及管理层的股权报酬包括了受限制股份单位计划、购股权计划和股份奖励计划三种。虽然对于外界而言,阿里的员工如何获得激励股份、激励的规模如何一直扑朔迷离,但无论是曾经在香港上市的阿里巴巴网络,还是阿里巴巴集团,“受限制股份单位计划”都是其留住人才的一个重要手段。

① 详见“阿里巴巴的股权激励制度”,搜狐网:http://www.sohu.com/a/123305107_481692,最后访问时间为2017年2月27日。

21世纪经济报曾报道过，阿里集团的员工每年都可以得到至少一份受限制股份单位奖励，每一份奖励的具体数量则可能因职位、贡献的不同而存在差异。“阿里集团员工分为非管理岗位P和管理岗位M。P岗位分为14级，M岗位分为10级。其中P04、P05均为研发工程师，一般由刚毕业的本科生和硕士生担任，再往上为高级研发工程师、专家、研究院、科学家等。M01为主管，与P06相当，M05为资深总监，有资格进入阿里集团组织部，即高管团队。M10为阿里集团董事局主席马云。”①报道称，阿里员工从P06级开始有权获得受限制股份单位。

员工获得受限制股份单位后，入职满一年后方可行权，而每一份受限制股份单位的发放则是分4年逐步到位，每年授予25%。由于每年都会伴随奖金发放新的受限制股份单位奖励，员工手中所持受限制股份单位的数量会滚动增加。这种分批发放逐年行权的方式使得受激励的员工手中总会有一部分尚未行权的期权，客观上实现了激励的长期化和真正的利益捆绑，进而在很大程度上帮助阿里集团留住了员工。

（二）阿里集团认股权模式案例评析

阿里集团的“受限制股份单位计划”，作为非上市公司认股权模式成功的典型范例，是在公司未上市之前就将上市公司股票期权的激励模式创造性地应用起来，经过不断地探索和实践形成丰富的经验，帮助创业和发展期的阿里集团留住了大量的人才。

① “阿里上市员工“暴富”？ 出现大批千万富豪只是个传说”，浙商网：http://biz.zjol.com.cn/system/2014/09/20/020265946.shtml，最后访问时间为2017年2月27日。

"受限制股份单位计划"较好地解决了非上市公司股票未上市流通造成的定价困难和激励对象的受让股份转让变现的问题。值得有意愿采用认股权模式进行激励的非上市公司学习和借鉴。

1. "受限制股份单位计划"的股份定价

阿里集团在"受限制股份单位计划"中对股份的定价没有使用国内许多公司采用的净资产定价方法。对于行权价格，"受限制股份单位计划"授予的行权价格都非常低，仅 0.01 港元。超低的行权价格对激励对象形成了极大的激励，对于持有受限制股份单位的员工而言，除非股价跌至 0.01 港元之下才会"亏损"。

对于阿里集团股份本身的价格，因为直接关系到受激励员工能够获取的收益，阿里集团结合本身的市场地位，参考行业定价等因素进行综合考量，计算出"公允价格"。公司在激励对象行权时才公布公允价格，所有人都适用同一价格。例如，在较长一段时间内，阿里集团的受限制股份的公允价格定价都参考了阿里集团回购雅虎股份时，股权融资部分普通股的发行价。

2. "受限制股份单位计划"激励对象受让股份的转让变现

与上市公司股票的持有者可以很容易地在股票市场变现相比，非上市公司股票的激励对象即使行权之后将期权转化为实股，但非上市公司的未完全开放也加大了实股变现的难度。

据相关人士介绍，阿里集团内部有一个专门负责受限制股份单位授予、行权、转让等交易的部门——option（期权）小组，受限制股份单位可以在内部转让，也可以转让给外部第三方，均须向 option 小组申请，一般而言，option 小组对向外部转让的申请审核时间更长一些，需要耗时 3 至 6 个月。

option 小组专门机构的设立，保障了股权激励计划按照既定方针执行的正确方向，有利于股权激励计划的顺利实施，也在集团内部保持了公正公开，保障了股权激励的效用。

二、利润分红型虚拟股权激励方案

所谓利润分红型虚拟股权激励方案，是针对传统意义上虚拟股票激励的一种特殊类别。传统意义上的虚拟股票是指公司授予激励对象一定数量的未注册登记的“虚拟”股票，激励对象根据所持有的虚拟股票而享有一定数量的分红权和股价升值收益，但没有所有权和表决权，不能转账和出售，在离开公司时自动失效。

利润分红型虚拟股权激励计划相对传统的虚拟股票激励计划而言，激励对象不再拥有虚拟股票的股权升值收益，而仅仅享有虚拟股票对应数量的分红权。

（一）非上市公司利润分红型虚拟股权激励典型案例

案例 5.4

北京精冶源新材料股份有限公司虚拟股权激励方案①

第一章　总　则

第一条　目的

为提高北京精冶源新材料股份有限公司（以下简称“公司”）的经济效益水平和市场竞争能力，吸引和保持一支高素质的人才队伍，营造一个激励员工实现目标和自我管理的工作环境，倡导以业绩为导向的文化，鼓励员工为公司长期服务，并分享公司发展和成长的收益，特制定本虚拟股权激励方案。

① 详见“精冶源：虚拟股权激励方案”，东方财富网：http://xinsanban.eastmoney.com/Article/NoticeContent?id=AN201505060009518005，最后访问时间为 2017 年 3 月 4 日。

第二条　定义

虚拟股权指公司授予被激励对象一定数额的虚拟股份，被激励对象不需出资而可以享受公司价值的增长，利益的获得需要公司支付。被激励者没有虚拟股票的表决权、转让权和继承权，只有分红权。虚拟股权享有的收益来源于股东对相应股权收益的让渡。

第三条　有效期限

本计划的有效期限为三年，即2015年—2017年，激励对象无偿享有公司给予一定比例的分红权，计划有效期满后，公司可根据实际情况决定是否继续授予激励对象该等比例的分红权。如在该方案的有效期内经股东大会和董事会决议通过了其他的股权激励计划，经股东大会和董事会表决后可以中止该计划。

第四条　组织实施

（1）公司董事会负责虚拟股权的组织管理工作：根据年度税后净利润确定虚拟股权分配方案；根据员工持股情况设立员工个人持股明细账户，登记员工持有的虚拟股权状况，结算年终分红收益，办理虚拟股权的授予等事宜。

（2）董事会负责审核虚拟股权授予方案。

（3）董事会负责批准授予人选，制订年终分红方案，批准虚拟股权的授予方案。

（4）股东大会负责批准虚拟股权设置方案以及年终分红方案。

第二章　虚拟股权的授予

第五条　授予对象确定的标准和范围

虚拟股权授予对象参照如下标准确定：

（1）在公司的历史发展中做出过突出贡献的人员；

（2）公司未来发展亟需的人员；

（3）年度工作表现突出的人员；

（4）其他公司认为必要的标准。

授予范围包括公司高级管理人员、中层管理人员、业务骨干以及对公司有卓越贡献的新老员工等。

第六条　授予对象的确定

虚拟股权的授予，由公司根据上述标准在可选范围内提名确定具体人员名单，报经董事会批准。后进入公司的新员工如果符合上述条件，公司可以调整当年的股权激励计划，经董事会批准后，新员工可作为当年度的激励对象。原则上员工需在公司工作满一个自然年后（自入职到该方案每年的实施时间）方可享受该方案。

第三章　授予数量的确定

第七条　虚拟股权持有数量

虚拟股权的授予数量，根据虚拟股权激励对象所处的职位确定股权级别及其对应基准职位股数（经董事会表决同意后基准职位股数可按年度调整），根据个人能力系数和本司工龄系数确定计划初始授予数量，根据年终绩效考核结果确定当年最终授予虚拟股权数量。

虚拟股权的初始授予数量＝基准职位股数 × 能力系数 × 本司工龄系数

虚拟股权的最终授予数量＝虚拟股权的初始授予数量 × 绩效考核系数

第八条　股权级别及职位股数确定

表1　股权级别（职位股数）评定表

股权级别	评定标准	基准职位股数（股）
1 级	通过按指令能基本完成本岗位的工作	10,000
2 级	能够独立、合格地完成本岗位的工作	15,000
3 级	通过自己的技术专长或团队管理能较好地完成本岗位的工作	20,000
4 级	通过他人或团队管理能完成工作目标，业绩卓越且能保持团队稳定	25,000

第九条　个人能力系数

个人能力系数由公司根据下表所列能力评定标准，结合员工个人学历、工作经历及在公司的工作表现等因素进行综合评定。

表2　能力系数评定表

能力等级	能力评定标准	能力系数
中级	熟练运用所掌握知识、技能完成一般复杂程度的工作； 对工作相关风险或潜在问题具有一般的认知与把控能力； 能够将岗位相关经验应用于工作实际。	1.0
高级	精通某一方面知识或技能的工作应用； 能够独立处理富有挑战性和复杂的事项； 能够带领一定规模的团队开展相关工作。	1.1
专家级	能被征询意见，解决本职工作领域相关的复杂技术问题； 能对其掌握的知识、技能提出战略性建议或作出合理调整； 对公司业务及其工作有敏锐的洞察力并提出解决方案。	1.2

第十条　本司工龄系数表

表3　本司工龄系数表

本司工龄	本司工龄系数
3 年以下（含）	1.0
3 年—5 年（含）	1.1
5 年以上	1.2

第四章　业绩目标与绩效考核

第十一条　业绩目标

公司以年度净利润作为业绩考核指标。设定的每年业绩目标为：

1. 年度净利润增长率不低于 20 %（含 20 %）；

上述业绩目标作为确定是否授予年度分红权激励基金的基准指标。

第十二条 业绩目标考核

每个考核年度期满且审计报告出具后30天内，由董事会组织财务部门考核是否实现公司业绩目标。如公司业绩目标实现，则开始实施当年度的分红权激励，向激励对象授予分红权激励基金。业绩目标未能实现的，不得授予分红权激励基金。

第十三条 业绩目标调整

当出现如下情况时，由董事会审议决定，可对公司业绩目标作出相应调整以剔除下述因素对利润的影响：

（1）会计政策及会计处理办法发生重大变更；

（2）国家税收政策直接导致公司的税收发生重大变化；

（3）国家经济环境、经济政策、行业政策等的重大变化直接对公司产品的市场和价格产生重大影响；

（4）战争、自然灾害等不可抗拒因素影响公司正常经营；

（5）发生管理人员职责范围外的其他不可控制风险。

如果调整后的业绩目标变动幅度超过30%，则须由股东大会重新审议通过后才能执行。

第十五条 考核周期

本计划以一个完整的会计年度为一个业绩目标和绩效考核的周期。

第十六条 考核内容

每年年初，根据激励对象所在岗位的岗位职责，确定考核内容，包括工作态度、工作能力和工作业绩等方面的考核，其中工作业绩是重点考核内容。

第十七条 考核结果与绩效系数

每年年初，公司对上年度的个人绩效作评估，评定激励对象的考核结果和绩效系数（表4）。其结果作为激励对象参与股权激励基金分配的依据之一。

表4 绩效系数确定标准

序号	绩效评级	绩效系数
1	优异	1.5
2	良好	1.2
3	达标	1.0
4	不达标	0

第五章 激励基金的提取、分配和发放

第十八条 年度激励基金总额

每年以上述第十一条所确定业绩目标作为确定是否授予股权激励基金的考核基准指标。在实现公司业绩目标的情况下，按照公司该年度净利润和虚拟股权占比核算和提取股权激励基金。即：

当年激励基金总额＝考核年度净利润 × 加权虚拟股权总数 / 加权实际总股本

第十九条 虚拟股权的每股现金价值

每股现金价值＝当年激励基金总额 ÷ 实际参与分红的虚拟股权总数

第二十条 分红办法和分红现金数额

将每股现金价值乘以激励对象持有的虚拟股权数量，就可以得到每一个激励对象当年的分红现金数额。

个人实际可分配虚拟股红利＝虚拟股权每股现金价值 × 虚拟股股数

第二十一条 红利发放

当年的虚拟股红利在次年 5 月份发放，虚拟股红利以公司公告为准。虚拟股红利通过银行转账发放到员工银行卡上，涉及征税，公司代扣代缴。

第六章　激励计划的修订、终止及其他

第二十二条　虚拟股份退出

从激励对象离职或被解雇之日起所授予虚拟股份自动丧失；不再享有任何分红权。

第二十三条　转换条款

公司处于收购、兼并或转板上市阶段的，虚拟股权可以通过一定的对价方案转化为股票或者现金补偿，具体转换方案另行制定。

第二十四条　修订、解释

本办法试行期为一年，试行期结束后根据执行情况进行修订。本办法由董事会办公室负责拟定、修改和解释，由董事会、股东大会审议通过后实施。

（二）北京精冶源新材料股份有限公司虚拟股权激励方案评析

在“新三板”挂牌企业的股权激励实践中，未上市股份有限公司最常采用的股权激励模式是股票期权和限制性股票，采用利润分红型虚拟股权激励方案的公司十分少见。因此，北京精冶源新材料股份有限公司（以下简称“精冶源”）的虚拟股权激励方案一经推出，就显得格外引人注目，许多媒体评价认为，精冶源的虚拟股权激励方案是“新三板首份虚拟股权激励计划出炉”。

虽然有评论认为，虚拟股票的模式对于许多企业来说，早已经不是新鲜事物，“鼎鼎大名的华为早已将虚拟股权玩得风生水起，尽管其中颇多争议。就连H股上市的招商银行、南方航空以及A股上市的上海贝岭、银河科技等均早已采取了虚拟股权激励机制”，[①] 但在“新三板”市场上，精冶源虚拟股权

① “虚实之间，‘虚拟股权’并没有看上去那么美”，华律网 http://www.66law.cn/domainblog/100874.aspx，最后访问时间为2017年3月4日。

激励计划公示之前，的确没有非上市公司能够完整地将虚拟股权激励计划从制定、方案的内容到实施的信息全部予以公开。精冶源的虚拟股权激励方案为在其之后采用虚拟股权激励的非上市公司提供了非常好的借鉴，计划实施反馈的问题也值得其他非上市公司注意。

1. 虚拟股权激励方案业绩目标的设定

在以提升业绩为主要目的的非上市公司股权激励方案中，对于行权条件和激励对象考核的标准往往围绕着公司以及激励对象个人的业绩。非上市公司具体选取什么样的业绩考核指标取决于公司所处行业的特点、战略规划和达标难度等各方面的情况。一般而言，可以在下列三类业绩指标中选取适合自己公司情况的考核指标：（1）反映股东回报和公司价值创造等综合性指标，如：净资产收益率、经济增加值、每股收益等；（2）反映公司盈利能力即市场价值等成长性指标：如净利润增长率、主营业务收入增长率、公司总市值增长率等；（3）反映企业收益质量的指标，如：主营业务利润占利润总额比重、现金营运指数等。

在精冶源2015年5月6日发布的《北京精冶源新材料股份有限公司虚拟股权激励方案》中设定的每年业绩目标采用了年度净利润增长率作为计算指标，即"年度净利润增长率不低于20%（含20%）"。

根据企业会计准则的规定，净利润是指在利润总额中按规定交纳了所得税后公司的利润留成，一般也称为税后利润或净收入，计算公式为：净利润=利润总额－所得税费用。其中，利润总额=营业利润+营业外收入－营业外支出。由此可见，净利润不区分利润主营业务收入与非主营业务收入，包含了营业外收入。

2015年11月12日，精冶源发布《北京精冶源新材料股份有限公司关于修订虚拟股权激励方案的公告》，修订了业绩目标的判断标准："公司以年度营业利润作为业绩考核指标。设定的每年业绩目标为：年度营业利润增长率不低于20%（含20%）。上述业绩目标作为确定是否授予年度分红权激励基金的基准指标。在计算确定上述作为业绩目标的营业利润时，涉及本方案所产生的应计入考核年度的成本费用不予扣除。”

在会计规则中，营业利润与净利润不同，营业利润有单独的计算公式，即营业利润 = 营业收入 – 营业成本 – 营业税金及附加 – 销售费用 – 管理费用 – 财务费用 – 资产减值损失＋公允价值变动收益（– 公允价值变动损失）＋投资收益（– 投资损失）。

从计算公式可以看出，净利润和营业利润最大的不同，在于是否把营业外收入、营业外支出和企业所得税计算在利润之中。净利润包含营业外收入和营业外支出，需要扣除企业所得税，而营业利润不包含营业外收入和营业外支出，也未扣除企业所得税。因此，采用营业利润计算的方式，更能反映公司经营业绩增长情况。

2. 虚拟股权激励方案的红利发放

现金类的股权激励方案与股票期权、期股等不同，为了保障激励效果，都很难保障激励的长期性。一些企业通过滚动考核、延期支付的形式将现金类的股权激励方案复合化，变相保障激励的长期性，但是否每年都发放红利仍然需要视情况而定。

一般情况下，选取利润分红型虚拟股权激励方案的非上市公司决定是否每年进行分红，关键在于虚拟股份是否存在向实股转化的机制。如果公司把虚拟股权激励方案作为注册类股权激励方案的过渡，存在虚拟股份向实股转化的机制，则公司可以每年分红，也可以考虑暂不分红；反之，如果不存在这种转化机制，则公司最好是每年按照激励对象所持虚拟股份发放红利，否则，虚拟股权激励方案就会沦为画饼充饥，达不到激励效果。

精冶源的激励方案规定：“当年的虚拟股红利在次年 5 月份发放，虚拟股红利以公司公告为准。”该规定明确了红利发放时间，保证了利润分红型虚拟股权激励方案的激励效果。

三、期股模式

中国企业的期股激励时间开始于20世纪90年代。“1993年深圳万科集团开始实行了类似的制度。1997年10月，中国的四通利方技术公司在从美国引入650万美元风险资金的同时，也引进了股份期权制。上海从1997年开始，在一些企业内部也出现了这种激励方法。上海埃通电气股份有限公司是上海第一家试行经营者股票期权的国有控股企业。这家公司的总经理以108万元入股公司（其中期股88万元），公司核心经营层则群体持股260万元，两者相加占到公司总股本的20%。”[①]

到1999年，期股模式逐渐风靡起来，上海、武汉、深圳、北京、山西等地都先后推出了相关规定，鼓励和规范国有企业实行期股制。本书以上海期股模式为例，对我国历史上国有企业期股激励的实践进行介绍。

（一）上海期股模式的试点实施内容[②]

1999年，中共上海市委组织部、市国资办、市财政局以沪委组（1999）661号文联合下发了《关于对本市国有企业经营者实施期股（权）激励的若干意见（试行）》，明确提出在企业经营者的分配方式中引入期权的概念，对国有企业经营者实施期股（权）激励的试点进行探索，以建立和完善对国有企业经营者的激励与约束机制，加快建立经营者择优录用的竞争上岗机制，从而确保企业持续健康稳定发展，进一步推进现代企业制度建设。

1. 期股（权）激励的内涵

在国有资产控股的股份有限公司和国有资产控股的有限责任公司（以下简称国有资产控股企业）中，期股（权）激励是指经营者在一定期限内，经

① 辛向阳：“期股制的模式选择及若干问题的解决思路”，载《东岳论丛》2000年02期。

② 节选自中共上海市委组织部、市国资办、市财政局《关于对本市国有企业经营者实施期股（权）激励的若干意见（试行）》。

股东大会或董事会批准购得、获奖所得适当比例的企业股份，并需任期届满后逐步兑现的一种激励方式；在国有独资企业中，期股（权）激励是指借用期权概念，对经营者获得年薪以外的特别奖励实行延期兑现的激励方式。

2. 期股（权）激励的适用范围、对象和主体

期股（权）激励适用于经改制的国有资产控股企业以及国有独资企业。

期股（权）激励的对象主要是董事长和总裁、总经理（以下简称经理）。董事长和经理各自承担的责任必须以契约形式明确规定。

对国资授权经营公司董事长的激励主体是出资方；对国资授权经营公司所属国有独资企业董事长的激励主体是国资授权经营公司；对国有资产控股企业董事长的激励主体是股东会或出资方。对经理的激励主体是企业董事会。

3. 股份来源

期股股份的形成方式主要包括在企业改制的基础上，调整原有股本结构、股权转让、增资扩股中形成的经营者股份，以及经营者年薪以外的延期兑现的特别奖励。对于国有资产需要控股的企业、其股权设置应予规范。

4. 激励对象获得期股的方式

国有资产控股企业经营者期股的获取方式主要包括：在一定期限内，经营者用现金或用分期付款、贴息、低息贷款方式以约定价格购买的股份；经营者岗位股份（即干股）；经营者获取特别奖励的股份。

国有独资企业，可给予经营者相当于年薪总额一定比例的特别奖励，但必须延期兑现，在任期中，每年可以10%—30%左右的比例兑现、直至全部变现（经营者任期未满而主动要求离开该企业时，其所拥有的特别奖励应当扣减）。

对以分期付款、贴息或低息贷款形式形成的股份，经营者必须在一定期限内用多种形式的资金补入。

国有资产控股企业经营者的期股每年所获红利，一部分兑现现金后归经营者本人；一部分用于归还购买期股、分期付款、贴息和低息贷款；一部分应按契约规定，在企业增资扩股时，转为经营者投入的股本金。

5. 激励对象、期股红利兑现和期股变现

国有资产控股企业经营者在该企业任期届满，其业绩指标经考核认定达到双方契约规定的水平，若不再续聘，可按契约规定，将其拥有的期股一般应按当时的每股净资产值变现（特殊情况下，应经资产评估），也可保留适当比例的股份在企业，按年度正常分红。上市公司经营者拥有的期股则可按当时的股票市场价格变现。经营者经营该企业任期未满而主动要求离开时，其拥有的期股变现要按契约规定扣减。当经营者在合同期内违约离开企业时，其拥有期股中用现金购买的部分按原购买价变现，如果原购买价高于当时的净资产值，则按当时的净资产值变现；用分期付款、贴息贷款和低息贷款获得的股份，要按双方签订的契约规定扣减。

经营者在既定期限内未能达到契约规定的业绩指标水平，应按照权责对等的原则，不能兑现股权收益，并扣除一定数额的个人资产抵押金。对通过弄虚作假等不正当手段谋取期股及股权利益的，激励主体可行使追索权，并依法追究有关单位和人员的责任、必要时将采取禁入经营者队伍的措施并要求公开谴责。

6. 期股（权）激励的配套措施

经理必须竞争上岗，董事长必须签定岗位契约方可对其实行期股（权）激励。

实施期股（权）激励时，经营者可以一定数额的个人资产作为抵押。抵押资产数额根据企业经评估的净资产规模确定，当完成或超额完成预定指标，所获奖励不能全部以现金兑现，其中一部分可补充、抵充抵押金或转为经营者持有的股份。

（二）上海期股模式的评价

与武汉、北京等地的期股模式相比，上海期股模式表现出了其独有的特点：

（1）上海期股模式根据企业的类型，区分国有资产控股的股份公司、有限责任公司与国有独资企业的不同情况，分别进行了规定，方案较为细致，针对性和可操作性较强；

（2）对于激励对象的购股资金来源，规定十分灵活，除了现金或分期付款、贴息、低息贷款方式之外，还额外允许激励对象可以一定数额的个人资产作为抵押；

（3）上海期股模式强调契约性，即要求激励对象必须签定岗位契约，激励对象任期内未完成业绩指标，不仅无法获得期股，还会扣除一定数额的个人抵押金；

（4）相对于北京等其他地方的期股实施规定而言，上海的期股模式对于激励对象期股变现的时间要求提前了，即在激励对象任期届满时即可变现，不需要在任期届满后再等一段时间的锁定期。

上海等地期股模式的制定和推行伴随国有企业的改革，具有十分积极的意义：一方面，期股能够发挥股权激励本来的作用，让激励对象，特别是国有企业经营管理骨干成为企业产权的实际拥有者，从而激发激励对象的积极性，与企业形成长期的利益共同体；另一方面，在特定的历史环境下，期股激励有利于完善国有企业经营者的收入分配方式，使按劳分配与按要素分配相结合，符合我国当时分配制度改革的国情。

20世纪末兴起的期股制股权激励试验从理论上应当予以充分的肯定，但在实施过程中却出现许多始料未及的问题，最终不得不被陆续叫停，这与我国当时市场环境、企业治理水平和国有企业面临改革等特殊国情是有密切关联的。

上海等地陆续开展的期股模式表现的主要问题包括[①]：

（1）试行期股制的国有企业思想观念尚未转变，导致试行期股制的思想基础欠缺。一些企业把实行期股制简单地认为就是给经营者多加些钱提高收入，不了解期股制试行的真正目的；一些企业平均主义思想严重，不能接受对经营者实行期股制；有的人还担心如何处理好党委书记等人的待遇问题等。

---

① 详见方正松："论期股制"，载《大同职业技术学院学报》，2001年03期。

（2）试行期股制的国有企业产权结构不够明晰，法人治理也不完善，董事长、总经理、决策机构、执行机构和监督机构，各自的权限责任不明确，互相交叉、重复甚至掣肘。对形成合理、有效的期股制产生不利影响。

（3）试行期股制的国有企业也缺乏对激励对象的选取和考察机制。由于国有企业的经营者绝大多数都是任命的，有一些经营者由于能力和其他原因使他们在期股制的责任面前畏惧不前，而有些敢承担责任又有能力的人却没有获取这个职位和权利的机会，这严重影响着期股制迅速、有效推行。

（4）资本市场的有效性尚未完全建立起来，导致企业效益与股票市场价格脱节，为激励对象操控股市、谋取私利提供了契机。

（5）试行期间，期股制操作也不够规范，造成期股制度试行难以达到预期的激励效果。

期股制试验的失败并不能从根本上否认期股制的价值。从以往的试验中总结经验教训，能够为后来采用期股方式开展股权激励的企业提供非常有益的参考和借鉴。

四、实股奖励模式

所谓非上市公司股权激励的实股奖励模式，是与虚拟股票激励、股票期权、期股等相对应的概念，指非上市公司直接以该公司在工商局登记的股权作为激励标的，采用股权转让、增资扩股等多种方式，使激励对象直接拥有公司股份并在工商局进行登记公示的注册股份的激励方式。

从股权激励方案的设计上讲，实股奖励模式可谓是非上市公司股权激励中最简便的模式，但由于缺少相关的限制条件或约束机制，这种模式对于激励对象的约束性也相对较弱。

（一）非上市公司实股奖励的典型案例

案例 5.5

北京万象娱通网络科技股份有限公司股权激励方案[①]

一、实施股权激励的目的

1. 进一步完善公司治理结构，形成良好、均衡的价值分配体系，建立股东与高级管理人员、员工（含技术、业务）之间的利益共享与约束机制。

2. 实现对公司高级管理人员及核心技术（业务）人员的长期激励与约束，充分调动其积极性和创造性，使其利益与公司长远发展更紧密地结合，防止人才流失，实现企业可持续发展。

二、实施股权激励的基本原则

1. 公平、公正、公开；

2. 股东利益、公司利益、员工利益有机结合，促进公司持续健康发展；

3. 激励与制约相结合。

三、激励计划的管理机构

股东大会作为公司的最高权力机构，负责审议批准激励计划的实施、变更和终止；公司董事会为执行管理机构，负责拟订和修订激励计划具体方案，并在股东大会授权范围内办理股权激励计划的其他相关事宜；公司监事会是计划的监督机构，负责审核激励对象的适合性，并对计划的实施是否符合相关法律、行政法规、部门规章进行

① 详见“北京万象娱通网络科技股份有限公司股权激励方案”，中金在线网：http://sbsc.stock.cnfol.com/gongsigonggao/20160215/22252264.shtml，最后访问时间为 2017 年 3 月 5 日。

监督。

四、激励对象的确定依据和范围

激励对象根据《公司法》《证券法》《非上市公众公司监督管理办法》及其他有关法律、法规和规范性文件以及《公司章程》的相关规定，结合公司实际情况而确定。

五、股权激励的对象

本次股权激励对象为 1 名自然人，具体如下：

序号	激励对象	身份类别 / 职位	转让份额（万股）
1	蒋德嵩	公司员工	150

六、激励股份的来源及数量

1. 激励股份来源：公司原股本 1500 万，五个股东分别减持其所持有公司股 10% 即 150 万股，持股比例由 100% 变为 90% 的权益变动，原股东减持 10% 股份通过转让协议转让给蒋德嵩。万象娱通公司总股本不变。按每股人民币 2.08 元以协议方式转让给激励对象。公司与激励对象蒋德嵩已签订附生效条件的《股份转让协议》。

2. 激励股份数量：总计为 150 万股，激励形式以股份转让。

对象认购的具体股份数量如下：

序号	激励对象	身份类别 / 职位	转让份额（万股）
1	蒋德嵩	公司员工	150
合计			150

七、股权激励计划具体实施方案

本次激励对象 1 名，激励规模不超过 150 万股，本次激励股份来源于公司股东转让股份，激励对象接受股东的转让股份。激励对象取得的股份自股份公开转让之日起每年可解限售 20%，并且按照签订的《劳动合同》约定的服务年限为准。

八、股权激励的调整方法

股权激励实施期间或实施完毕之前，公司有资本公积金转增股本、派送股票红利、缩股及持股平台调整出资额等事项，激励对象获授的激励股权数量将作相应的调整。

九、股权激励计划的变更、中止、终止。

1. 经董事会决议、股东大会审议，可以变更或终止股权激励计划，但变更或终止不影响已经授予激励对象的股份。

2. 公司遇到不可抗力情况，可以暂时中止或终止股权激励计划。

3. 如果在本股权激励方案公告之日至股权激励实施完成期间，全国中小企业股份转让系统有限公司就股权激励出具了相关业务规则，本股权激励方案需按照业务规则要求修改，并通过董事会、股东大会审议。

十、股权激励计划的实施部门

1. 本股权激励计划由公司董事会制定，经股东大会审议通过后实施。

2. 本股权激励计划的解释、实施权由公司董事会享有。

十一、后续批次股权激励的实施

公司后续批次股权激励将根据实施时的公司财务情况，股票市场价格、公司经营和战略发展需要确定。

十二、备查文件

《北京万象娱通网络科技股份有限公司第一届第七次董事会会议决议》

（二）北京万象娱通网络科技股份有限公司实股奖励激励方案评析

北京万象娱通网络科技股份有限公司（以下简称“万象娱通”）成立于2010年12月14日，致力于为12岁以下中国儿童提供绿色、健康的动漫观赏以及一系列的益智服务。公司联合国内儿童产业众多优秀的内容出品商、儿童类媒体等，倾力打造中国最优秀的儿童移动互联网动漫观赏平台。经营范围为技术开发；技术服务；承办展览展示活动；广告发布、代理；企业策划；计算机系统服务；版权贸易；销售玩具。2015 年 11 月 19 日万象娱通在新三板挂牌上市。

2016 年 2 月，为了进一步完善公司治理结构，建立股东与高级管理人员、员工（含技术、业务）之间的利益共享与约束机制，实现对公司高级管理人员及核心技术（业务）人员的长期激励与约束，防止人才流失，实现企业可持续发展，万象娱通决定实施股权激励计划。首期激励计划选取的激励对象是总经理一人，采用了实股奖励的方式。

非上市公司实股奖励型股权激励的实股股份来源通常有三种：向激励对象增资扩股、原有股东的转让和公司回购原股东的部分股份（仅限股份有限公司），而原有股东转让又分为控股股东单独转让和所有股东按比例转让两种形式。万象娱通采用了后者，激励方案规定，“五个股东分别减持其所持有公司股票 10% 即 150 万股，持股比例由 100% 变为 90% 的权益变动，原股东减持 10% 股份通过转让协议转让给蒋德嵩。”所有股东按比例转让的方式能够最低程度地改变公司现有股权结构，维护股权结构的稳定性，避免股权激励造成的公司控制权结构的变更。

实践中非上市公司采用实股奖励时也会有不同做法。一些公司选择无偿授予激励对象一定份额的股权，但要求激励对象获得实股必须要以达到一定的经营业绩水平为条件，这种激励方式又被称为业绩股份；另一种做法是授予时已经对激励对象进行了多方位的考察，股东或者公司按股权评估价值的价格或者优惠打折的价格，以协议方式将公司股权出售给激励对象。万象娱通采用了后一种方式，规定“按每股人民币 2.08 元以协议方式转让给激励对象”。要求激励对象支付一定的对价，能够提高激励对象对激励计划的参与感，提升激励对象的主人翁意识，更好地发挥激励的作用。

在万象娱通的激励计划中，还有一条限制性的规定，即“激励对象取得的股份自股份公开转让之日起每年可解限售 20%。”通过对激励对象获得实股后的转让行为予以限制，通过逐年解禁的方式允许激励对象转让获授实股，一定程度上弥补了实股奖励型股权激励模式对激励对象约束性较弱的缺陷。

五、岗位分红权模式

非上市公司岗位分红权模式的股权激励，是指公司为了激励关键岗位的员工，对其授予一定数量的公司实股股份或者以公司内部记账的形式授予其一定数量的虚拟股份，激励对象在特定岗位任职期间可以享受该股份的分红权，离开该岗位时自动失去，由继任者享有。

（一）非上市公司岗位分红权激励模式的典型案例

案例 5.6

航天恒星科技有限公司首例央企分红权激励方案[①]

航天恒星科技有限公司（以下简称“航天恒星”）是中国东方红卫星股份有限公司（以下简称“中国卫星”）控股的卫星应用高新技术企业，公司主要从事卫星应用系统集成、终端设备制造和卫星运营服务，业务范围涵盖卫星遥感与综合应用领域、卫星通信、卫星导航、信息传输与处理以及卫星地面运营服务等领域。经营范围：经国家密码管理机构批准的商用密码产品开发、生产（商用密码产品生产定点单位

① 详见“航天恒星科技有限公司开展分红权激励试点工作”，中国航天科技集团公司：http://www.spacechina.com/n25/n144/n206/n216/c87906/content.html；“首例央企分红权激励方案 中国卫星子公司拟对 54 岗位分红”，金融界：http://stock.jrj.com.cn/2011/06/16100410218134.shtml，最后访问时间为 2017 年 3 月 5 日。

证书有效期至2019年11月13日）；航空航天、通信、导航、遥感相关产品的技术开发、技术服务、技术咨询、技术转让；航天技术应用；计算机系统服务；软件开发；货物进出口、技术进出口、代理进出口；微波通信设备、无线电测控及导航设备、医用X线机、X线机配套设备及部件的研制、生产（限分支机构经营）和销售；智能大厦弱电系统工程、计算机网络产品及工程的设计、安装、调试。

2010年10月11日，国资委发布《关于在部分中央企业开展分红权激励试点工作的通知》，决定在中国核工业集团公司、中国航天科技集团公司等中央企业选择科技创新能力较强、业绩成长性较好、具有示范性的企业，区分情况推行岗位分红权或者项目收益分红的股权激励试点。

国资委通知发布之后，196家企业纷纷抛出了“橄榄枝”，但经过层层审核和严格把关最终仅有7家企业脱颖而出成为首批试点单位，其中，仅有2家单位获批成为全国实施分红权激励的试点企业，而航天恒星科技有限公司就是其中之一，原因之一就在于“航天恒星的市场化符号非常明显，与大部分航天企业自上而下的派单式、任务型发展模式不同，航天恒星80%—90%的业务都要靠到市场上去拼、去抢。”

2011年6月16日，中国卫星（600118）发布公告，公司董事会已通过了《关于航天恒星科技岗位分红权激励的议案》，决定对航天恒星包括科研管理、专业科研两大岗位序列的54个岗位进行分红权激励。

在方案指标设计上，航天恒星的激励总额与企业当年的经济增加值和经济增加值改善值挂钩，以公司经济增加值（EVA）及经济增加值改善值（△EVA）作为提取基数，在净利润增长水平不低于实施前三年的净利润平均增长水平条件下提取，激励总额不超过航天恒星当年税后利润的15%。

分红权激励采用延期支付方式发放，航天恒星每年将提取个人岗位分红权的30%进行留存，至分红权有效期结束后统一考核发放，剩余70%在分红权有效期内每年进行兑现。本激励方案自批准之日起三年内有效。

据统计，此次分红权激励试点实行后，航天恒星的科研类岗位和激励额度占比均达到90%以上，其余岗位也均为与科研成果转化密切相关的经营管理岗位。

（二）航天恒星岗位分红权激励模式激励方案评析

对于非上市公司而言，实施岗位分红权激励模式一般并非针对所有岗位，大多数会选取与公司经营业绩有直接关联的管理岗位、销售等业绩岗位以及技术研发等岗位，将公司效益与激励对象的个人效益直接联系起来，才能达到最佳的激励效果。根据《关于在部分中央企业开展分红权激励试点工作的通知》，“岗位分红权激励对象原则上限于在科技创新和科技成果产业化过程中发挥重要作用的企业核心科研、技术人员和管理骨干。激励对象应当在该岗位上连续工作1年以上。根据企业的行业特点和人才结构，参与岗位分红权激励的激励对象原则上不超过本企业在岗职工总数的30%。”航天恒星激励的科研管理、专业科研两大岗位序列的54个岗位，正符合岗位分红权激励模式选取激励对象的这一特征。

非上市公司岗位分红股既可以是实股激励，也可以采取虚拟记账股份分红激励的方式，使用哪种形式一般要根据公司的具体经营情况而定。航天恒星采用虚拟记账股份分红激励的方式，这与中央企业复杂的企业情况有关，如果采用实股激励，则必须要解决国有股权转让定价、股权分配等敏感问题。在试点阶段，避免实股激励可能带来的复杂问题，采用虚拟记账股份分红激励的方式，能够保持公司股权结构的稳定，也不影响激励效果。

六、项目收益分红模式

项目收益分红模式与岗位分红权模式一样，都是采用现金分红的方式对激励对象进行激励，只是二者分红的评价标准存在差别。项目收益分红模式与激励对象的岗位无关，而是非上市公司通过科技研发项目、产品销售项目等项目形式，以项目成果形成的净收益为标的，采取项目收益分成方式对激励对象实施的激励。

（一）非上市公司项目收益分红激励模式的典型案例

案例 5.7

手游行业的项目收益分红激励

《王者荣耀》是由腾讯游戏2015年年底开发并运行的一款运营在Android、IOS平台上的MOBA类手机游戏，上线后迅速获得追捧，到2017年已经成为“风靡全球的现象级手游”，“累计注册用户超过2亿，每7个中国人就有1人在玩，其中‘00后’用户占比竟超过20%。”[①] 根据腾讯发布的2016年财报和大数据测算，2016年手游收入384亿元，同比增长80%，其中大的增幅主要来自于《王者荣耀》。

《王者荣耀》为腾讯迅速创造和累计财富的同时，其创作团队的项目分红也得到了大众的关注。有报道称，2016年年底“《王者荣耀》项目组人均分得140万元，最低分红60万，核心员工最多分到

①“人民日报评《王者荣耀》：别让网游成为生活的全部”，网易财经网：http://money.163.com/17/0712/06/CP4FEUVE002580S6.html，最后访问时间为2017年3月10日。

了 290 万元人民币。”[①]

事实上，在手游行业对创作团队进行项目收益分红激励并非腾讯一家。很多手游公司为了大力激励研发创作团队，捆绑创作团队与企业所有者利益，提高市场占有率和竞争力，都会选择对创作研发团队进行大力度的项目收益分红激励。

浙江首游网络科技有限公司（以下简称“首游网络”）是一家专业从事移动互联网手机游戏软件研发、运营与发行的企业，2013 年在浙江省宁波市注册成立。作为一家文化创意公司，首游网络自成立以来发展得平稳而顺利。“2015 年，浙江首游网络科技有限公司流水过亿；2016 年成绩更是傲人，该公司推出的 5 款手游在苹果 App Store 均连续一周登下载榜首位。短短 4 年，首游网络就从一个刚起步的小公司，成长为拥有 5 支多类型研发团队、一支运营团队及 100 余名员工的互联网企业，因其致力于不同题材、类型精品手游的多线同步开发，如今已在互联网手机游戏的研发、运营上取得了傲人成绩。”[②]

首游网络的平稳发展与其重视人才培养和激励有密不可分的关联。据创始人沈乐介绍，首游网络科研人员已占全体工作人员总数的 67%。近 3 年，其研究开发费用已超 2500 万元。首游网络十分重视对科研人员的激励，将“项目利润的 20%，分给研发团队作为激励。”通过项目利润分红等形式，首游网络科研人员的企业主人翁意识，才能逐步被激发出来。

---

① “羡慕吗？《王者荣耀》项目组人均分红 140 万”，贸易经济网：http://www.cnfl.com.cn/2017/0703/313658.html，最后访问时间为 2017 年 3 月 10 日。

② “起步四年成绩傲人　首游网络沈乐分享创业经验：想成功先定位”，凤凰网：http://nb.ifeng.com/a/20170414/5578325_0.shtml，最后访问时间为 2017 年 3 月 10 日。

（二）手游行业的项目收益分红激励模式评析

以腾讯和首游网络为代表的手游公司，普遍采用项目收益分红的激励模式，并非巧合。在移动互联网时代，移动互联网行业对于人才和新产品的需求量也是极大的，竞争性也是非常强，每天都有新的创业团队在加入这个无法逆转的时代浪潮，但每天可能也有更多的人面临淘汰。在这样的行业特征之下，采用分红权激励的现金激励模式，一方面，比直接进行实股奖励对于激励对象的肯定更加实在；另一方面，也能够帮企业避免因为人员流动迅速而导致的股权结构不稳定。

虽然都是现金激励，项目收益分红模式与岗位分红模式相比，业绩与项目收益直接划等号，非常直观，企业操作起来也更加简便。激励对象可以通过销售数据、行业数据等直观地了解项目的收益情况，这种模式也就产生了更加直观的激励效果。

七、非上市公司的股权激励组合拳

股权激励的组合拳，是企业制定股权激励计划时，企业的经营状况和内部结构随着企业的发展逐渐呈现出多层次、复杂化的特征，此时采用单一的股权激励工具不能达到最佳的激励效果，就需要针对不同发展阶段和不同的激励对象调整激励计划，采用多种激励工具相结合的形式，打出股权激励的“组合拳”，用量身定制的方法制定最科学的股权激励方案，达到最佳的激励效果。

股权激励的工具种类繁多，企业根据自身的情况，可以选用不同的激励工具进行组合，往往可以发挥意想不到的效果。实践中有企业逐渐总结出非常稳定的使用组合，被广为借鉴。例如，股票期权与限制性股票相结合激励方式就是被许多上市公司采纳，两种工具同时采用可以互相弥补各自的不足，同时保障激励性和约束性。

许多非上市公司采用“干股＋实股＋股份期权”这一组合工具，不仅操作简便，企业控制权结构也不受大影响，还能产生非常好的激励效果。

组合中的干股激励，一般指岗位干股分红计划，即着重考虑激励对象所在岗位的历史贡献和现实业绩表现，针对不同的岗位设计激励的额度，激励对象在岗即有权根据激励计划分取红利，离岗则丧失分红权。

组合中的实股激励，主要是针对公司高管层和技术骨干，采用增资扩股的形式，鼓励激励对象支付现金对价持股，成为注册股东。

组合中的股份期权，是将原股东当前资产净值中的一定比例以股份期权的形式转让给激励对象，但激励对象不能立即获得股份，而是需要支付一定数额的购股款作为“首付”，以获得激励资格，随后，激励对象获得该笔首付现金出资的实股和约定倍数的期股，但实股和期股都不能马上兑现，激励对象仅享有分红权，但没有投票权和处分权。激励对象利用所得分红逐年付清购股款项，若干年后付清全部购股款，股份期权方能转化为实股。

对于一个处于高速成长期的非上市公司而言，通过股权激励的方式留住人才、打造核心团队非常关键。“干股＋实股＋股份期权”的组合激励方式通过岗位干股和实股的设置肯定了激励对象对公司的现实贡献，再用股份期权的方式设计出公司发展的长远战略，构建了长期的核心团队，实现了短期激励与长期激励的有机结合。

第六章

上市公司股权激励

从 A 股市场整体公告数量上看，2018 年度 A 股市场披露股权激励计划的上市公司数量基本与 2017 年度持平。2018 年全国共有 409 个上市公司股权激励计划公告，同比 2017 年增长 0.99%，按月度计算，平均每月上市公司就会推出 34 个股权激励计划。2018 年 A 股股指走势低迷，市场整体持观望情绪虽影响了股权激励计划的总体增速，但 2018 年 A 股市场的股权激励规模依旧达到了历史新高。

2018 年 IPO 放缓、股市大跌也没有影响上市公司实施激励的热情，说明股权激励已然进入了“常态化”时代，成为上市公司改善公司治理提高治理能力的“必备利器”!

——《2018 年度 A 股上市公司股权激励统计与分析报告（一）》[①]

① “连载报告：2018 年度 A 股上市公司股权激励统计与分析报告（一）”，搜狐网：http://www.sohu.com/a/295833020_99963168，最后访问时间为 2019 年 4 月 22 日。

我国上市公司股权激励的实践进程与证券市场的建立与形成并非同时进行的。

早在20世纪80年代，中国国库券就开始发行，1986年9月，上海建立了第一个证券柜台交易点，办理由其代理发行的延中实业和飞乐音响两家公司的股票代购、代销业务，这被视为中国证券交易市场建立的开端。直到1990年12月上海证券交易所成立、1991年深圳交易所成立，才真正标志着中国证券市场的正式建立。建立初期的中国证券市场层次单一，规模较小，且最关键的是缺乏与之相对应的监管体系。与此相对应，虽然我国现代最早的股权激励实践也开始于20世纪80年代，却并非源于证券交易市场中上市公司激励员工的目的，而是配合我国计划经济体制向现代市场经济体制的转型，为了企业转化经营机制、进行股份制改造的目的而形成的，早期的代表是1984年北京天桥百货商场股份制改造发行的内部职工股。

到了20世纪90年代，自1992年中国证监会成立开始，证券市场逐步开始全国化、规范化。1998年，国务院证券委撤销，证监会成为中国证券期货市场的监管部门，并在全国设立了派出机构，中国证券市场开始逐步纳入全国统一监管框架，证券市场由局部地区试点转向全国性市场发展阶段。在证监会的推动下，一系列的规章制度开始建立，初步形成了证券市场的法规体系。相反，这一时期，伴随着企业股份制改革或国有企业改革而进行的早期股权激励实践——内部职工股、公司职工股和职工持股会都相继宣告失败。

21世纪初期，随着证券市场的逐步发展成熟，国家和地方政府开始重视股权激励，陆续发布了一系列法律法规鼓励股权激励的推行，一些上市公司开始意识到股权激励的优越性，把股权激励从企业股份制改革和国有企业改革中剥离开来，激励重心转移到对公司高级管理人员和核心技术人员的长期激励上来。这一时期，上市公司股权激励以个案为主，取决于地方政府对政策的“开放”程度，但由于我国资本市场还未完全建立起来，相关的法律法规还不健全，公司治理结构不完善，企业分配政策改革较为缓慢，股权激励机制的发展经历了一段曲折迂回的过程，与西方发达国家相比，股权激励的普及程度仍然很低。

由于历史原因，在股权分置改革前，我国股市上有三分之二的国有股、法人股等股权不能流通，造成了同股不同权、同股不同利等问题，严重影响着股市的发展，是困扰我国股市发展的头号难题。自2005年起，随着证监会及相关部委相继发布《关于上市公司股权分置改革试点有关问题的通知》[①]《关于上市公司股权分置改革的指导意见》和《上市公司股权分置改革管理办法》，我国证券市场的股权分置改革正式拉开帷幕。改革通过非流通股向流通股的转换，实现流通股股东与非流通股股东的利益平衡，消除非流通股和流通股的流通制度差异。

有评论认为，股权分置改革，是中国证券市场自成立以来影响最为深远的改革举措，其意义甚至不亚于创立中国证券市场。这场改革为我国资本市场的发展扫清了障碍，也成为我国股权激励发展的重要转折点。股权分置改革之后，把上市公司的股份逐步均改制为流通股，使公司大小股东的利益达到一致，公司股票价格的高低与其公司业绩相挂钩，提高了我国资本市场的有效性，这为我国上市公司实施股权激励提供了良好的市场环境，有利于保障股权激励的实施效果。

2005年10月27日，第十届全国人大常委会第十八次会议对《公司法》进行了修订，扩大了公司可回购股票情形的范围，允许股份有限公司回购本公司的股票奖励给员工且无需注销，解决了股份有限公司激励股份的来源问题。2006年1月1日,《上市公司股权激励管理办法（试行）》[②] 的实施，为上市公司实施股权激励计划提供了政策指导和操作规范，扫清了国内上市公司推行股权激励的部分基础性障碍。据统计，在2006年当年，就有40家上市

① 已失效。

② 已被《上市公司股权激励管理办法》废止。

公司先后推出了规范的股权激励计划[①]。

2008年，证监会颁布了《股权激励有关事项备忘录》(1号，2号，3号)[②]，提出了我国上市公司在实施股权激励过程中所存在问题的解决方法，并对上市公司实施股权激励的步骤流程进行规范。这标志着我国上市公司股权激励开始进入到一个快速发展的新阶段。

第一节　我国上市公司股权激励现状

自2006年《上市公司股权激励管理办法（试行）》[③]实施以来，随着我国社会经济不断发展，相关政策法规亦陆续出台，股权激励机制在我国逐渐完善，推出股权激励的上市公司数量逐年持续增长，股权激励这一长期激励分配方式越来越得到上市公司的青睐，已经成为上市公司完善公司治理、提高公司价值的重要手段。

一、我国上市公司股权激励的立法规范与市场环境

（一）我国上市公司股权激励的立法规范

2005年12月31日，在《公司法》《证券法》重新修订，上市公司股权分置改革全面推行，国内实施股权激励的法律环境和市场环境逐步完善的大背景之下，为了进一步促进上市公司建立、健全激励与约束机制，中国证监

① “2006年上市公司股权激励统计表”，南方财富网：http://www.southmoney.com/shuju/15275.html，最后访问时间为2017年3月6日。

② “2006年上市公司股权激励统计表”，南方财富网：http://www.southmoney.com/shuju/15275.html，最后访问时间为2017年3月6日。

③ 已被《上市公司股权激励管理办法》废止。

会推出了《上市公司股权激励管理办法（试行）》，作为第一部促进和规范上市公司股权激励机制的专门性的部门规章。

《上市公司股权激励管理办法（试行）》公布实施后，其试行期间，作为上市公司推行股权激励计划最重要的指引和依据，为上市公司实施股权激励计划提供了明确的政策指导和操作规范。与此同时，随着我国证券市场层次的多元化、上市公司治理结构的完善，以及社会分工的精细化带来经济市场的复杂化，上市公司股权激励实践中暴露出了越来越多的新问题，试行办法无法有效解决。这些问题包括：事前备案影响激励效率，不符合简政放权的要求；股权激励条件过于刚性，上市公司自主灵活性不强；市场剧烈变化时，行权价格倒挂致使激励对象无法行权；现行的股权激励规则包括规章、备忘录、监管问答等体系不统一等。

为了解决这些问题，落实“宽进严管”的监管转型理念，放松管制、加强监管，逐步形成公司自主决定的、市场有效约束的上市公司股权激励制度，证监会对上市公司股权激励相关规则进行重新审视，决定废止《上市公司股权激励管理办法（试行）》、备忘录、监管问答，于 2016 年 7 月 13 日正式颁布《上市公司股权激励管理办法》。

从《上市公司股权激励管理办法（试行）》到《上市公司股权激励管理办法》正式公布实施近 11 年的时间里，我国上市公司积累了丰富的股权激励实践经验，相关法律法规制度也得以建立并不断完善。我国上市公司股权激励的现行立法主要由三部分构成：一般性法律规定，行政法规、规章与规范性法律文件以及行业规定。

1. 一般性法律规定

《中华人民共和国公司法》和《中华人民共和国证券法》是我国上市公司实施股权激励制度的一般性法律规定，也是上市公司股权激励两大根本法。《公司法》为我国股权激励制度的产生和实施奠定基础，《证券法》涉及股份发行和交易、信息披露制度、内幕交易限制等内容，为上市公司股权激励设置了限制条件和规范性程序。

2005年，为保障实现实施股权激励制度的合法性，《公司法》《证券法》等法律都对相关条款进行了修改，修订后的《公司法》和《证券法》为上市公司股权激励清除了法律障碍，在有关公司股份回购、所持股份转让、信息披露要求等方面都有所突破。

（1）《公司法》修订放宽了股份有限公司股份回购的条件

《公司法》（2004年修正）第149条第1款明确规定："公司不得收购本公司的股票，但为减少公司资本而注销股份或者与持有本公司股票的其他公司合并时除外。"该规定直接导致股份有限公司无法在发行新股时为股权激励预留库存股份，也无法通过回购公司股份用于激励，极大地阻断了公司实施股权激励的股票来源，股票来源成为我国股份有限公司股权激励中最大的难点。

《公司法》（2005年修订）第143条修改为："公司不得收购本公司股份。但是，有下列情形之一的除外：……（三）将股份奖励给本公司职工；……公司依照第一款第（三）项规定收购的本公司股份，不得超过本公司已发行股份总额的百分之五；用于收购的资金应当从公司的税后利润中支出；所收购的股份应当在一年内转让给职工。……"该规定扩大了公司可回购股票情形的范围，允许股份有限公司回购本公司的股票奖励给员工且无需注销，为股份有限公司的股权激励初步扫清障碍，为上市公司股权激励的股票来源提供了立法保障。

《公司法》（2018年修正）第142条进行了进一步修正，并进一步提高了股份有限公司回购本公司股票用于股权激励的份额，放宽了时效限制："公司不得收购本公司股份。但是，有下列情形之一的除外：……（三）将股份用于员工持股计划或者股权激励：……属于第（三）项、第（五）项、第（六）项情形的，公司合计持有的本公司股份数不得超过本公司已发行股份总额的百分之十，并应当在三年内转让或者注销。……"

（2）《公司法》修订放宽了股份转让的限制

《公司法》（2004年修正）第147条明确规定："发起人持有的本公司股份，

自公司成立之日起三年内不得转让。公司董事、监事、经理应当向公司申报所持有的本公司的股份，并在任职期间内不得转让。”

《公司法》（2005年修订）第142条修改为：“发起人持有的本公司股份，自公司成立之日起一年内不得转让。公司公开发行股份前已发行的股份，自公司股票在证券交易所上市交易之日起一年内不得转让。公司董事、监事、高级管理人员应当向公司申报所持有的本公司的股份及其变动情况，在任职期间每年转让的股份不得超过其所持有本公司股份总数的百分之二十五；所持本公司股份自公司股票上市交易之日起一年内不得转让。上述人员离职后半年内，不得转让其所持有的本公司股份。公司章程可以对公司董事、监事、高级管理人员转让其所持有的本公司股份作出其他限制性规定。”

上述修订放宽了对高管转让股份的限制，缩短了高管所持股份的限制流通时间，客观上能够增强股权激励的实施效果。

（3）《证券法》修改规范了信息披露的要求

2005年10月27日，第十届全国人民代表大会常务委员会第十八次会议修订《证券法》。修订后的《证券法》分别在第11条、第69条、第71条、第115条、第193条等条款中对上市公司的信息披露义务进行了严格的规范，明确了信息披露的义务和违法责任。修订后的《证券法》对上市公司分派或者配售新股的情况进行监督，为上市公司实施股权激励制度制定了较为规范的程序依据，一定程度上为上市公司实施股权激励提供了制度保障。

2. 规章与规范性法律文件

自2005年《上市公司股权激励管理办法（试行）》颁布实施后，为了更加明确上市公司股权激励在微观层面可操作性的具体规范，证监会、财政部、科技部、国资委、国家税务总局、国家外汇管理局等相关部门也陆续颁布了一些规章与规范性法律文件。现行的规范上市公司股权激励的规章与规范性法律文件包括：

（1）《上市公司股权激励管理办法》

《上市公司股权激励管理办法（试行）》自公布实施以来，上市公司实施股权激励的积极性不断提高，该试行办法对鼓励和引导上市公司实施股权激励、调动员工积极性、提升公司业绩发挥了显著的作用，但同时也暴露出一些弊端。例如，股权激励条件过于刚性，上市公司自主灵活性不强；市场剧烈变化时，行权价格倒挂致使激励对象无法行权；现行的股权激励规则包括规章、备忘录、监管问答等体系不统一等。

为贯彻中央关于深化改革的战略部署，落实十八届三中全会决定“优化上市公司投资者回报机制”的精神，促进形成资本所有者与劳动者的利益共同体，提高管理层的积极性，增强企业核心竞争力，优化投资者回报能力，证监会于 2016 年 7 月 13 日正式公布《上市公司股权激励管理办法》，并自 2016 年 8 月 13 日起施行。《上市公司股权激励管理办法》制定的总体原则是以信息披露为中心，根据宽进严管的监管理念，放松管制、加强监管，逐步形成公司自主决定的、市场约束有效的上市公司股权激励制度。

（2）有关上市公司实施股权激励税款缴纳的相关规定

国家税务总局为上市公司实施股权激励时的税收缴纳先后颁布了系列的规范性法律文件，包括《关于个人股票期权所得征收个人所得税问题的通知》《关于股票增值权所得和限制性股票所得征收个人所得税有关问题的通知》《关于股权激励有关个人所得税问题的通知》《关于我国居民企业实行股权激励计划有关企业所得税处理问题的公告》《关于完善股权激励和技术入股有关所得税政策的通知》和《关于股权激励和技术入股所得税征管问题的公告》。

①财政部、国家税务总局《关于个人股票期权所得征收个人所得税问题的通知》[①]

到了 2005 年，股权激励经过员工持股试验时期的失败之后，股权激励逐渐抛开国有企业改革和所有制改革的外衣，回归了其“激励”的本来面目，重新受到了关注和青睐。为适应包括内资企业、外商投资企业和外国企业在

① 部分条款已被财政部、国家税务总局《关于个人所得税法修改后有关优惠政策衔接问题的通知》（财税〔2018〕164 号）废止。

中国境内设立的机构场所薪酬制度改革，加强个人所得税征管，财政部和国家税务总局于2005年3月28日公布了《关于个人股票期权所得征收个人所得税问题的通知》，对企业员工（包括在中国境内有住所和无住所的个人）参与企业股票期权计划而取得的所得征收个人所得税中，有关股票期权所得性质、工资薪金所得境内外来源划分、应纳税款的计算以及征收管理等问题进行了规范。

②财政部、国家税务总局《关于股票增值权所得和限制性股票所得征收个人所得税有关问题的通知》

2009年1月7日，财政部和国家税务总局联合公布了《关于股票增值权所得和限制性股票所得征收个人所得税有关问题的通知》，对个人从上市公司（含境内、外上市公司）取得的股票增值权所得和限制性股票所得，计算征收个人所得税的问题进行了规范。

③国家税务总局《关于股权激励有关个人所得税问题的通知》

《关于股权激励有关个人所得税问题的通知》由国家税务总局于2009年8月24日，根据《中华人民共和国个人所得税法》《中华人民共和国个人所得税法实施条例》《关于个人股票期权所得征收个人所得税问题的通知》和《关于股票增值权所得和限制性股票所得征收个人所得税有关问题的通知》等文件制定和公布，主要内容涉及上市公司（含境内、境外上市公司）薪酬制度改革和实施股权激励计划涉及的所得项目和计税方法、股票增值权应纳税所得额、限制性股票应纳税所得额、股权激励所得应纳税额的计算、纳税义务发生时间、报送资料等。

④国家税务总局《关于我国居民企业实行股权激励计划有关企业所得税处理问题的公告》

2012年5月23日，为规范上市公司实施股权激励的企业所得税缴纳，国家税务总局根据《上市公司股权激励管理办法（试行）》[①] 的规定，对与上市公

① 已失效。

司实施股权激励计划相关的企业所得税处理问题，专门公布《关于我国居民企业实行股权激励计划有关企业所得税处理问题的公告》，公告确认了实施股权激励的上市公司企业所得税缴纳方式，确定以激励股权实际行权的时间为准，根据激励股票实际行权时的公允价格与激励对象支付价格的差额及数量，计算确定作为当年上市公司工资薪金支出，依照税法规定进行税前扣除。

⑤财政部、国家税务总局《关于完善股权激励和技术入股有关所得税政策的通知》

为响应和支持国家大众创业、万众创新战略的实施，促进我国经济结构转型升级，经国务院批准，财政部和国家税务总局于 2016 年 9 月 20 日联合制定发布《关于完善股权激励和技术入股有关所得税政策的通知》，对上市公司股票期权、限制性股票和股权奖励适当延长纳税期限。

⑥国家税务总局《关于股权激励和技术入股所得税征管问题的公告》

2016 年 9 月 28 日，为了贯彻落实《关于完善股权激励和技术入股有关所得税政策的通知》，国家税务总局专门制定公布了《关于股权激励和技术入股所得税征管问题的公告》，就股权激励和技术入股有关个人所得税和企业所得税的征管问题进行了规范。

（3）与股权激励相关的外汇管理规定

为规范和完善境内个人参与境外上市的公司股权激励计划外汇管理，国家外汇管理局于 2012 年 2 月 15 日制定公布了《关于境内个人参与境外上市公司股权激励计划外汇管理有关问题的通知》，对统一办理外汇登记、账户开立及资金划转与汇兑等有关事项及操作程序予以规范。

（4）关于国有控股上市公司股权激励的特殊规定

鉴于中国特色社会主义市场经济体系的国情，我国存在一类数量庞大的特殊上市公司——国有控股上市公司，即中国政府或国有企业（单位）拥有 50% 以上股份，或拥有实际控制权，或依其持有股份已经足以对股东大会决议产生决定性影响的境内外上市公司。相较于其他上市公司而言，其除了具有上市公司本身的公众性特征，接受上市公司相关规定约束之外，由于其涉及国有资产安全，涉及国家和公共利益，因此，在实施股权激励方面，也比普通上市公司的规定更为严格。

我国现有关于国有控股上市公司股权激励的特殊规定包括：国务院国有资产监督管理委员会、财政部于2006年1月27日公布的《国有控股上市公司（境外）实施股权激励试行办法》；国务院国有资产监督管理委员会、财政部于2006年9月30日公布的《国有控股上市公司（境内）实施股权激励试行办法》；国务院国有资产监督管理委员会于2007年10月10日公布的《关于严格规范国有控股上市公司（境外）实施股权激励有关事项的通知》；国务院国有资产监督管理委员会、财政部于2008年10月21日公布的《关于规范国有控股上市公司实施股权激励制度有关问题的通知》。

3. 行业规定

证券市场本质上是一个信息市场，信息的处理引导着整个市场的运作，从而指引着社会资金流向各实体部门，最终实现证券市场的资源配置功能。因此，证券市场的有效性，很大程度上也取决于信息以及信息流动的有效性。从监管角度来看，政府要保护投资者的合法权益，避免证券市场中欺诈行为和内幕交易等市场腐败现象，实现对证券市场的有效监管，必然会对上市公司信息披露的内容、程序进行严格规范。

上市公司股权激励不仅关乎上市公司内部的人事管理和员工激励，更是会对公司股权结构、治理水平、发展战略产生重要影响。正因如此，股权激励方案也必然是上市公司信息披露的重要板块。

有关上市公司股权激励信息披露的行业规定包括：

深圳证券交易所于2016年8月3日公布的《主板信息披露业务备忘录第3号——股权激励及员工持股计划》；2014年11月21日公布的《中小企业板信息披露业务备忘录第7号：员工持股计划》；2016年8月13日公布的《中小企业板信息披露业务备忘录第4号：股权激励》；2015年9月14日公布的《创业板信息披露业务备忘录第20号——员工持股计划》；2016年8月13日公布的《创业板信息披露业务备忘录第8号——股权激励计划》。

上海证券交易所于2016年8月12日公布的《关于股权激励计划股票期权自主行权相关事项的通知》；2016年8月12日公布的《关于修订上市公司股权激励计划股票期权符合行权条件公告格式指引的通知》。

（二）我国上市公司股权激励的市场环境

上市公司相对于非上市公司而言，其涉及的利益情况更加复杂，参与市场的程度更深，因此，上市公司股权激励要发挥良好的激励作用，必须要依赖良好的法治环境和市场环境。我国证券市场自20世纪80年代发展至今，相关规范制度已经越来越完善，证券市场整体上趋于稳定，这也是上市公司股权激励迅速得以发展普及的前提条件，但相较于西方国家的证券市场成熟度，我国上市公司股权激励面临的市场环境，仍然有许多细节值得完善和改进。

1. 资本市场有效性仍待提高

只有在强有效的资本市场平台下，上市公司股票价格才能够如实反映公司的经营和业绩状况，实施股权激励计划时，有效的资本市场可以使激励对象的个人收益与公司经营业绩紧密相联。激励对象通过努力工作，提升公司经营业绩，公司股票价格随经营业绩的提高而上升，激励对象才能因此获得个人收益。可以说，股权激励机制起源于、成熟于西方国家，一个重要保障就是其成熟的资本市场。

对于中国资本市场有效性的判断，实践中存在着多种不同的观点：有观点认为，我国资本市场已完成弱式有效状态，进入强式状态；有观点认为，我国资本市场正处于由弱式有效状态进入强式有效状态的过渡阶段；还有观点认为，我国资本市场仍然还处于弱势有效状态。后两种观点的支持率要远远高于第一种观点。虽然对于我国资本市场有效性的判断众说纷纭，但对于制约我国资本市场有效性的因素，却在很大程度上达成了共识——中国资本市场制度环境的内在缺陷和结构的不合理性从根本上制约了资本市场配置效率，具体表现为：信息披露程度不高、市场退出机制缺乏规范性、资本市场监管机制存在缺陷、股票分散性与股票流通性不强等。

2. 上市公司股权激励的相关政策法规仍不健全

随着上市公司股权激励实践的不断增加，相关行政法规、规章、规范性文件、行业规定也陆续出台并逐渐完善，这对上市公司股权激励起到了良好的引导和规范作用，但现行规定仍然有待健全和完善。例如，我国上市公司股权激励的税负水平相较于许多西方国家而言，整体仍然较高，无论是实施股权激励的公司或是接受激励的上市公司员工本身，都需要付出较高的成本，可获收益却相对减少，直接降低了股权激励的效用。又如，在上市公司股权激励的监管方面，目前比较缺乏相关违规、违法行为的处罚规则，当上市公司利用激励计划虚增公司利润、操纵股价、违规转让股票或者利用关联交易以获得不正当收益时，缺乏细致明确的处罚规则或处罚意见可援用。

3. 我国上市公司内部治理水平普遍不够成熟

我国资本市场整体起步较晚，上市公司的发展和治理整体没有经历过西方传统公司制的发展阶段，在内部治理结构方面有许多问题，包括：目前我国许多的上市公司都是经过国企改制而来的，政府主导企业的现象仍然比较普遍，这些企业凭借客观上的垄断地位能够获得非常丰厚的利益，实施股权激励对于企业的业绩表现和发展影响不大；企业的政治性色彩也表现为在人事管理制度的设计方面，“领导负责制”、管理层级化等特征仍然比较明显，导致部分国企结构冗杂、效率低下，缺乏经营动力；许多上市公司“内部人控制”的现象较为普遍，即公司的管理者同时又是董事会的主要领导者，这为管理者可能通过股权激励计划变相为自身谋取福利创造了条件。

上述上市公司治理存在的问题，不仅造成上市公司股权激励动力不足、收效甚微的效果，还容易导致上市公司高管层通过股权激励变相地为自己发放福利，股权激励沦为管理者为自己谋取不合理报酬的工具，最终损害公司股东权益，阻碍公司的长期可持续发展。

4. 缺乏健全的职业经理人市场

现代资本市场中，职业经理人是上市公司股权激励的重点实施对象。公司股东通过职业经理人市场的选拔、聘任职业经理人负责公司全面的经营管理，通过工资、奖金和股权激励等方式组成完善的薪酬体系和激励系统，激励职业经理人的同时，实现利益捆绑和共同利益的最大化。同时，在职业经理人市场激烈和良性的竞争之下，被聘用的职业经理人只有通过努力工作、提高公司业绩，才能避免被其他更优秀的职业经理人替代。

我国职业经理人制度和市场目前还不健全，一方面，职业经理人数量稀少，甚至连最基本的流通数量都不能保证；另一方面，在许多国有控股的上市公司中，高管层大多不是以公开竞争的方式聘用上岗的，而是由政府行政部门任命，享受特定级别的行政待遇，被行政任命的高管人员，即使业绩不佳，也不用担心被解雇，股权激励很难发挥其本身的约束作用。因此，在不健全的职业经理人市场环境之下，我国上市公司股权激励难以发挥出最好的激励效果。

二、我国上市公司股权激励现状

自证监会 2005 年 12 月 31 日公布《上市公司股权激励管理办法（试行）》以来，随着我国社会经济不断发展，相关政策法规陆续出台，股权激励机制在我国逐渐完善，A 股上市公司股权激励逐步从一个新生事物发展成为当前被广大投资者所熟知的约束与激励并重的“金手铐”，已经成为我国上市公司完善公司治理、提高公司价值的重要手段。

2019 年 2 月 20 日，上海荣正投资咨询有限公司发布《2018 年度 A 股上市公司股权激励统计与分析报告》[①]，结合 2018 年宏观经济政策和市场数据，从专业角度统计与分析 2010—2018 年度上市公司股权激励业务的发展情况，较为全面地总结了我国上市公司股权激励的现状和特征。

---

① “连载报告：2018 年度 A 股上市公司股权激励统计与分析报告（一）”，搜狐网：http://www.sohu.com/a/295833020_99963168，最后访问时间为 2019 年 4 月 22 日。

(一) 2010 年—2018 年 A 股上市公司股权激励整体情况

据统计，自 2010 年年初至 2018 年年底，我国共有 1886 家上市公司公告了股权激励计划方案，公告股权激励的实施呈逐年递增的态势。具体每年公告股权激励的上市公司情况如下：

年份	公告股权激励计划的上市公司数量
2010	66
2011	115
2012	118
2013	146
2014	161
2015	215
2016	251
2017	405
2018	409
总数	1886

从上述数据可以看出，自 2011 年起，上市公司实施股权激励的数量明显迅速增加，且持续多年均保持了良好的增长态势。这是多种因素综合作用的结果：从上市公司本身来看，大部分上市公司在 2011 年经历了经济危机之后，实体业绩逐步转好，为了进一步激励员工努力经营、提升业绩，上市公司纷纷推出股权激励计划。从政府监管的角度看，一方面，证监会等监管部门在 2011 年至今，逐步放宽审批尺度、加快审批节奏，直至 2015 年 4 月“取消调整的备案类事项”中将股权激励全面放开，无需再报会审批，客观上起到了鼓励上市公司更加积极地推出股权激励计划的作用；另一方面，证监会为应对“股灾”，出台“五选一”等各种维护股价的措施，其中就包括鼓励上市公

司积极通过实施股权激励进行“灾后重建”。直至2018年，在IPO放缓、股市大跌的低迷境况之下，也没有影响上市公司实施激励的热情，说明股权激励已然进入了“常态化”时代。

（二）2010年—2018年A股上市公司股权激励的模式选择

上市公司的股权激励模式主要有：限制性股票、股票期权、股票增值权、业绩股票等，从2010年到2018年已披露的上市公司股权激励公告中，限制性股票和股票期权占据绝对的主导地位。据初步统计，采用限制性股票的股权激励计划占60%左右，且数量逐年攀升，成为股权激励计划方案设计的首选模式；采用股票期权的股权激励计划大约占38%，且数量有逐年下降的趋势。而对于另外两种股权激励模式，股票增值权的使用率较低，其本质是现金、虚拟股形式的奖励，许多上市公司实践中主要用于激励外籍员工；而业绩股票的应用方式主要是从上市公司超额业绩中提取激励基金，在二级市场购买公司股票奖励给核心员工。

限制性股票和股票期权占据绝对优势，且限制性股票越来越受到青睐的局面，也是有因可循的。限制性股票和股票期权现金成本支出较低，实施起来对股东和公司造成的现金流压力小；考核期相对较长，能够有效遏制管理者的短期行为，达到稳定人才的目的。而限制性股票和股票期权相比，早期实施的股票期权激励计划存在定价过高、“股价倒挂”的尴尬情形，导致激励对象无法行权，同时，由于股票期权低风险低收益的特征，为激励对象描绘的可想象收益空间太小；与此对应，限制性股票未来收益空间更大，限制性条件可以根据企业实际情况设置，从大股东或实际控制人的角度看，限制性股票对激励对象的绑定作用更强，因此，限制性股票近年来越来越受到激励与被激励双方的青睐。

值得注意的是，近年来，选择限制性股票和股票激励计划等组合型计划的上市公司数量呈现明显的几何增长态势，这体现了上市公司在股权激励方案设计方面越来越积极地探索专业、灵活的组合方式。

（三）2010年—2018年A股上市公司股权激励的分布情况

从上市公司所属证券市场板块情况来看，实施股权激励计划相对比较活跃的板块为中小板、创业板。这是因为中小板和创业板的民营和高科技企业居多，一方面企业增长潜力较大，在业绩考核指标的设置上更占优势，另一方面企业对人才的依赖度较高，通过股权激励吸引和留住人才的需求更加强烈。

从上市公司所有制角度来看，在实施股权激励计划的上市公司中，国有企业的数量明显少于民营企业的数量。这不仅是由于民营企业上市公司数量的庞大，更重要的原因在于国有上市公司股权激励受证监会与国资委双重监管的特殊性，在审批流程和审批程序上都相对普通上市公司更为严格，对于股权激励业绩指标的设定和考核也更为严苛，客观上为国有上市公司实施股权激励带来了困难和阻力。随着混合所有制改革的加速落地，股权激励作为国有企业混合所有制改革的重要工具，其推进速度正在加快，但整体速度仍缓于民营上市公司。

从上市公司所属行政区域来看，沿海开放城市、华东及华南地区实施股权激励计划的数量要远大于西南和东北部地区，实施股权激励计划的上市公司主要集中在北京和长三角、珠三角的经济发达省市，原因在于这三个区域的上市公司相对集中，且经济也相对活跃，竞争较大，对股权激励计划的接受程度和需求程度较高；从监管方面看，上述区域均处于国家政策优先试点的地区，这也有利于股权激励计划的实施和推进。

从实施股权激励上市公司所处的行业来看，推出股权激励的上市公司中，数量排名前三的行业分别是计算机、通信和其他电子设备制造业，电气机械及器材制造业以及软件和信息技术服务业。三个行业的共通点在于，都属于资本、技术密集型的高新技术行业，处于这些行业的企业高新技术含量高、经济成长空间大，人力资本对企业的成长发展可以起到至关重要的作用，管理层人员、科研人员和营销人员均是重点的激励对象。

第二节　上市公司股权激励的特殊性

股权激励的效应，即股权激励的实施效果，是指股权激励对公司绩效或价值带来的直接和间接影响。企业希望通过实施股权激励，达到吸引留住人才、实现利益捆绑、提高业绩、促进企业成长发展等目的，但在股权激励计划的制定和实施过程中，总有来自各方面的因素可能会影响既定股权激励计划的实施。

因此，股权激励效应是企业实施股权激励关注的焦点，也一直是国内外理论和实务研究的重点。在系统的股权激励效应研究中，学者一般会区别企业本身的内部因素与外部的环境因素而进行分别论述。内部因素包括企业规模、管理制度、薪酬体系、治理结构、资本结构等，外部环境因素包括政策法规、政府监管、市场成熟度等。

对于上市公司而言，其外部因素如国家政策法规、资本市场的有效性、证券市场监管的强度、职业经理人市场的成熟程度等，都并非可以依靠一家之力在短时间内作出有效的改善，而只能在制定和实施股权激励计划的过程中，进行宏观的梳理和微观的研究，但相反，就内在因素而言，上市公司在制定和实施股权激励计划的过程中就可以也必须清楚地了解分析影响因素，并对内在因素或股权激励计划进行适时的变化和调整，最大程度地保障股权激励的效应。

一、股权激励与上市公司的基本特征

上市公司的基本特征包括两方面的内容，一方面是所有上市公司都有的共性化的特征，另一方面是每一个不同的上市公司各自的基本特征。

（一）上市公司共性基本特征对股权激励的影响

上市公司作为一种特殊的股份有限公司，按照《公司法》的规定，其在证券交易所上市交易公开发行的股票必须经过国务院或者国务院授权的证券管理部门批准，未经批准，不得上市。

与普通的股份有限公司和其他非上市公司、企业法人相比，《公司法》《证券法》等相关法律对上市公司的组织机构、资产管理与出售、上市交易规则、信息披露规则等方面的规范更加严格，这直接导致了与非上市公司相比，上市公司股权激励，在股权激励计划的实施条件、激励对象、行权交易、信息披露等方面都受到严格的规范或限制。

1.上市公司实施股权激励的基本条件

为了保障证券市场的稳定，维护公共投资者的利益，《证券法》对于上市公司设置了较为严格的准入条件，即规定“公司公开发行新股，应当符合下列条件：（一）具备健全且运行良好的组织机构；（二）具有持续盈利能力，财务状况良好；（三）最近三年财务会计文件无虚假记载，无其他重大违法行为；（四）经国务院批准的国务院证券监督管理机构规定的其他条件。”

可见，普通有限公司上市，应当首先保障组织结构良好和财务状况的良好，尤其是拥有良好的财务状况，才能保证上市后公众投资者在一定的时间段内，不会遭受突然动荡带来的损失。因此，《上市公司股权激励管理办法》也从上市公司财务状况的角度，为其实施股权激励设置了负面清单。

“上市公司具有下列情形之一的，不得实行股权激励：（一）最近一个会计年度财务会计报告被注册会计师出具否定意见或者无法表示意见的审计报告；（二）最近一个会计年度财务报告内部控制被注册会计师出具否定意见或无法表示意见的审计报告；（三）上市后最近36个月内出现过未按法律法规、公司章程、公开承诺进行利润分配的情形；（四）法律法规规定不得实行股权激励的；（五）中国证监会认定的其他情形。”

2. 上市公司股权激励的对象选择

为了平衡上市公司管理层和股东的利益纷争，确保上市公司财务安全、信息披露真实，我国现行上市公司依据相关法律规则需要建立特别的组织结构并制定相关制度——独立董事与监事会制度，其目的是希望通过相对独立的非利益相关机构，在上市公司财务、信息披露等方面发挥监督作用。因此，为了确保作为监督机构的独立董事和监事的独立性，避免成为上市公司的直接利益相关者，现行立法对独立董事和监事会的选任、任职规则等都作出了严格的规定。

例如，证监会《关于在上市公司建立独立董事制度的指导意见》明确规定："下列人员不得担任独立董事：（一）在上市公司或者其附属企业任职的人员及其直系亲属、主要社会关系（直系亲属是指配偶、父母、子女等；主要社会关系是指兄弟姐妹、岳父母、儿媳女婿、兄弟姐妹的配偶、配偶的兄弟姐妹等）；（二）直接或间接持有上市公司已发行股份 1% 以上或者是上市公司前十名股东中的自然人股东及其直系亲属；（三）在直接或间接持有上市公司已发行股份 5% 以上的股东单位或者在上市公司前五名股东单位任职的人员及其直系亲属；（四）最近一年内曾经具有前三项所列举情形的人员；（五）为上市公司或者其附属企业提供财务、法律、咨询等服务的人员；（六）公司章程规定的其他人员；（七）中国证监会认定的其他人员。"

独立董事和监事对于独立性的严格规范也导致他们被排除在上市公司股权激励的范围之外。《上市公司股权激励管理办法》第 8 条规定："激励对象可以包括上市公司的董事、高级管理人员、核心技术人员或者核心业务人员，以及公司认为应当激励的对公司经营业绩和未来发展有直接影响的其他员工，但不应当包括独立董事和监事。外籍员工任职上市公司董事、高级管理人员、核心技术人员或者核心业务人员的，可以成为激励对象。"

此外，为了防范欺诈、内幕交易和操纵证券市场的行为，《上市公司股权激励管理办法》也规定了激励对象负面清单："单独或合计持有上市公司 5% 以上股份的股东或实际控制人及其配偶、父母、子女，不得成为激励对象。

下列人员也不得成为激励对象:(一)最近12个月内被证券交易所认定为不适当人选;(二)最近12个月内被中国证监会及其派出机构认定为不适当人选;(三)最近12个月内因重大违法违规行为被中国证监会及其派出机构行政处罚或者采取市场禁入措施;(四)具有《公司法》规定的不得担任公司董事、高级管理人员情形的;(五)法律法规规定不得参与上市公司股权激励的;(六)中国证监会认定的其他情形。"

"知悉内幕信息而买卖本公司股票的,不得成为激励对象,法律、行政法规及相关司法解释规定不属于内幕交易的情形除外。

泄露内幕信息而导致内幕交易发生的,不得成为激励对象。"

3. 上市股权激励对象行权交易的限制

我国《公司法》立法在保护上市公司股票自由转让的同时,为了防止股票自由转让可能出现的弊端,保护公司、股东和其他利害关系人的合法权益,维护交易安全,也对股票的转让作出了一些限制性的规定。

《公司法》第141条规定:"发起人持有的本公司股份,自公司成立之日起一年内不得转让。公司公开发行股份前已发行的股份,自公司股票在证券交易所上市交易之日起一年内不得转让。公司董事、监事、高级管理人员应当向公司申报所持有的本公司的股份及其变动情况,在任职期间每年转让的股份不得超过其所持有本公司股份总数的百分之二十五;所持本公司股份自公司股票上市交易之日起一年内不得转让。上述人员离职后半年内,不得转让其所持有的本公司股份。公司章程可以对公司董事、监事、高级管理人员转让其所持有的本公司股份作出其他限制性规定。"

《证券法》第47条规定:"上市公司董事、监事、高级管理人员、持有上市公司股份百分之五以上的股东,将其持有的该公司的股票在买入后六个月内卖出,或者在卖出后六个月内又买入,由此所得收益归该公司所有,公司董事会应当收回其所得收益。但是,证券公司因包销购入售后剩余股票而持有百分之五以上股份的,卖出该股票不受六个月时间限制。公司董事会不按照前款规定执行的,股东有权要求董事会在三十日内执行。公司董事会未在上述期限内执行的，股东有权为了公司的利益以自己的名义直接向人民法院提起诉讼。公司董事会不按照第一款的规定执行的，负有责任的董事依法承担连带责任。”

证监会《上市公司董事、监事和高级管理人员所持本公司股份及其变动管理规则》第4条规定：“上市公司董事、监事和高级管理人员所持本公司股份在下列情形下不得转让：（一）本公司股票上市交易之日起1年内；（二）董事、监事和高级管理人员离职后半年内；（三）董事、监事和高级管理人员承诺一定期限内不转让并在该期限内的；（四）法律、法规、中国证监会和证券交易所规定的其他情形。”

上市公司股票转让的特殊限制性规定决定了其股权激励对象在行权和交易时也必然会受到一些特殊的限制。《上市公司股权激励管理办法》第16条规定：“相关法律、行政法规、部门规章对上市公司董事、高级管理人员买卖本公司股票的期间有限制的，上市公司不得在相关限制期间内向激励对象授出限制性股票，激励对象也不得行使权益。”第19条规定：“激励对象在获授限制性股票或者对获授的股票期权行使权益前后买卖股票的行为，应当遵守《证券法》、《公司法》等相关规定。”

4. 上市公司股权激励的信息披露

基于上市公司为保护公众投资者利益而设置的严格信息披露规则，为减少上市公司股权激励实施过程中的信息不对称，强化市场约束机制，《上市公司股权激励管理办法》对上市公司股权激励的信息披露作出了专章规定，细化了对信息披露的时间、内容及程序等方面要求。例如，激励方案的首次公告，应披露方案的基本要素设置，旨在让投资者了解股权激励的目的、对象、业绩条件、合规性等；在定期报告中要求披露股权激励的执行情况、高管薪酬与公司业绩的对比等，便于投资者了解股权激励实施效果；在执行过程中的临时披露，则突出披露的及时性，如加强对股权激励方案实施失败及取消等异常行为原因的信息披露。

除《上市公司股权激励管理办法》之外，深圳证券交易所也先后发布了相关配套指引，规范上市公司股权激励信息披露的细节和程序。

（二）上市公司个性基本特征对股权激励的影响

上市公司个性基本特征，是指每一个不同的上市公司各自具有的区别于其他上市公司的基本特征，具体包括公司规模、所处行业、面临风险、公司成长性、公司绩效等因素，这些个性因素对股权激励及其效应具有一定程度的影响。

例如，公司规模与股权激励特别是作为经营者的高管层之间的关系一直是理论界关注的焦点。一般情况下，上市公司的规模越大，要求经营者具备的才能越高、责任越重，其薪酬水平也越高，但与此相反，如果经营者持股与企业规模保持固定比例，企业规模的增大会使经营者持有股权的无法分散化的风险和流动性成本逐渐加大，个人财富的限制也使经营者股权和企业规模难以同比例增长，因而大部分情况下，经营者股权比例与企业规模呈负向关系。

研究发现，上市公司资产规模、行业特征、区域范围对上市公司股权激励效应具有重要影响，而公司成长性也是影响股权激励实施效果的重要因素，成长性越高的公司，其经营业绩的提高与股权激励的程度呈现较为明显的正相关关系。

二、股权激励与上市公司的股权结构

上市公司的股权结构，是指上市公司各投资主体所持公司股票的数量及股权投资对象的分布结构，包括股权属性、股权集中度、股权制衡程度等，也是影响股权激励实施效果的重要因素。

（一）股权属性对股权激励的影响

上市公司股权属性是影响股权激励效应的重要因素，主要包括自然人、企业法人和国家三类。在三类不同股权属性的股东中，自然人股东的监督能力相对是最弱的，因此，其依靠股权激励机制实现激励和利益捆绑的需求和倾向性最大，在自然人股东控股或自然人股东占绝大多数的上市公司中，股权激励的力度也相对较大。

若控股股东为企业法人，则其监督意愿与监督能力相较于自然人股东而言更强，这类上市公司对股权激励的需求性和依赖性相对较弱，激励力度也稍弱。

在我国，上市公司的国有性质及相关问题尤其突出，国有控股上市公司的特殊属性对股权激励效应的影响也是关注和研究的重点，但国有控股上市公司股权的特殊属性对股权激励效应产生何种影响，现有实践和研究并未形成一致的结论。

例如，来自上海财经大学会计学院和江西财经大学会计学院的周建波、孙菊生以 2002 年 4 月 30 日前公布的 2001 年总共 34 家上市公司股权激励实施情况为样本进行实证分析，得出结论发现“国有资产管理委员会为最终控股股东时，由于‘所有者缺位’，而进一步引发‘内部人控制’问题，从而股权激励机制成为经营者为自己谋利的工具”，所以，“股权激励没有起到激励经营者努力工作、提高公司价值和公司绩效的作用。”①

与此相反，华中农业大学经济管理学院黄洁、蔡根女在《上市公司股权激励管理办法（试行）》② 和《国有控股上市公司（境内）实施股权激励试行办法》出台后，通过上市公司股权激励实证研究证明：“在其他条件相同的情况下，国有企业比民营企业的激励效果高出 6.622 个百分点。”并认为，国有企业比民营企业实施股权激励的效果更突出，原因在于“第一，上市国企经理层原有待遇普遍低下，工作积极性不高，实施股权激励之后，工作热情得到极大释放。第二，上市国企经理层原先基本不持有或者仅持有很少股权，即使加上因股权激励所获得部分总股份也并不高，还处于激励敏感阶段。第三，国企的规模一般较大，各种资源相对丰富，如果此时能充分调动管理层积极

---

① 周建波、孙菊生：“经营者股权激励的治理效应研究——来自中国上市公司的经验证据”，载《经济研究》2003 年 05 期。

② 已失效。

性，使看得见的手——管理和规模报酬递增同时发挥作用，将较大幅度提升经营业绩。第四，民营企业的主要管理层往往同时也是公司股权的直接持有者或间接持有者，所有权和经营权的分离程度要小得多，此时其实施股权激励的收效不如国有企业显著。”①

（二）股权集中度对股权激励的影响

所谓股权集中度，主要是指在上市公司股权结构中，股权集中或是分散的程度，具体表现为：相对于其他发起人、公司员工股东或外部机构和公众股东而言，控股股东及其一致行动人掌握股票的数量或比例是否集中，以此实现的对上市公司的控制程度的强弱水平。

股权集中度对上市公司股权激励的影响，存在两种截然相反的观点。

一种观点认为，集中的股权结构使得控股股东有较强的积极性去监督激励对象，能够有力地解决激励对象搭便车的问题，有利于缓解管理者与外部股东之间的代理冲突，提升公司价值，产生激励效应。

而另一种观点认为，由于控股股东与其他外部投资者的目标函数不完全一致，在缺乏法律及制度的保护以及有效的监督之下，往往就为控股股东谋求尽可能大的私人利益创造了条件。此时，往往会发生在控制权（投票权）与现金流权（分红权）严重分离的情况时，“控股股东”的含义就与传统概念发生了转变，他可能通过实股持股只拥有很少部分的分红权，却因为一致行动人、委托行使投票权等设计安排，拥有实际超过 51% 的投票权。这种现象的产生使得这类控股股东就有很强烈的积极性，也有充分的实力通过非公平关联交易、资产置换、金融运作、转移风险等多种手段侵占公司及其他股东的利益，将原本属于公司和其他股东的利益，转移到自己名下。此时即使实施股权激励，也因为利益侵占而导致业绩表现“不佳”，不可能产生良好的激

① 黄洁、蔡根女：“股权激励效果和影响因素经验分析——基于两《办法》出台后实施股权激励的上市公司数据”，载《华东经济管理》2009 年 03 期。

励效果。

虽然两种观点发生的可能性都存在，但大量的实证数据表明，后者发生的概率要远远高于前者。也就是说，在缺乏监督的高度集中的股权结构之下，很难发生良好的股权激励效果。

（三）股权制衡程度对股权激励的影响

股权制衡程度实际上是与股权集中度相伴相生的概念。股权集中度是从控股股东的角度，研究其对公司的实际控制程度，而股权制衡程度是从非控股股东及其一致行动人的角度，研究非控股股东及其一致行动人对控股股东及其一致行动人能够产生的制衡甚至约束程度。

实践证实，在股权过于集中的公司引入股权激励反而容易引起负面的效应，股权越集中，股权激励的效应越不容乐观。与此相反，如果上市公司股权分散，外部大股东持股比例上升，或者中小股东能够对大股东产生强有力的制衡，就能保障上市公司的信息透明度，也保证了股权激励的效应。

值得注意的是，虽然股权制衡程度越高，越有利于保障股权激励的效应，但这并不意味着激励对象能获得大力度的激励。数据表明，外部大股东持股比例较高的企业中，经理人的报酬增长水平明显要低于股权结构集中的上市公司。因此，可以认为，外部大股东对公司的监督作用与股权激励等长期激励与约束制度，存在一定程度上的相互替代关系。

三、股权激励与上市公司的资本结构

上市公司的资本结构反映企业债务与股权的比例关系，很大程度上决定着企业的偿债和债权融资水平，决定着企业未来的盈利能力，是企业财务状况的一项重要指标。广义的资本结构囊括了公司的全部资本构成及其比例关系，包括债务资本和股权资本、短期资本和长期资本；狭义的资本结构专指企业各种长期资本的构成及其比例关系，尤其是指长期债务资本与（长期）

股权资本之间的构成及其比例关系，多用“负债权益比”“资产负债率”表示。在没有特别注明的情况下，资本结构一般使用狭义。

对于上市公司股权激励与资本结构的关系，理论和实务界都存在不同的观点。

认为债权融资与股权激励成负相关的观点认为：一方面，债权融资可以让债权人根据合同的安排，对上市公司及高管实现一定程度上的监督和约束，那么同为长期约束机制的股权激励就不需要有更多的发挥作用的空间，二者从公司治理的角度上而言，具有一定程度的相互替代性；另一方面，当管理层通过股权激励持有上市公司股权时，持股比例越大，为了规避风险，就会选择低负债率。

认为债权融资与股权激励成正相关的观点认为：当上市公司大规模地使用债务资本时，则相应地可以降低对外部股权资本的需求，进而可以为股权激励预留出充分的激励股权来源，从而保障股权激励计划的实现。

我国学者对资本结构和股权激励的关系也作了许多有益的探讨。来自复旦大学管理学院和吉林大学商学院的学者吕长江、金超、韩慧博选取1997—2004年深沪两市610家上市公司，组成平衡面板数据作为研究对象，建立联立方程，进行实证研究，结果表明，“上市公司资本结构、管理者利益侵占与公司业绩三者之间存在相互影响关系”“资本结构对管理者利益侵占行为产生显著的正向影响，这表明负债融资不能抑制管理者的利益侵占行为；资本结构对公司业绩的影响是非线性的，存在‘倒U型’的相关关系，这一结果支持动态权衡理论，证实了目标资本结构的存在，同时，管理者利益侵占会对公司业绩产生显著的负向影响。”①

① 吕长江、金超、韩慧博：“上市公司资本结构、管理者利益侵占与公司业绩”，载《财经研究》2007年05期。

四、股权激励与上市公司的治理机制

上市公司治理机制，是在一定的法律规范框架之内，通过一系列的制度设计与安排，来降低企业代理成本、实现上市公司权力制衡和科学决策的各种机制和安排的总称，有广义与狭义之分。

广义的公司治理机制强调通过系统的制度设计和安排来协调和制衡所有利益相关者之间的利益关系，利益相关者不仅包括公司内部职工，还包括债权人、上下游生产与销售商、潜在投资者等，目的是通过最小的治理成本实现各方面利益的协调和最大化；而狭义的公司治理机制，主要是指作为所有者的公司股东与管理经营者的一种监督约束与制衡机制，避免出现管理经营者侵害公司股东利益的情况，保障股东利益最大化。

从我国上市公司股权激励的现行立法规定来看，《上市公司股权激励管理办法》第 8 条规定的上市公司股权激励对象为“上市公司的董事、高级管理人员、核心技术人员或者核心业务人员，以及公司认为应当激励的对公司经营业绩和未来发展有直接影响的其他员工，但不应当包括独立董事和监事。”也就是说，我国上市公司目前不能选择非内部员工作为激励对象，从这个意义上来讲，探讨股权激励与公司治理机制的关系，主要采用的是公司治理机制的狭义概念。

公司治理机制并非是完全固定、一成不变的系统体系，而是各种治理机制相互有机组合共同发生作用的结果。不同的法律、经济和市场环境条件下，公司也因各自不同的行业、发展阶段、组织构成特征等因素存在差异，因此，对于一个独立的上市公司而言，要想达到好的治理效果，在设计公司治理机制时，就不能将各种制度简单相加，也不是包含的治理机制越多越好。从公司治理的成本而言，最有效果的公司治理机制也不是所有治理机制的简单堆砌，而是以最小的治理成本取得最大的治理收益。用治理收益与治理成本的比值来衡量公司治理效率的高低时，比值越大，表明公司治理效率越高，反之则表明公司治理效率越低。

股权激励本身作为一种长期性的公司治理手段，已经被越来越多的上市公司采用，用于对以高管层为代表的激励对象实现激励和约束，但这并不意味着股权激励是公司构建治理机制的必要选择，但研究表明，完善的公司治理机制，即股东大会制度、董事会制度、信息披露制度、独立的外部审计制度建立和运营良好的上市公司，客观上会为股权激励创造良好的内部生态环境，从而为股权激励效应的实现产生正面的影响。

第三节 我国上市公司股权激励常用模式及范例

一、业绩奖励型限制性股票股权激励模式

以激励对象支付购买被授予限制性股票的计算方式为标准，限制性股票可以分为业绩奖励型限制性股票和折扣购股型限制性股票两种类型，前者通过业绩奖励的形式提取激励基金帮助激励对象购股，后者由激励对象根据股权激励方案的设计享受一定比例的折扣支付对价购股。

一般情况下采用业绩奖励型限制性股票的激励模式的上市公司会根据具体情况在股权激励方案中设置相应的激励条件，当激励对象满足规定条件时，上市公司即从净利润或净利润超额部分中按照约定的比例提取激励基金。激励对象不直接获得并支配激励基金，而是委托上市公司统一设置激励基金专用账户，再根据不同方案决定激励对象是否也需要支付一定比例的资金，利用激励基金和相应比例的激励对象自有资金从二级市场购买股票，最后将所购股票按照激励方案规定的分配方法授予激励对象。

（一）上市公司业绩奖励型限制性股票股权激励的典型案例

案例 6.1

昆明制药：限制性股票激励计划（修改稿）（2013—2015）节选[①]

第三章　激励对象的确定依据和范围

一、激励对象的确定依据

1. 激励对象确定的法律依据

本计划激励对象根据《公司法》《证券法》《上市公司股权激励管理办法（试行）》[②]中国证监会《关于股权激励有关事项的备忘录 1-3 号》[③]《上海证券交易所股票上市规则》等有关法律及其他有关法律、法规、规范性文件及《公司章程》的相关规定，结合公司实际情况确定。

2. 确定激励对象的职务依据

激励对象为公司的高级管理人员。上述人员需在公司全职工作，已与公司签署正式劳动合同或用工协议，并在公司领取薪酬。

二、激励对象的范围

本计划涉及的激励对象共计 6 人，包括董事长、总裁、副总裁。

三、激励对象的核实

公司监事会应当对激励对象名单予以核实，并将核实情况在股东大会上予以说明。

第四章　限制性股票股权的来源和数量

公司在各考核年度业绩指标达标，且激励对象考核合格的前提

① 节选自“昆明制药：限制性股票激励计划（修改稿）（2013—2015）”，东方财富网：http://guba.eastmoney.com/news,600422,74473831.html，最后访问时间为 2017 年 6 月 30 日。

② 已失效。

③ 已失效。

下，以公司提取的购股资金和激励对象自筹等额配比的资金作为回购股票的资金来源。各考核年度公司提取的调整后股权激励资金，累计不得超过考核年度当年审计净利润的5%。

一、本计划的业绩条件

在2013年、2014年及2015年各考核年度股东大会通过的各年度报告及经审计的财务报告的基础上，确定公司是否达到激励资金提取条件所规定的业绩要求，即需要同时满足以下2个条件，以此确定该期激励计划的有效性：

1. 各考核年度当年净利润，达到基本触发基数（含本数）；

2. 各考核年度的净资产收益达到目标值。

（具体考核指标详见表一）

表一　考核指标表

项目	2013	2014	2015	备注
净利润基本触发基数（含本数）（万元）	20,000	24,400	29,280	
净资产收益率（%）	13.00	12.00	13.40	考虑再融资

指标说明：

① 2013、2014、2015年的净利润基本触发基数（含本数），均为扣除前一考核年度（2012、2013、2014年）在本年计提的股权激励资金相应成本后的基本触发指标数；

②净资产收益率指的是公司加权平均净资产收益率，2013—2015年分别为13%、12%、13.4%，低于2012年预计的17%，主要原因：

a. 2012年11月20日，公司第五次临时股东大会再次审议通过《关于延长公司公开增发人民币普通股（A股）股票方案有效期的议案》，公司计划在2012年12月月底前向中国证监会上报申请报告。

预计2013年9月完成再融资，净资产将增加6.8亿元，2013年增加净资产按2个月计算，2014年以后按12个月计算且2014年再融资刚投入未产生效益，所以出现2013年—2015年低于2012年预计且2014年低于2013年。计算净资产收益率的净资产考虑了再融资因素。

b. 根据医药行业的特点，项目建设开工到通过国家食品药品监督管理局认证，建设周期需要3年。故此，计划实施的再融资不能够为本激励计划再带来额外的盈利能力。

c. 公司目前的产能已不能满足本激励计划所要求的盈利目标要求，故公司即将要实施的再融资，主要目的在于解决目前的产能瓶颈及提升公司技术创新能力。因此，计划实施的再融资不会对公司本激励计划中的盈利能力再带来更大的帮助。

d. 全民医疗保障制度的全面实施，一方面市场扩容，另一方面药品价格会处于逐步下降趋势。

e. 为保障公司可持续发展，公司需要逐年扩大新药研发投入，预计每年投入的研发经费将超过主营业务收入占比的3%，对本激励计划各考核年度的盈利目标会带来一定影响。

f. 公司主导品种——三七系列药品所用的原料三七价格多年持续上涨，给公司带来巨大的成本压力。

二、购股资金的来源

购股资金由公司和激励对象各承担50%。购股资金的提取分为三个步骤：购股资金的第一次提取、股票数量的确定以及购股资金的调整。

1. 购股资金的第一次提取

（1）公司提取购股资金：各考核年度当年净利润达到基本触发基数（含本数），且净资产收益率达到考核目标值的前提下，超额部分按每500万元为一单位区间，按表二规定的相应比例提取。

表二　公司承担购股资金计提比例表（单位：万元）

项目		2013		2014		2015
净利润基本触发基数（含本数）：净利润		20,000		24,400		29,280
分区间超额激励资金计提比例（按当年经审计净利润）						
区间一：	20,000（A）~20,500（B）（含本数）	18%	区间一：24,400（A）～24,900（B）（含本数）	18%	区间一：29,280（A）～29,780（B）（含本数）	18%
区间二：	（B）20,500～21,000（C）（含本数）	20%	区间二：24,900（B）～25,400（C）（含本数）	20%	区间二：29,780（B）～30,280（C）（含本数）	20%
区间三：	（C）21,000～21,500（D）（含本数）	22%	区间三：25,400（C）～25,900（D）（含本数）	22%	区间三：30,280（C）～30,780（D）（含本数）	22%
区间四：	21,500（D）～实际完成数（E）	23%	区间四：25,900（D）～实际完成数（E）	23%	区间四：30,780（D）～实际完成数（E）	23%

按实际完成的净利润对应的期间，按以下公式计算：

公司提取的调整前股权激励资金 =（B–A）×18%+（C–B）×20%+（D–C）×22% +（E–D）×23%

（2）激励对象承担购股资金：按公司提取部分 1:1 等额配比。

2. 股票数量的确定

本计划用于购买标的股票数量的资金受各考核年度公司业绩、基本期望股价的影响。计算公式：标的股票数量（各期拟授予权益总量）=（各考核年度公司第一次提取购股资金 + 激励对象等额配比资金）/

各考核年度期望股价（详见表三）

表三　各考核年度期望股价表

指标	2013	2014	2015
基本触发基数（含本数）净利润（万元）	20,000	24,400	29,280
股本总额（万股）	31,417.60	31,417.60	31,417.60
基本期望每股收益（EPS）	0.64	0.78	0.93
基本期望市盈率	35 倍	35 倍	35 倍
各考核年度基本期望股价（年均价）	22.4	27.3	32.55

基本期望市盈率 35 倍，依据医药行业代表性企业的平均市盈率水平，结合公司现阶段的市盈率水平确定。

本计划经中国证监会备案无异议，公司股东大会批准后，在公司发生资本公积转增股本、派送股票红利、股份拆细、增发、配股或缩股等事项时，不对涉及考核年度的基本期望股价做调整。

3. 购股资金的调整

如二级市场购股价格与基本期望股价存在差异，则需要补提或减提购股资金，补提或减提的金额由公司和激励对象各承担 50%。当二级市场购股价格高于基本期望股价时，则公司和激励对象分别补提购股资金；当二级市场购股价格低于基本期望股价时，则公司和激励对象分别减提购股资金。

各考核年度公司提取的调整后股权激励资金，累计不得超过考核年度当年经审计净利润的 5%。

具体计算分为以下 4 种情况：

（1）1.5× 基本期望股价≥二级市场购股价格＞基本期望股价

公司补提购股资金 =（二级市场购股价格－基本期望股价）× 各期拟授予权益总量 ×50%

激励对象个人按 1:1 比例补提购股资金。

则调整后购股资金 =（调整前购股资金＋调增购股资金）×2

此种情况下，各期实际授予权益总量等于各期拟授予权益总量。

（2）二级市场购股价格＞ 1.5× 基本期望股价

公司补提购股资金 = 考核年度当年经审计净利润 ×5%– 调整前购股资金 ×50%

各期实施授予权益总量 = 公司和激励对象调整后的购股资金合计 / 二级市场购股价格

激励对象个人按 1:1 比例补提购股资金。

此种情况下，当期实际获授予权益总量小于各期拟授予权益总量。

（3）0.75× 基本期望股价≤二级市场购股价格＜基本期望股价

公司减提购股资金 =（基本期望股价 – 二级市场购股价格）× 各期拟授予权益总量 ×50%

激励对象个人按 1:1 比例减提购股资金，则：调整后购股资金 =（调整前购股资金 – 调减的购股资金）×2

此种情况下，各期实际授予权益总量等于各期拟授予权益总量。

（4）二级市场购股价格＜ 0.75× 基本期望股价

公司减提的购股资金 =（0.75 倍基本期望股价 – 二级市场购股价格）× 各期拟授予权益总量 ×50%

激励对象个人按 1:1 比例减提购股资金。

则调整后购股资金 =（调整前购股资金 – 调减的购股资金）×2

各期实施授予权益总量 = 公司和激励对象调整后的购股资金合计 / 二级市场购股价格

此种情况下，各期实施授予权益总量大于各期拟授予权益总量。

三、购股资金提取样例

假设 2013 年公司净利润完成 22,000 万元，二级市场购股价格为 25 元 / 股，则购股资金提取过程如下：

1. 购股资金的第一次提取

（1）公司提取的调整前股权激励资金 =（B–A）×18%+（C–B）×20%+（D–C）×22%+（E–D）×23%

=（20,500–20,000）×18%+（21,000–20,500）×20%+（21,500–21,000）×22%+（22,000–21,500）×23%

= 415（万元）

（2）激励对象个人等额配比 415 万元。

2. 股票数量的确定

标的股票数量（各期拟授予权益总量）=（各考核年度公司第一次提取购股资金 + 激励对象等额配比）/ 各考核年度期望股价 =（4,150,000+4,150,000）/ 22.4 ≈ 370,535.71（股）

向下取整百，则确定股票数量为 370,500 股

3. 购股资金的调整

二级市场购股价格为 25 元 / 股，基本期望股价为 22.4 元 / 股，所以符合以下情况：1.5× 基本期望股价≥二级市场购股价格 > 基本期望股价

则：公司补提购股资金 =（二级市场购股价格 – 基本期望股价）× 各期拟授予权益总量 ×50%=（25−22.4）×370,500×50%=481,650（元）

个人按 1∶1 比例补提 481,650 元

则：调整后购股资金 =（调整前购股资金＋调增购股资金）×2= 二级市场购股价格 × 各期拟授予权益总量 =（4,150,000+481,650）×2 = 9,263,300 元

即：本次购股资金合计金额9,263,300元，其中公司提取50%即4,631,650元，激励对象个人配比50%即4,631,650元。

第五章　限制性股票的回购

一、回购隔离制度

1. 董事会在股东大会的授权范围内，审批股票回购事项，对股东大会负责。

2. 董事会薪酬与考核委员会，负责组织本计划的实施，对董事会负责；董事会办公室为实施本计划的专门部门（以下简称：专门部门），对董事会薪酬与考核委员会负责。

3. 董事会办公室指定两名工作人员，受董事会薪酬与考核委员会的直接领导，专事本计划的实施工作，具体负责账户专管、股票回购、股票过户及信息披露等相关工作。

4. 为保障本计划实施的独立性，从事本计划的人员不得为激励对象。

二、资金划转

在公司董事会审议通过回购议案后3个工作日内，公司和激励对象按公司1∶1等额划转入公司开设的用于回购股票的专用资金账户。

三、股份回购窗口期限制

1. 不得在下列期间内回购公司股票：

①公司的定期报告公布前30日内；

②公司年度业绩预告或业绩快报披露前10日内；

③公司的重大交易或重大事项决定过程中至该交易或事项公告后2个工作日内；

④其他可能影响公司股价的重大事件发生之日起公告后2个工作日内。

2. 不得在下列时间段回购公司股票：

①开盘集合竞价期间；

②收盘前半小时内；

③股票价格无涨跌幅限制时。

公司从二级市场回购公司限制性股票，须按照《公司法》《上海证券交易所股票上市规则》关于回购股票的相关规定进行。

四、剩余或不足资金的处理

本计划有效期满，公司用于实施本计划的专用资金账户内，用于购股及支付相应税费（包括证券交易印花税、券商佣金等）后的剩余（包括账户利息）或不足资金，向公司和激励对象按比例对等退还或补足。

五、回购股份总数

公司因实施限制性股票激励计划所需要回购的股份总数累计不超过公司股本总额的5%。

第六章　限制性股票股权的分配情况

一、限制性股票股权的权益分配

限制性股票股权的权益分配情况如下表：

姓名	职务	获授限制性股票数量占授予限制性股票数量总额的比例（%）
何勤	董事长	23.00
袁平东	总裁	19.00
徐朝能	副总裁兼董事会秘书	14.50
董少瑜	副总裁	14.50
林钟展	副总裁	14.50
刘鹏	副总裁	14.50
合计		100.00

注：非经股东大会特别决议批准，任何一名激励对象通过全部有效的股权激励计划获授的公司限制性股票，累计不超过公司股本总额的1%。

二、激励对象主要经营管理职责

激励对象	职务	主要经营管理职责
何勤	董事长	1. 组织拟定公司经营方针，报董事会批准后实施； 2. 依据经营方针，组织拟定公司的战略发展规划，报董事会批准后实施； 3. 组织拟定年度预算，报董事会批准后实施； 4. 根据公司发展战略，提出公司资本运营策略和实施计划，经董事会批准后，组织实施。
袁平东	总裁	1. 全面负责和主持经营管理班子的运作、日常行政和日常经营管理工作； 2. 组织实施董事会的战略规划； 3. 组织拟定年度经营计划，报董事会批准； 4. 组织拟订公司的基本管理制度和具体的规章； 5. 负责处理公司重大突发事件，并及时向董事长和董事会汇报，提议董事会召开临时会议。
徐朝能	副总裁兼董秘	1. 通过组织对公司内外环境进行评估，提出公司发展战略规划草案； 2. 根据公司发展战略目标的要求，组织落实公司在资本市场的融资计划及资产收购、兼并、整合等工作； 3. 为公司董事会、经营班子提供咨询和建议，同时行使内部监管权，保证公司规范运作； 4. 负责和证券监管部门联系和沟通，组织上市公司信息披露事项； 5. 负责子公司重大经营管理决策的制定，处理子公司总经理被授权以外的其他重要事项； 6. 协助总裁分管人力资源、审计法务工作。
董少瑜	副总裁	1. 参与制定公司战略及战略目标，参与重大经营管理决策； 2. 监控公司业务发展状况，分析和预测公司财务绩效，通过财务杠杆调整公司经营业绩； 3. 组织拟定并执行公司财务策略和计划，推动公司持续发展； 4. 组织制定并监督执行公司财务的内部控制制度； 5. 组织制定并监督执行公司预算和决算管理制度； 6. 协助总裁分管制造。

续表

激励对象	职务	主要经营管理职责
林钟展	副总裁	1. 参与制定公司战略及战略目标，参与公司重大经营管理决策； 2. 负责组织拟定公司并执行营销计划，不断提升公司营销能力； 3. 负责组织制定并监督执行公司营销管理制度； 4. 协助总裁分管市场部、销售内务部、市场监察部。
刘鹏	副总裁	1. 参与制定公司战略及战略目标，参与公司重大经营管理决策； 2. 负责组织实施三七产业规划； 3. 负责组织三七原料采购； 4. 协助总裁分管三七产业办公室。

三、激励对象个人获授限制性股票数量分配方法

激励对象个人获授限制性股票数量（权益数量），根据以下公式计算（获授股票不足 100 股的，向下取整）：

激励对象个人获授限制性股票数量（权益数量）= 公司当年实际回购的股票数量 × 激励对象占授予限制性股票数量总额的比例（%）。

四、激励对象个人当期获授限制性股票占当期拟授予限制性股份总量（权益总量）的比例，根据本计划相关规定，由公司董事会在每次授予前复核。

五、本计划的激励对象承诺

激励对象只接受公司激励，未参与两个或两个以上的上市公司股权激励计划，也未参与公司内其他股权激励计划，并且在本计划实施完毕前不再接受其他公司的股权激励；激励对象中没有持有公司 5% 以上股权的股东或实际控制人及其关系密切的家庭成员（包括配偶、父母及配偶的父母、兄弟姐妹及其配偶、年满 18 周岁的子女及其配偶、配偶的兄弟姐妹和子女配偶的父母）。

第七章 激励计划的有效期、授予日、禁售规定

一、本计划的有效期

本激励计划有效期自股东大会审议通过之日起，至2013—2015年各考核年度授予激励对象全部限制性股票解锁之日止，自2013—2017年，有效期6年。

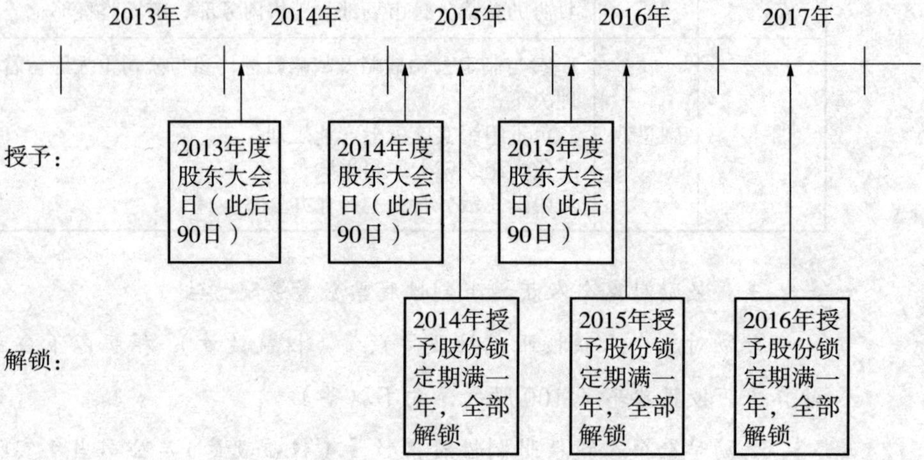

限制性股票实施时间基本进程示意图

二、本计划的授予日

本计划的授予日：公司依照本计划，在登记结算公司通过专用股东账户将限制性股票登记过户（非交易方式）至激励对象个人名下之日。

如激励对象在限制性股票授予前发生减持股票行为，则按《证券法》中对短线交易的规定，自减持之日起推迟6个月授予其限制性股票。

1. 本计划的各期授予日在下列条件均已成就时，由董事会酌情确定：

①本计划报中国证监会备案无异议；

②公司股东大会审议批准本计划，且由股东大会授权董事会酌情

确定授予日；

③本计划各考核年度当期业绩已符合激励资金基本触发提取条件；

④董事会已审核确定各考核年度当期激励对象名单及限制性股票分配方案；

⑤公司已根据本计划，将各授予年度当期经调整计算的全部购股资金，用于从二级市场回购股票。

2. 公司在下列期间内不得向激励对象授予股票：

①定期报告公布前30日内；

②重大交易或重大事项决定过程中至该事项公告后2个交易日内；

③其他可能影响股价的重大事件发生之日起至公告后2个交易日内。

三、禁售期

公司各考核年度授予激励对象的限制性股票，自授予之日起12个月为禁售期。

第八章　限制性股票的授予价格和授予价格方法的确定

本计划采用限制性股票模式，公司在业绩指标达标和激励对象考核合格的前提下，以公司提取的购股资金和激励对象自筹配比的等额资金，从二级市场上回购本公司的股份授予激励对象。故此确定授予日的授予价格为零。

第九章　限制性股票的授予

一、限制性股票的授予条件

激励对象只有在以下条件全部成就时，才能获授本计划当期限制性股票：

1. 公司业绩条件符合第四章第一条的考核标准。

2. 上市公司未发生如下任一情形：

①最近一个会计年度的财务会计报告，被注册会计师出具否定意见或者无法表示意见的审计报告；

②最近一年内因重大违法违规行为被中国证监会予以行政处罚；

③中国证监会认定不能实行激励计划的其他情形。

3. 个人考核合格。依据公司董事会通过的《昆明制药集团股份有限公司限制性股票股权激励计划2013—2015年主要管理团队绩效考核原则性方案》（以下简称《公司激励计划考核办法》）对激励对象进行考核，激励对象在各考核年度的个人绩效考核合格，方具有获得授予本计划项下限制性股票的资格。若个别激励对象个人不满足绩效考核条件，该期限制性股票只授予绩效考核合格的激励对象。公司董事会根据个人绩效考核结果，确定各期获授限制性股票的激励对象名单。

4. 激励对象未发生如下任一情形：

①最近三年内，被证券交易所公开谴责或宣布为不适当人选的；

②最近三年内，因重大违法违规行为被中国证监会予以行政处罚的；

③具有《中华人民共和国公司法》第147条[①]规定的不得担任公司董事、高级管理人员的情形；

④违反国家有关法律、行政法规或《公司章程》的规定，给公司造成重大经济损失；

⑤公司有充分证据证明该激励对象在任职期间，由于受贿、索贿、贪污、盗窃、泄露经营和技术秘密等损害公司利益、声誉等违法违纪行为，给公司造成损失；

⑥公司董事会认定的其他严重违反公司有关规定的情形。如在本计划实施过程中，激励对象出现以上规定不得参与本计划情形的，公司将终止其参与本计划的权利。

---

① 对应2018年修正后《公司法》第146条。

二、在股东大会审议通过各考核年度经审计的财务报告决议公告日，公司根据股东大会所通过的激励计划实施。

三、董事会审核薪酬与考核委员会负责审查确认限制性股票的授予条件及激励对象的资格。

四、监事会核实薪酬与考核委员会拟定的分配方案中激励对象名单是否与股东大会批准的激励计划中规定的对象相符。监事会应当就激励对象名单核实情况在股东大会上进行说明。

五、每期授予限制性股票前召开董事会，确定本次拟授予的限制性股票的激励对象是否符合本计划的相关规定等事宜，并披露本期授予限制性股票情况的摘要。公司须自公司各考核年度股东大会审议通过各考核年度报告之日起 90 日内，完成相应年度的全部购股、授予、登记、公告等工作及相关程序。

六、公司回购限制性股票后，根据分配方案和具体回购数量，确定激励对象的具体获授权益数量。

七、公司与激励对象签订《限制性股票激励计划协议书》，约定双方的权利义务。

八、公司于授予年度限制性股票回购完毕的一个月内，向证券交易所提出过户申请，将限制性股票分配给激励对象。

九、公司与激励对象签订《限制性股票授予确认书》，将激励对象获授的限制性股票由专用股东账户过户至激励对象个人账户，完成该次限制性股票的授予，该过户日确定为该年度的限制性股票的授予日。

十、经上海证券交易所确认后，由中国证券登记结算公司上海分公司办理登记结算与过户事宜。

十一、公司在限制性股票过户至激励对象后，两个工作日内向激励对象送达《限制性股票授予通知书》一式两份；自限制性股票授予日起的 2 个工作日内，公司须公告明确该次限制性股票的授予日、授予价格、激励对象名单及授予数量等。

十二、激励对象在 3 个工作日内签署《限制性股票授予通知书》，并将一份送回公司。

十三、公司根据激励对象签署情况，制作限制性股票激励计划管理名册，记载激励对象姓名、证券账户、获授限制性股票数量、获授限制性股票日期、《限制性股票激励计划协议书》编号等内容。

（二）昆明制药限制性股票激励计划（2013—2015）评析

昆药集团股份有限公司的前身是昆明制药厂——云南省第一家国营制药企业，创建于 1951 年 3 月。1995 年 12 月，经云南省人民政府批准，昆明制药厂在原厂基础上整体改制为股份制企业，成立了昆明制药股份有限公司（以下简称“昆明制药”[①]）。2000 年 12 月，昆明制药股份有限公司在上海证券交易所上市（股票代码：600422）。

昆明制药依托云南省丰富的植物资源，集药物研发、生产、销售、商业批发和国际营销为一体，形成了以自主天然植物药为主，涵盖中药、化学药和医药流通领域的业务格局和国际化、高新技术产业化道路，是全国独具特色的天然药物研发和生产经营企业，早在 1996 年 8 月即被认定为国家火炬计划重点高新技术企业。

作为实力雄厚的高新技术上市公司，昆明制药远比诸多其他行业领域上市和非上市公司更加重视吸引与保留优秀管理人才和业务骨干、健全公司治理结构。自 2010 年起，昆明制药就开始探索实施限制性股票股权激励计划。

2010 年 9 月 13 日，昆明制药 2010 年第一次临时股东大会批准实施《昆明制药集团股份有限公司限制性股票激励计划》《昆明制药集团股份有限公司

① 2015 年 3 月 30 日，经工商行政管理部门批准，昆明制药股份有限公司更名为昆药集团股份有限公司。与限制性股票激励计划（2013—2015）主要制定和实施的时间段相对应，本文采用该公司更名之前的简称“昆明制药”。

限制性股票回购管理办法》，并获得中国证监会无异议函。这是昆明制药首期限制性股票激励计划。

时至2012年，在首期限制性股票激励计划取得良好的实施效果和先期经验的前提下，为了“进一步健全公司激励机制，倡导价值创造为导向的绩效文化，建立股东与主要经营管理团队之间的利益共享与约束机制；激励持续价值的创造，保证企业的长期稳健发展；促进主要经营管理团队平衡短期目标与长期目标；吸引与保留优秀管理人才和业务骨干；鼓励并奖励业务创新和变革精神，增强公司的综合竞争力”，昆明制药于2012年9月制定公告了《昆明制药：限制性股票激励计划（2013—2015）》①。首次公告未获通过，后经修改，于2013年1月22日，2013年第一次临时股东大会决议通过《昆明制药：限制性股票激励计划（修改稿）（2013—2015）》。

昆明制药首期和第二期限制性股票激励计划从时间上实现了无缝连接，从计划的设计上体现了延续和改进。在第二期限制性股票激励计划全部实施完毕之后，又于2016年6月推出了《昆药集团2016年度限制性股票激励计划》，形成了递进式、滚动式的限制性股票激励模式。昆明制药通过这种科学、严谨的限制性股票激励计划设计，构建出良好的公司内部治理结构，帮助公司提升业绩的同时，带动公司长期可持续发展，值得学习借鉴。

《昆明制药：限制性股票激励计划（2013—2015）》作为昆明制药第二期的限制性股票激励计划，在激励规模、效期、激励模式上都较第一期有诸多的提高和创新，是昆明制药三期激励计划中唯一一期采用业绩奖励型限制性股票激励模式的计划，为采用业绩奖励型限制性股票激励模式的上市公司提供了许多可供借鉴的宝贵经验。

1. 采用二级市场公开回购的方式解决激励股票的来源

限制性股票股权激励模式的股票来源通常有两种方式：定向增发，或者

① 详见“昆明制药：限制性股票激励计划（2013—2015）”，东方财富网：http://guba.eastmoney.com/news,600422,74421536.html，最后访问时间为2017年6月30日。

从二级市场公开回购已发行的股票。两种方式各有利弊，采用定向增发的方式解决激励股票的来源可以保持上市公司现金流的稳定，避免股权分散影响控制权的稳定；采用从二级市场公开回购已发行股票的方式，容易造成股价波动、影响公司现金流，但更有利于保持公司控制权的稳定性，保证大股东的控制地位不受影响。出于保障公司控制权稳定的原则，昆明制药在第二期限制性股票激励计划中采用了后一种方式。

为了避免公开回购造成的股价波动，昆明制药采用了双重保障措施。一方面，建立回购隔离制度，明确董事会、薪酬与考核委员会、董事会办公室为实施本计划的专门部门，并在董事会办公室中指定两名专事激励计划实施工作的工作人员，明确了工作人员关于股票回购事项的职责；另一方面，计划明确了股份回购的窗口期限制，除遵循《公司法》《上海证券交易所股票上市规则》有关回购股票的相关规定之外，还另设了不得回购公司股票的期间和时间段。回购隔离制度和股份回购窗口期的规定在制度上和程序上都为股价的相对稳定提供了保障，将回购引起的股价动荡影响降到更低。

2. 资金来源采用激励基金与激励对象自筹等额配比

在资金来源的设计上，昆明制药采用了激励基金提取与激励对象自筹等额配比的方式，体现出方案设计的两个亮点。

第一，激励基金的提取与公司业绩紧密挂钩。昆明制药采用区间超额激励资金计提的方法，首先选取净利润及净资产收益率双重标准作为业绩评价指标，设定 2013、2014、2015 三个年度的净利润基本触发基数和净资产收益率比例，再区分 2013、2014、2015 三个年度，为每个年度设计四个区间不同的净利润超额激励基金计提比例。在基本触发基数的设置上，没有采用逐年递增的业绩目标设置方法，而是充分考虑了昆明制药 2014 年再融资刚投入未产生效益的现状，适当降低了 2014 年的净资产收益率指标数。昆明制药激励基金的提取与公司业绩挂钩，不是盲目地追求净利润和净资产收益率，而是充分考虑了公司资本运转和经营发展的现状，做到了激励基金提取与业绩真正的紧密结合，公平合理的设置更有利于调动激励对象的参与积极性。

第二，购股资金由公司与激励对象各承担 50%。采用激励基金与激励对象自筹资金 1:1 的资金配比方式有诸多的积极效应，首先，相比全部由激励对象自筹的方式降低了激励对象参与计划的资金压力；其次，相比全部由公司计提激励基金、激励对象零出资的业绩奖励型限制性股票激励模式，激励对象更有参与感和约束力，在对待公司业绩等考核指标上会更加慎重；最后，由于激励基金的提取与公司业绩紧密挂钩，考核年度公司的业绩越好，可以提取的奖励基金就越多，激励力度也就越大，"多劳多得"的方式更好地保障了激励效果。

3. 递进、滚动式的限制性股票激励计划实现了激励的长期化

《昆明制药：限制性股票激励计划（2013—2015）》有效期自股东大会审议通过之日起，至 2013—2015 年各考核年度授予的全部限制性股票解锁之日止，有效期 6 年。

所谓递进、滚动式的限制性股票激励计划是通过在有效期的 6 年之内分次授予、分期解锁实现的。激励方案分为三个授予年度，连续分三期向激励对象授予股票，每次授予后的 12 个月为锁定期，以此方式往后推，从第一次授予到最后一次授予股票解锁完毕，股权激励计划至少持续 5 年。由于昆明制药 2013—2015 年的第二期限制性股票激励计划实际是 2010 年首期限制性股票激励计划的无缝延续，因此，除了首期计划的第一个授予年度和第二期计划的最后一个解锁期以外，激励对象在其他各年度都同时面临以前年度获授限制性股票的解锁和新一年度限制性股票的授予，这种递进式的激励模式不仅可以使激励对象面临考核的压力，还要考虑未来一年年度奖励基金的提取，激励对象在这种设计模式之下，可谓真正戴上了"金手铐"，加强了股权激励的效果，实现了激励的长期化。

二、折扣购股型限制性股票股权激励模式

折扣购股型限制性股票是我国上市公司限制性股票股权激励的两大重要类别之一。为了确保公司现金流不因股权激励计划的实施而受影响，折扣购

股型限制性股票已经受到越来越多的上市公司青睐，成为限制性股票的激励实践中最常用的模式。

折扣购股型限制性股票的激励不需要上市公司从公司自身利润中提取激励基金作为股权激励计划的资金来源，而是采用定向增发或者以其他合法方式对激励对象发放股票，在达到一定的业绩标准后，由激励对象以低于二级市场的公司股票价格，以约定的折扣购买一定数量的本公司股票。激励对象完成购买后虽然持有股票，但在禁售期或者解锁期内不能自由流通，只有在公司和激励对象都达到了激励计划规定的业绩考核目标时，激励对象才可以分步解锁其持有的限制性股票，取得股票的完全流通的权利。一旦公司和激励对象无法达到规定的业绩考核目标，上市公司即可取消股权激励计划并对已发放给激励对象的限制性股票以一定价格予以回购。

（一）折扣购股型限制性股票激励的典型案例

案例 6.2

深圳华侨城股份有限公司限制性股票激励计划节选[①]

第四章　激励对象的确定依据和范围

一、激励对象的确定依据

1. 激励对象确定的法律依据

本计划激励对象根据《公司法》《证券法》、《上市公司股权激励管理办法（试行）》[②]、《股权激励有关事项备忘录 1–3 号》[③] 等有关法律

① 详见“华侨城 A: 限制性股票激励计划（2015 年 9 月 10 日修订）”，东方财富网：http://data.eastmoney.com/notices/detail/000069/AN201509110010768162,JUU1JThEJThFJUU0JUJFJUE4JUU1JTlGJThFQQ==.html，最后访问时间为 2017 年 3 月 15 日。

② 已失效。

③ 已失效。

及其他有关法律、法规、规范性文件和《公司章程》的相关规定，结合公司实际情况而确定。

2. 激励对象确定的职务依据

本计划激励对象为目前公司高级管理人员、中层管理干部及核心管理、技术骨干（不包括独立董事、监事、由上市公司控股公司以外的人员担任的外部董事）。

二、激励对象的范围

本计划涉及的激励对象共计 296 人，包括：

1. 高级管理人员；

2. 中层管理干部；

3. 核心管理、技术骨干。

以上激励对象中，未含公司独立董事、监事、由上市公司控股公司以外的人员担任的外部董事及持股 5% 以上的股东及其直系近亲属；其余董事、高级管理人员必须经公司董事会聘任。所有激励对象均在公司或公司下属控股及全资公司任职，已与公司或公司下属控股及全资公司签署劳动合同。所有参加本激励计划的激励对象不能同时参加其他任何上市公司股权激励计划，已经参加其他任何上市公司激励计划者，不得同时参加本激励计划。

三、激励对象的核实

1. 本激励计划经公司董事会审议通过后，公司监事会应当对激励对象名单予以核实，并将核实情况在公司审批本激励计划的股东大会上予以说明。

2. 经公司董事会调整的激励对象名单亦应经公司监事会核实。

第五章　限制性股票的来源、数量和分配

一、限制性股票激励计划的股票来源

股票来源为公司向激励对象定向增发的本公司 A 股普通股。

二、激励计划标的股票的数量

本激励计划拟授予的限制性股票数量 9,100 万股，占本激励计划草案摘要公告日公司股本总额727,134万股的1.25%，未超过公司股本总额的10%。本次授予为一次性授予，无预留部分。

三、激励对象获授的限制性股票分配情况

授予的限制性股票在各激励对象间的分配情况如下表所示：

姓名	职务	获授的限制性股票数量（万股）	占授予限制性股票总数的比例（%）	占目前总股本的比例（%）
张立勇	副总裁	45	0.49%	0.006%
姚军	副总裁	45	0.49%	0.006%
倪征	副总裁	45	0.49%	0.006%
陈跃华	副总裁	45	0.49%	0.006%
曾辉	董秘	45	0.49%	0.006%
中层管理干部（215人）		7,325	80.50%	1.01%
核心管理、技术骨干（76人）		1,550	17.03%	0.21%
合计（296人）		9,100	100%	1.25%

注：

1. 参与股权激励的公司高级管理人员、中层管理干部及核心管理、技术骨干的姓名、职务信息将公告于深圳证券交易所指定网站。

2. 本计划激励对象未参与两个或两个以上上市公司股权激励计划，激励对象中没有持有公司5%以上股权的主要股东或实际控制人及其配偶、直系近亲属。

3. 上述任何一名激励对象通过本计划获授的公司股票均未超过公司总股本的1%。

第六章　激励计划的有效期、授予日、锁定期、解锁期和禁售期

一、限制性股票激励计划的有效期

本激励计划有效期为6年，自授予日起算。

二、激励计划的授予日

1. 授予日在本计划报国务院国资委批准、中国证监会备案无异议、公司股东大会审议通过后，由公司董事会确定。授予日必须为交

易日，且不得为下列期间：

（1）定期报告公布前30日至公告后2个交易日内，因特殊原因推迟定期报告公告日期的，自原预约公告日前30日起算；

（2）公司业绩预告、业绩快报公告前10日至公告后2个交易日内；

（3）重大交易或重大事项决定过程中至该事项公告后2个交易日；

（4）其他可能影响股价的重大事件发生之日起至公告后2个交易日。

2. 上述“重大交易”“重大事项”及“可能影响股价的重大事件”为公司依据《深圳证券交易所股票上市规则》的规定应当披露的交易或其他重大事项。

3. 自公司股东大会审议通过本激励计划之日起30日内，公司应当按照相关规定召开董事会对激励对象进行授予，并完成登记、公告等相关程序。

三、激励计划的锁定期和解锁期

1. 限制性股票自授予日起的24个月为锁定期。在锁定期内，激励对象根据本激励计划获授的限制性股票不得转让、用于担保或偿还债务。

2. 激励对象因获授的限制性股票而取得的资本公积转增股本、派息、派发股票红利、股票拆细等股份和红利同时按本激励计划进行锁定，锁定期内，各年度归属于公司股东的净利润和归属于公司股东的扣除非经常性损益的净利润不得低于授予日前最近三个会计年度的平均水平且不得为负。该等股份锁定期的截止日期与限制性股票相同。激励对象因获授的限制性股票而取得的现金股利由公司代管，作为应付股利在解锁时向激励对象支付。

3. 在解锁期，公司为满足解锁条件的激励对象办理解锁事宜，未满足解锁条件的激励对象持有的限制性股票由公司回购注销。解锁安排如下表所示：

解锁安排	解锁时间	解锁比例
第一次解锁	自授权日起24个月后的首个交易日起至授权日起36个月内的最后一个交易日当日止	25%
第二次解锁	自授权日起36个月后的首个交易日起至授权日起48个月内的最后一个交易日当日止	25%
第三次解锁	自授权日起48个月后的首个交易日起至授权日起60个月内的最后一个交易日当日止	25%
第四次解锁	自授权日起60个月后的首个交易日起至授权日起72个月内的最后一个交易日当日止	25%

四、激励计划禁售期

本次限制性股票激励计划的禁售规定按照《公司法》《证券法》等相关法律、法规、规范性文件和《公司章程》执行，具体规定如下：

1. 激励对象为公司董事和高级管理人员的，其在任职期间每年转让的股份不得超过其所持有本公司股份总数的25%。

2. 激励对象为公司董事和高级管理人员的，将其持有的本公司股票在买入后6个月内卖出，或者在卖出后6个月内又买入，由此所得收益归本公司所有，本公司董事会将收回其所得收益。

3. 在本计划有效期内，如果《公司法》《证券法》等相关法律、法规、规范性文件和《公司章程》中对公司董事和高级管理人员持有股份转让的有关规定发生了变化，则这部分激励对象转让其持有的公司股票应当在转让时符合修改后的《公司法》《证券法》等相关法律、法规、规范性文件和《公司章程》的规定。

第七章　限制性股票的授予价格及授予价格的确定方法

一、限制性股票的授予价格

限制性股票的授予价格为每股4.73元，即满足授予条件后，激励对象可以每股4.73元的价格购买公司向激励对象增发的公司股票。

二、限制性股票的授予价格的确定方法

限制性股票的授予价格根据公平市场价格的60%确定。

公平市场价格按照以下原则确定：公司定价基准日为股权激励计划草案公布日。公平市场价格不得低于下列价格较高者：股权激励计划草案公布前1个交易日公司标的股票收盘价、股权激励计划草案公布前30个交易日公司标的股票平均收盘价、激励计划草案公告前20个交易日公司股票交易均价（前20个交易日股票交易总额 / 前20个交易日股票交易总量）。

第八章　限制性股票的授予与解锁条件

一、限制性股票的授予条件

同时满足下列条件时，公司则向激励对象授予限制性股票，反之，若授予条件未达成，则不能授予限制性股票。公司应当在授予条件成就后30日内完成权益授权、登记、公告等相关程序。

（一）本公司未发生如下任一情形：

1. 最近一个会计年度财务会计报告被注册会计师出具否定意见或者无法表示意见的审计报告；

2. 最近一年内因重大违法违规行为被中国证监会予以行政处罚；

3. 中国证监会认定的其他情形。

（二）激励对象未发生如下任一情形：

1. 最近三年内被证券交易所公开谴责或宣布为不适当人选的；

2. 最近三年内因重大违法违规行为被中国证监会予以行政处罚的；

3. 具有《公司法》规定的不得担任公司董事、监事、高级管理人员情形的；

4. 公司董事会认定其他严重违反公司有关规定的。

（三）公司达到以下业绩条件：

1. 本公司授予时前一个财务年度的归属于上市公司股东的扣除非

经常性损益的加权平均净资产收益率不低于14%，销售净利率不低于14%，归属于上市公司股东的扣除非经常性损益的净利润增长率不低于8%；

2. 同时，上述考核指标不低于同行业可比公司同期指标的50分位值。

二、限制性股票的解锁条件

解锁期内，同时满足下列条件时，激励对象已获授的限制性股票才能解锁。

（一）本公司未发生如下任一情形：

1. 最近一个会计年度财务会计报告被注册会计师出具否定意见或者无法表示意见的审计报告；

2. 最近一年内因重大违法违规行为被中国证监会予以行政处罚；

3. 中国证监会认定的其他情形。

（二）激励对象未发生如下任一情形：

1. 最近三年内被证券交易所公开谴责或宣布为不适当人选的；

2. 最近三年内因重大违法违规行为被中国证监会予以行政处罚的；

3. 具有《公司法》规定的不得担任公司董事、监事、高级管理人员情形的；

4. 公司董事会认定其他严重违反公司有关规定的。

（三）公司达到以下业绩条件：

1. 在每一个解锁年度的前一财务年度，本公司的考核指标不低于下表所述的目标值：

考核指标	第一批解锁	第二批解锁	第三批解锁	第四批解锁
归属于上市公司股东的扣除非经常性损益的加权平均净资产收益率	解锁年度的前一个完整财务年度（即2016年）不低于12.5%	解锁年度的前一个完整财务年度（即2017年）不低于12.5%	解锁年度的前一个完整财务年度（即2018年）不低于12.5%	解锁年度的前一个完整财务年度（即2019年）不低于12.5%

续表

考核指标	第一批解锁	第二批解锁	第三批解锁	第四批解锁
销售净利润	解锁年度的前一个完整财务年度（即2016年）不低于16%	解锁年度的前一个完整财务年度（即2017年）不低于16%	解锁年度的前一个完整财务年度（即2018年）不低于16%	解锁年度的前一个完整财务年度（即2019年）不低于16%
归属于上市公司股东的扣除非经常性损益的净利润三年复合增长率	解锁年度的前一个完整财务年度（即以2013年度为基数计算2016年度）不低于10%	解锁年度的前一个完整财务年度（即以2013年度为基数计算2017年度）不低于10%	解锁年度的前一个完整财务年度（即以2013年度为基数计算2018年度）不低于10%	解锁年度的前一个完整财务年度（即以2013年度为基数计算2019年度）不低于10%

注：如果公司当年实施因发生公开/非公开发行或并购重组等产生影响净资产的行为，则新增加的净资产值、净利润值不计入该年度及下一年度公司上述考核指标中涉及的净资产、净利润计算。

2. 同时，上述考核指标不低于同行业可比公司同期指标的75分位值。

（四）为保护股东利益，解锁时股票市场价格（前5个交易日公司标的股票交易均价）应当不低于授予时股票公平市场价格。未达到的，可以延长解锁期，直至符合上述条件。

（五）激励对象层面考核内容

公司年度绩效考核成绩将作为限制性股票激励计划的解锁依据。激励对象只有在上一年度绩效考核满足条件的前提下，才能部分或全额解锁当期权益，具体比例依据激励对象个人绩效考核结果确定。解锁期内考核结果为“优秀”及“良好”的，可以解锁当期全部份额；考核结果为“合格”的，则解锁80%；考核结果为“不合格”的，则不允许解除锁定相应限制性股票。当年未解除锁定的限制性股票由公司统一回购注销。具体如下：

等级	优秀	良好	合格	不合格
考核分数	90 分以上	80—89 分	60—79 分	60 分以下
解锁比例	100%		80%	0

（六）上市公司未满足设定的权益生效业绩目标或激励对象绩效考核未满足解锁条件的，当年可以解锁的限制性股票不得解锁，由公司统一回购注销。回购价不高于授予价格与股票市价的较低者。

（二）深圳华侨城股份有限公司限制性股票激励计划评析

深圳华侨城控股股份有限公司（以下简称“华侨城”）由国务院国资委直属的华侨城经济发展总公司（今华侨城集团）经过重组其属下部分优质旅游及旅游配套资产，于 1997 年 9 月 2 日独家发起募集设立。成立当月，华侨城 4558 万社会公众股在深圳证券交易所挂牌上市，股票名称为“华侨城 A”，股票代码为“0069”。

作为华侨城集团旗下旅游及房地产板块的上市公司，华侨城经过了近二十年的探索与升级，形成了以旅游开发和经营为核心，以文化产业为特色和依托，文化旅游景区、酒店、住宅和商业类地产多种形式组成有机整体的成熟成片综合开发模式，致力于成为国内主题公园的领导者、旅游产业的领军者、城镇化价值的实现者。

近年来，华侨城在业务创新上不断进行探索实践，立足于把握旅游产业、房地产产业转型升级的重大机遇、把握新经济新技术新模式应用的时代契机，开展文化旅游发展新模式、房地产综合业务体系的构造、旅游互联网业务研发等探索。

处于转型和探索期的华侨城为了“进一步建立、健全公司长效激励机制，吸引和留住优秀人才，充分调动深圳华侨城股份有限公司高级管理人员、中层管理干部及核心管理、技术骨干人员的积极性，有效地将股东利益、公司利益和经营者个人利益结合在一起，使各方共同关注公司的长远发展"，"在充分保障股东利益的前提下，按照收益与贡献对等原则"，根据相关规定，制定并推出了股权激励计划。

华侨城 2015 年限制性股票激励计划是非常典型的采用折扣购股型限制性股票单一模式的股权激励计划，股票来源为公司向激励对象定向发行的 A 股普通股，计划共拟向激励对象授予 9100 万股限制性股票，占激励计划草案公告日公司股本总额的 1.25%。

1. 华侨城 2015 年计划限制性股票的授予价格及定价方法

限制性股票授予价格的确定直接关系到股权激励计划涉及的多方利益，较低的折扣价格可以体现出上市公司股权激励的强度和实施股权激励的诚意，但不合理的低价又将直接造成对现有股东，特别是公众股东既得利益的损害和侵犯。如何通过授予股票价格的确定平衡好各方利益关系是折扣购股型限制性股票激励计划设计的重点。

2015 年华侨城公告实施限制性股票激励计划时，《上市公司股权激励管理办法》尚未颁布，计划适用《上市公司股权激励管理办法（试行）》及相关配套制度。同时，作为国有控股境内上市公司，华侨城实施股权激励计划同时要遵守《国有控股上市公司（境内）实施股权激励试行办法》的规定。

《上市公司股权激励管理办法（试行）》没有对限制性股票的最低授予价格进行限定，实施后不久，中国证券监督管理委员会意识到不予限定最低授予价格可能损害公众股东、影响证券市场稳定的情况，在 2008 年公布《股权激励有关事项备忘录 1 号》[①] 时，进行了补充规定，对于限制性股票授予价格的折扣问题区分激励股票的来源是存量或是增量，对采用增量股票开展激励的情形规定："如果标的股票的来源是增量，即通过定向增发方式取得股票，其实质属于定向发行，则参照现行《上市公司证券发行管理办法》中有

① 已失效。

关定向增发的定价原则和锁定期要求确定价格和锁定期，同时考虑股权激励的激励效应。(1)发行价格不低于定价基准日前20个交易日公司股票均价的50%;(2)自股票授予日起十二个月内不得转让，激励对象为控股股东、实际控制人的，自股票授予日起三十六个月内不得转让。”

《国有控股上市公司（境内）实施股权激励试行办法》第18条规定:“根据公平市场价原则，确定股权的授予价格（行权价格）。(一）上市公司股权的授予价格应不低于下列价格较高者：1.股权激励计划草案摘要公布前一个交易日的公司标的股票收盘价；2.股权激励计划草案摘要公布前30个交易日内的公司标的股票平均收盘价。(二）上市公司首次公开发行股票时拟实施的股权激励计划，其股权的授予价格在上市公司首次公开发行上市满30个交易日以后，依据上述原则规定的市场价格确定。”

从华侨城公告的激励计划内容来看，其采用了公平市场价格折扣定价的方法确定了限制性股票的授予价格，即“限制性股票的授予价格根据公平市场价格的60%确定”，最终将授予价格确定为每股4.73元。

计划对公平市场价格的确定也进行了解释:“公司定价基准日为股权激励计划草案公布日。公平市场价格不得低于下列价格较高者：股权激励计划草案公布前1个交易日公司标的股票收盘价、股权激励计划草案公布前30个交易日公司标的股票平均收盘价、激励计划草案公告前20个交易日公司股票交易均价（前20个交易日股票交易总额/前20个交易日股票交易总量）。”

华侨城折扣购股型限制性股票激励计划采用股权激励计划草案公布日确定为定价基准日，严格遵循了《股权激励有关事项备忘录1号》和《国有控股上市公司（境内）实施股权激励试行办法》中有关限制性股票授予价格确定的规定，并将折扣定为60%，充分保障了授予价格确定的公允性和激励性。

2.限制性股票的授予与解锁条件

对于限制性股票的授予与解锁条件，华侨城综合采用了归属于上市公司股东的扣除非经常性损益的加权平均净资产收益率、销售净利率，归属于上市公司股东的扣除非经常性损益的净利润增长率，可见，相较于其他上市公司采用1—2个业绩评价指标确定授予与解锁条件的做法，华侨城采用复合型的综合评价指标，可以说是在低折扣、大力度的授予价格保障激励性的基础之上，同时考虑了股权激励的约束性。激励对象被授予限制性股票之后，只有努力经营，兼顾三类指标，才能达到解锁条件真正获得股票。

另外，华侨城采用扣除非经常性损益的方式确定净利润与净资产收益率，除了可以更为准确地反映公司经营业绩之外，还能够防止受激励的管理层通过调节非经常性损益来达到业绩目标的情形，从而有效防止管理层通过操纵利润造成的股权激励效果的非真实性。

3. 通过锁定期和解锁期的设置实现激励的长期性

从公告的激励计划得知，华侨城为激励对象设置了两年的锁定期，锁定期满后，激励对象获授限制性股票共分四年解锁，每年解锁获授股票的25%。锁定期内，激励对象持有的限制性股票将被锁定且不得以任何形式转让、不得用于担保或偿还债务；激励对象因获授的限制性股票而取得的现金分红和股票股利也由公司代管或同时锁定不得转让，在限制性股票解锁时才能同时获得；当公司未满足设定的权益生效业绩目标或激励对象绩效考核未满足解锁条件时，当年可以解锁的限制性股票不得解锁，由公司统一回购注销。

由此，通过锁定期和分期解锁的解锁期设置，华侨城的限制性股票激励计划有效期自限制性股票授予日起算共6年，从而确保了激励对象参与激励计划的长期性。

三、股票期权股权激励模式

从全世界的企业股权激励历史来看，股票期权激励模式作为最早出现、最为经典、使用最广泛的股权激励模式，为股权激励作为一种长期的公司治理手段在全世界范围内获得认可和应用发挥了无法抹杀的作用。虽然美国“安然事件”的爆发和股市的动荡等多种因素导致了股票期权作为最常用的股权激励模式的地位逐渐丧失，也因为我国资本市场有效性等问题，使我国上市公司在拟定股权激励计划时越来越倾向于限制性股票的激励模式，但作为最经典的激励模式，股票期权仍然是成长性良好、人力资本依附性强且处于竞争性行业的上市公司重点考虑和选择的对象。

（一）股票期权激励的典型案例

案例 6.3

江苏通润装备科技股份有限公司股票期权激励计划（草案）节选[①]

第三章　股票期权激励对象的确定依据和范围

一、激励对象的确定依据

1. 激励对象确定的法律依据

本计划激励对象根据《公司法》《证券法》《管理办法》及其他有关法律、法规、规范性文件和《公司章程》的相关规定，结合公司实际情况而确定。

2. 激励对象确定的职务依据

本激励计划激励对象为公司董事、高级管理人员、核心管理人员（不包括独立董事、监事）。

二、激励对象的范围

本激励计划涉及的激励对象共计 10 人，包括：

1. 公司董事、高级管理人员；

2. 公司核心管理人员；

本激励计划涉及的激励对象不包括独立董事、监事及单独或合计持有公司 5% 以上股份的股东或实际控制人及其配偶、父母、子女。

---

① 详见“通润装备：股票期权激励计划（草案）”，东方财富网：http://guba.eastmoney.com/news,002150,563560451.html，最后访问时间为 2017 年 3 月 20 日。

以上激励对象中，董事、高级管理人员必须经股东大会选举或公司董事会聘任。所有激励对象必须在本计划的考核期内与公司或公司的控股子公司具有雇佣或劳务关系。

三、激励对象的核实

1. 本计划经董事会审议通过后，公司在内部公示激励对象的姓名和职务，公示期不少于10天。

2. 公司监事会将对激励对象名单进行审核，充分听取公示意见，并在公司股东大会审议本激励计划前5日披露监事会对激励对象名单审核及公示情况的说明。经公司董事会调整的激励对象名单亦应经公司监事会核实。

第四章　计划所涉及的标的股票来源和数量

一、授予股票期权的来源

本激励计划涉及的标的股票来源为公司向激励对象定向发行公司A股普通股。

二、标的股票数量

拟向激励对象授予1.370.00万份股票期权，涉及的标的股票种类为人民币A股普通股，占本激励计划公告时公司股本总额25.020万股的5.48%。

第五章　激励对象获授的股票期权分配情况

本激励计划授予的股票期权在各激励对象间的分配情况如下表所示：

序号	姓名	职务	分配的股票期权数量（万份）	分配额度占授予期权总量比例	分配额度占当前公司总股本的比例
1	柳振江	董事长、总经理	250.00	18.25%	1.00%
2	王月红	财务总监、副总经理	220.00	16.06%	0.88%
3	蔡岚	董事会秘书、副总经理	220.00	16.06%	0.88%
4	王雪良	董事、常务副总经理	150.00	10.95%	0.60%

续表

序号	姓名	职务	分配的股票期权数量（万份）	分配额度占授予期权总量比例	分配额度占当前公司总股本的比例
5	田利丰	副总经理	80.00	5.84%	0.32%
6	秦嘉江	控股子公司总经理	110.00	8.03%	0.44%
7	王魏	控股子公司总经理	110.00	8.03%	0.44%
8	沈志清	控股子公司总经理	110.00	8.03%	0.44%
9	周建新	控股子公司副总经理	70.00	5.11%	0.28%
10	查建斌	控股子公司副总经理	50.00	3.64%	0.20%
	合计		1,370.00	100.00%	5.48%

注：1. 本计划激励对象未参与两个或两个以上上市公司股权激励计划，激励对象中没有独立董事、监事及单独或合计持有公司 5% 以上股份的股东或实际控制人及其配偶、父母、子女；

2. 上述任何一名激励对象通过全部有效的股权激励计划获授的本公司股票均未超过公司总股本的 1%。公司全部有效的激励计划所涉及的标的股票总数累计不超过公司总股本总额的 10%。

第六章　股票期权激励计划的有效期、授予日、等待期、可行权日和禁售期

一、股票期权激励计划的有效期

本激励计划有效期自股票期权授予之日起至激励对象获授的股票期权全部行权或注销之日止，最长不超过 36 个月。

二、授予日

授予日在本激励计划经公司股东大会审议通过后由董事会确定，授予日必须为交易日。公司需在股东大会审议通过后 60 日内授予股票期权并完成公告、登记。公司未能在 60 日内完成上述工作的，将终止实施本激励计划，未授予的股票期权作废失效。

三、等待期

指股票期权授予日至股票期权可行权日之间的时间，本计划等待期为12个月。

四、可行权日

在本计划经股东大会审议通过后，授予的股票期权自授予日起满12个月并满足约定条件后可以开始行权。可行权日必须为交易日，且不得在下列期间内行权：

1. 公司定期报告公告前30日内，因特殊原因推迟定期报告公告日期的，自原预约公告日前三十日起算，至公告前一日；

2. 公司业绩预告、业绩快报公告前10日内；

3. 自可能对公司股票及其衍生品种交易价格产生较大影响的重大事件发生之日或者进入决策程序之日，至依法披露后二个交易日内；

4. 中国证监会及深交所规定的其他期间。

本激励计划授予的股票期权自本期激励计划授权日起满12个月后，激励对象应在未来24个月内分两期行权。授予的股票期权行权期及各期行权时间安排如表所示：

行权期	行权时间	可行权数量占获授期权数量比例
第一个行权期	自期权授权日起12个月后的首个交易日起至期权授权日起24个月内的最后一个交易日当日止	50%
第二个行权期	自期权授权日起24个月后的首个交易日起至期权授权日起36个月内的最后一个交易日当日止	50%

激励对象必须在各期期权行权有效期内行权完毕。若达不到行权条件，则当期股票期权不得行权，当期额度内期权由公司注销；若符合行权条件，但未在该行权期内行权的股票期权由公司注销。

五、禁售期

禁售期是指对激励对象行权后所获股票进行售出限制的时间段。

本股票期权激励计划的限售规定按照《公司法》《证券法》《深圳证券交易所中小企业板上市公司规范运作指引》和《公司章程》执行，具体规定如下：

1. 激励对象为公司董事、高级管理人员的，其在任职期间每年转让的股份不得超过其所持有本公司股份总数的25%；在离职后半年内，不得转让其所持有的本公司股份。公司董事、监事和高级管理人员在申报离任6个月后的12个月内通过证券交易所挂牌交易出售本公司股票数量占其所持有本公司股票总数的比例不得超过50%。

2. 激励对象为公司董事、高级管理人员的，将其持有的本公司股票在买入后6个月内卖出，或者在卖出后6个月内又买入，由此所得收益归本公司所有，本公司董事会将收回其所得收益。

3. 激励对象为上市公司董事、监事、高级管理人员、证券事务代表及前述人员的配偶在下列期间不得买卖本公司股票：

（1）公司定期报告公告前30日内，因特殊原因推迟定期报告公告日期的，自原预约公告日前30日起算，至公告前1日；

（2）公司业绩预告、业绩快报公告前10日内；

（3）自可能对本公司股票及其衍生品种交易价格产生较大影响的重大事件发生之日或者进入决策程序之日，至依法披露后2个交易日内；

（4）中国证监会及深圳交易所规定的其他期间。

4. 在本激励计划的有效期内，如果《公司法》《证券法》等相关法律、法规、规范性文件和《公司章程》中对公司董事、高级管理人员原持有股份转让的有关规定发生了变化，则这部分激励对象转让其所持有的公司股票应当在转让时符合修改后的《公司法》《证券法》等相关法律、法规、规范性文件和《公司章程》的规定。

第七章 股票期权的行权价格或行权价格的确定方法

一、本次授予的股票期权的行权价格

本次授予股票期权的行权价格为每股16.93元。

二、本次授予的股票期权的行权价格的确定方法

本次授予股票期权行权价格不低于股票票面金额，且不低于下列价格较高者：

1. 本激励计划公告前 1 个交易日公司股票交易均价（前 1 个交易日股票交易总额 / 前 1 个交易日股票交易总量），为每股 16.93 元；

2. 本激励计划公告前 120 个交易日的公司股票交易均价（前 120 个交易日股票交易总额 / 前 120 个交易日股票交易总量），为每股 14.79 元。

第八章 激励对象获授权益、行权的条件

一、股票期权的授予条件

同时满足下列授予条件时，公司应向激励对象授予股票期权，反之，若下列任一授予条件未达成的，则不能向激励对象授予股票期权。

（一）公司未发生如下任一情形：

1. 最近一个会计年度财务会计报告被注册会计师出具否定意见或者无法表示意见的审计报告；

2. 最近一个会计年度财务报告内部控制被注册会计师出具否定意见或者无法表示意见的审计报告；

3. 上市后 36 个月内出现过未按法律法规、公司章程、公开承诺进行利润分配的情形；

4. 法律法规规定不得实行股权激励的；

5. 中国证监会认定的其他情形。

（二）激励对象未发生如下任一情形：

1. 最近 12 个月内被证券交易所认定为不适当人选；

2. 最近 12 个月内被中国证监会及其派出机构认定为不适当人选；

3. 最近 12 个月内因重大违法违规行为被中国证监会及其派出机构行政处罚或者采取市场禁入措施；

4. 具有《公司法》规定的不得担任公司董事、高级管理人员情

形的；

5. 法律法规规定不得参与上市公司股权激励的；

6. 中国证监会认定的其他情形。

二、股票期权的行权条件

行权期内，同时满足下列条件时，激励对象获授的股票期权方可行权：

（一）公司未发生如下任一情形：

1. 最近一个会计年度财务会计报告被注册会计师出具否定意见或者无法表示意见的审计报告；

2. 最近一个会计年度财务报告内部控制被注册会计师出具否定意见或者无法表示意见的审计报告；

3. 上市后最近 36 个月内出现过未按法律法规、公司章程、公开承诺进行利润分配的情形；

4. 法律法规规定不得实行股权激励的；

5. 中国证监会认定的其他情形。

（二）激励对象未发生如下任一情形：

1. 最近 12 个月内被证券交易所认定为不适当人选；

2. 最近 12 个月内被中国证监会及其派出机构认定为不适当人选；

3. 最近 12 个月内因重大违法违规行为被中国证监会及其派出机构行政处罚或者采取市场禁入措施；

4. 具有《公司法》规定的不得担任公司董事、高级管理人员情形的；

5. 法律法规规定不得参与上市公司股权激励的；

6. 中国证监会认定的其他情形。

公司发生上述第（一）条规定情形之一的，所有激励对象根据本激励计划已获授但尚未行权的股票期权应当由公司注销；某一激励对象发生上述第（二）条规定情形之一的，该激励对象根据本激励计划已获授但尚未行权的股票期权应当由公司注销。

（三）公司层面业绩考核要求

本计划授予的股票期权，在行权期的2个会计年度中，分年度进行绩效考核并行权，以达到绩效考核目标作为激励对象的行权条件。

本次授予各年度业绩考核目标

行权期	业绩考核目标
第一个行权期	以2015年净利润为基数，2016年净利润增长率不低于10%。
第二个行权期	以2015年净利润为基数，2017年净利润增长率不低于20%。

注：各年净利润均指归属于上市公司股东的扣除非经常性损益的净利润，下同。

公司未满足上述业绩考核目标的，所有激励对象对应考核当年可行权的股票期权均不得行权，由公司注销。

（四）业务单元业绩考核要求

公司各业务单元每个考核年度设置年度净利润目标值，激励对象当年实际可行权的股票期权数量比例与其所属业务单元上一年度的净利润目标值完成情况挂钩，具体如下：

业务单元层面年度考核结果	业务单元层面系数
净利润实际完成数≥净利润目标数额	100%
净利润实际完成数＜净利润目标数额	0%

（五）个人层面绩效考核要求

激励对象的个人层面的考核按照公司相关规定组织实施。

<table>
<tr><th>个人层面上一年度考核结果</th><th>个人层面系数</th></tr>
<tr><td>优秀</td><td rowspan="3">100%</td></tr>
<tr><td>良好</td></tr>
<tr><td>合格</td></tr>
<tr><td>不合格</td><td>0%</td></tr>
</table>

若各年度公司层面业绩考核达标，激励对象个人当年实际行权额度=业务单元层面系数 × 个人层面系数 × 个人当年计划可行权额度。

激励对象考核当年不能行权的股票期权，由公司注销。

三、考核指标的科学性和合理性说明

通润装备股票期权考核指标分为三个层次，分别为公司层面业绩考核、业务单元层面业绩考核、个人层面绩效考核。

公司层面业绩指标体系为净利润增长率，净利润增长率指标反映公司盈利能力是企业成长性的最终体现，能够树立较好的资本市场形象；经过合理预测并兼顾本激励计划的激励作用，参考公司最近五年利润增长情况，公司为本次股票期权激励计划设定了以2015年净利润为基数，2016—2017年净利润增长率分别不低于10%、20%的业绩考核目标。

业务单元层面于每个考核年度设置年度净利润目标值，在达到一定业绩目标的前提下，激励对象所属业务单元整体方可行权。该考核指标能够带动公司各个业务单元对业绩的敏感度，积极应对公司提出的业绩条件。

除公司层面及业务单元层面的业绩考核外，通润装备对个人还设置了严密的绩效考核体系，能够对激励对象的工作绩效作出较为准确、全面的综合评价。公司将根据激励对象前一年度绩效考评结果，确定激励对象个人是否达到行权的条件。

综上，公司本次激励计划的考核体系具有全面性、综合性及可操作性，考核指标设定具有良好的科学性和合理性，同时对激励对象具有约束效果，能够达到本次激励计划的考核目的。

（二）股票期权激励典型案例评析

江苏通润装备科技股份有限公司（以下简称“通润装备”）是一家成立于2002年的中外合资股份有限公司，主营钣金制品和电器产品两大主业，即研发生产金属工具箱柜、钢制办公家具、精密钣金零部件、成套电气控制柜、高低压断路器等相关制品，于2007年8月在深交所中小企业板块成功挂牌上市，证券简称为“通润装备”，证券代码为002150。

与传统的制造型企业不同的是，通润装备十分重视“科技创新”的作用和管理体系的建立。通润装备将“科技创新”作为公司发展的宗旨和源动力，建立起实力强大的研发机构和实验室，技术创新和研发能力位于世界工具箱柜行业前列，目前已拥有70多项国家专利技术；在管理方面，通润装备秉承“顾客为中心”的核心管理方针，通过建立和完善一套独立的管理体系，逐步实现了从“通润制造”向“通润创造”的转变。

为了“进一步建立、健全公司长效激励机制，吸引和留住优秀人才，充分调动公司董事、高级管理人员、核心管理人员的积极性，有效地将股东利益、公司利益和核心团队个人利益结合在一起，使各方共同关注公司的长远发展”，通润装备在充分保障股东利益的前提下，按照收益与贡献对等的原则，于2016年10月制定并颁布了股票期权激励计划。

1. 激励对象集中在核心管理团队

通润装备2016年股票期权激励计划的激励对象总人数为10人，包括计划公告时在公司任职的公司董事、高级管理人员、核心管理人员。

由此可见，本次激励计划的重点是核心管理团队，这与股票期权的激励模式也可以很好地匹配。相对于研发和业务团队而言，核心管理团队与上市公司的股票价格、净利润水平等业绩参考指标的联系更为密切，经营管理的水平和成果可以较为直观地反映在股票和业绩表现之上，因此，核心管理团队比研发和业务团队更加适合股票期权激励。

2. 通润装备股票期权行权价格及确定方法

在上市公司股票期权的激励模式之中，如何对股票期权进行估值定价一直是一个难题，既要考虑公司历史股票价格水平、维护公司现有股东的利益和市场的稳定，又要考虑未来股票价格概率分布和投资者风险偏好等影响公司股票的多重因素。

根据《上市公司股权激励管理办法》第29条的规定，“上市公司在授予激励对象股票期权时，应当确定行权价格或者行权价格的确定方法。行权价格不得低于股票票面金额，且原则上不得低于下列价格较高者：（一）股权激励计划草案公布前1个交易日的公司股票交易均价；（二）股权激励计划草案公布前20个交易日、60个交易日或者120个交易日的公司股票交易均价之一。上市公司采用其他方法确定行权价格的，应当在股权激励计划中对定价依据及定价方式作出说明。”

从通润装备公告的计划内容来看，计划公告前1个交易日通润装备的股票交易均价为每股16.93元，计划公告前120个交易日的公司股票交易均价为每股14.79元，通润装备本次授予股票期权最终确定的行权价格为每股16.93元，一方面严格遵守了《上市公司股权激励管理办法》的相关规定，另一方面尽可能低的定价可以最大程度地确保激励力度和激励效果。

3. 通润装备股票期权激励计划设计了全面、综合的业绩考核指标

股票期权就其本身发挥激励效用的模式而言，就存在先天的行权条件——股票市场价格的涨跌直接关系到激励对象是否能够通过行权和出售获授股票获利。在可行权期内，如果公司股票的市场价格高于约定的行权价，期权就处于“实值”状态，激励对象就可以选择执行期权，按约定的行权价买进公司股票，再按照股票市场价格出售，获得差价收入；如果公司股票的市场价格低于约定的行权价，这时期权就处于“虚值”状态，激励对象就只能放弃行权。

除股票市场价格的考核指标之外，通润装备额外设置了全面、综合的业绩考核指标，即分别设置公司层面、业务单元和激励对象三个层面的绩效考

核要求，只有三个层面的绩效考核要求全部达到，激励对象方可行权。

全面、综合的业绩考核指标的设置增加了股票期权计划的约束性，在传统的股票市场价格行权条件之上加入全面综合的业绩考核指标，也可以有效地避免激励对象通过操纵股市或短期行为抬高股价获取利益的情形。

四、股票增值权激励模式

作为股票期权的一种衍生形式，股票增值权的股权激励模式与股票期权激励有许多相似之处，二者的区别在于股票增值权是一种虚拟的股票期权，激励对象不实际持有和买卖股票，也不拥有股东表决权、配股权、分红权，不能转让，也不能用于担保、偿还债务等。激励对象获授股票增值权后，在约定的行权期行权，从而获得行权价格与兑付价格之间的差额，由公司以现金形式支付给激励对象。

在近年来我国上市公司股权激励实践中，股票增值权主要应用于对持有A股受限的外籍高管的激励。

（一）股票增值权激励的典型案例

案例 6.4

湖北富邦科技股份有限公司股票增值权激励计划（草案）节选[①]

二、激励对象的确定依据和范围

本激励计划的激励对象范围为：董事会认定可以纳入本激励计划的外籍员工，合计5人。

① 详见“富邦股份：股票增值权激励计划（草案）”，东方财富网：http://guba.eastmoney.com/news,300387,428255175.html，最后访问时间为2017年3月21日。

（一）计划对象确定的法律依据

本股票增值权计划对象根据《公司法》《证券法》及其他有关法律、法规和规范性文件以及富邦股份《公司章程》的相关规定，结合公司实际情况而确定。

（二）计划对象确定的职务依据

本计划涉及的计划对象为公司董事会认定的对公司经营业绩和未来发展有直接影响的外籍管理人员、核心业务（技术）人员。

（三）计划对象的考核依据

依据公司董事会通过的富邦股份《股票增值权激励计划考核管理办法》对计划对象进行考核，计划对象经考核合格后方具有获得授予本期股票增值权的资格。

（四）当本激励计划对象发生职务变更、离职、丧失劳动力、退休、死亡等情形，公司董事会可依据相关规定及本计划的有关规定对计划对象进行调整。

（五）计划对象的范围

本计划涉及的计划对象共计5人，均为外籍管理人员、核心业务（技术）人员，所有计划对象必须在本计划的考核期内签署劳动合同或聘用合同。

三、激励额度的数量

本激励计划总计授予480.000份股票增值权，占本激励计划签署时公司股本总额12.468万股的0.38%。激励对象获授的股票增值权分配情况如下：

序号	姓名	职位	股票增值权的数量（份）	占授予总数的比例
1	Johnannes Reginald Felix Brennenraedts	Area Manager Process	80,000	16.67%
2	Marcel Gaasbeek	Manager General Support	80,000	16.67%

续表

序号	姓名	职位	股票增值权的数量（份）	占授予总数的比例
3	Chirstianus Theodorus Groenen	Product Specialist	80,000	16.67%
4	Gerardus Jacobus Imming	Sales Manager Process Fertilizer Product	120,000	25%
5	Alex Peter Neerings	Specialist	120,000	25%

四、股票增值权激励计划的股票来源

由于股票增值权计划不涉及实际股票，以富邦股份股票作为虚拟股票标的。

五、资金来源

对于股票增值权，由公司直接兑付行权日富邦股份市场价格与授予期规定价格的差额。

六、股票增值权激励计划的有效期、授权日、等待期、可行权日

（一）股票增值权激励计划的有效期

本激励计划的有效期为自股票增值权授权日起 6 年。每份股票增值权自授权日起 6 年内有效。

（二）授权日

本激励计划在获公司股东大会审议通过后，由公司董事会确定授权日期授予给计划对象，授权日必须为交易日。自股东大会审议通过之日起 30 日内，公司按照相关规定召开董事会对计划对象进行授予。授权日必须为交易日，且不得为下列区间日：

1. 定期报告公布前 30 日，因特殊原因推迟定期报告公告日期的，自原预约公告日前 30 日起算；

2. 公司业绩预告、业绩快报公告前 10 日；

3. 重大交易或重大事项决定过程中至该事项公告后 2 个交易日；

4. 其他可能影响股价的重大事件发生之日起至公告后 2 个交易日。

（三）等待期

指股票增值权授予后至股票增值权可行权日之间的期限，本激励计划等待期为 2 年。

（四）可行权日

在本激励计划通过后，授予的股票增值权自授权日起满 24 个月后可以开始行权。可行权日必须为交易日，但不得在下列期间内行权：

1. 公司定期报告公告前 30 日，因特殊原因推迟定期报告公告日期的，自原预约公告日前 30 日起算；

2. 公司业绩预告、业绩快报公告前 10 日；

3. 重大交易或重大事项决定过程中至该事项公告后 2 个交易日；

4. 其他可能影响股价的重大事件发生之日起至公告后 2 个交易日。

上述“重大交易”“重大事项”及“可能影响股价的重大事件”为公司依据《深圳证券交易所创业板股票上市规则》的规定应当披露的交易或其他重大事项。

行权安排：本激励计划有效期为自股票增值权授权日起 6 年。本激励计划授予的股票增值权自本激励计划授权日起满 24 个月后，激励对象应在未来 48 个月内分四期行权。本次授予增值权行权期及各期行权时间安排如表所示：

行权期	行权时间	累计可行权数量占获授增值权数量比例
第一个行权期	自授权日起 24 个月后的首个交易日起至授权日起 36 个月内的最后一个交易日当日止	25%
第二个行权期	自授权日起 36 个月后的首个交易日起至授权日起 48 个月内的最后一个交易日当日止	25%
第三个行权期	自授权日起 48 个月后的首个交易日起至授权日起 60 个月内的最后一个交易日当日止	25%
第四个行权期	自授权日起 60 个月后的首个交易日起至授权日起 72 个月内的最后一个交易日当日止	25%

公司每年实际生效的增值权份额将根据公司当年财务业绩考核结果作相应调整。本激励计划有效期结束后，已获授但尚未行权的股票增值权不得行权，未行权的该部分增值权由公司作废处理。

七、股票增值权授予期规定价格的确定方法

（一）本次授予的股票增值权的授予期规定价格

本次授予的股票增值权的授予期规定价格为每份 24.74 元。

（二）本次授予的股票增值权的授予期规定价格的确定方法

公司股票增值权激励计划草案公布前 30 个交易日内的富邦股份标的股票平均收盘价。

八、激励对象获授权益、行权的条件

（一）股票增值权的获授条件

激励对象只有在同时满足下列条件时，才能获授股票增值权：

1. 公司未发生以下任一情形：

（1）最近一个会计年度财务会计报告被注册会计师出具否定意见或者无法表示意见的审计报告；

（2）最近一年内因重大违法违规行为被中国证监会予以行政处罚；

（3）中国证监会认定的其他情形。

2. 激励对象未发生以下任一情形：

（1）最近三年内被证券交易所公开谴责或宣布为不适当人选；

（2）最近三年内因重大违法违规行为被中国证监会予以行政处罚；

（3）具有《公司法》规定的不得担任公司董事及高级管理人员的情形；

（4）公司董事会认定其他严重违反公司有关规定的。

（二）股票增值权的行权条件

激励对象行使已获授的股票增值权除满足上述条件外，必须同时满足如下条件：

1. 2017—2020的四个会计年度中，分年度进行业绩考核并行权，每个会计年度考核一次，以达到业绩考核目标作为激励对象的行权条件。各年度业绩考核目标如下表所示：

行权期	业绩考核目标
第一个行权期	相比2015年，2017年“富邦股份”净利润增长率不低于32%；“荷兰诺唯凯”净利润增长率不低于15%
第二个行权期	相比2015年，2018年“富邦股份”净利润增长率不低于52%；“荷兰诺唯凯”净利润增长率不低于29%
第三个行权期	相比2015年，2019年“富邦股份”净利润增长率不低于75%；“荷兰诺唯凯”净利润增长率不低于45%
第四个行权期	相比2015年，2020年“富邦股份”净利润增长率不低于101%；“荷兰诺唯凯”净利润增长率不低于63%

以上“净利润”指归属于上市公司股东的扣除非经常性损益的净利润。“荷兰诺唯凯”指“富邦股份”的子公司Holland Novochem B.V.。

公司依照业绩考核目标的综合完成率决定行权比例：

综合完成率	行权比例
超过100%（含）	100%
低于100%	0

其中，综合完成率=“富邦股份”净利润增长率的完成率 ×40%+“荷兰诺唯凯”净利润增长率 ×60%，净利润增长率的完成率=净利润增长率的完成值/净利润增长率的目标值，如净利润增长率为负值，则净利润增长率的完成率以0值计算。

如公司业绩考核达不到上述条件，则激励对象相对应行权期所获授的可行权数量由公司作废处理。

2. 根据《湖北富邦科技股份有限公司股票增值权激励计划考核管

理办法》，激励对象在行权年度的上一年度绩效考核合格，其按相应比例进行行权；激励对象考核不合格，则其相对应行权期所获授的但尚未行权的股票增值权即被取消。

（二）股票增值权典型案例评析

湖北富邦科技股份有限公司（以下简称“富邦股份”）是一家利用新材料、新工艺、新技术服务现代农业的我国台港澳地区与境内合资股份有限公司，成立于2007年1月22日，2014年7月2日在深交所创业板上市。

富邦股份多年坚持自主创新和集成创新，注重科研、生产、管理投入，依托多年行业应用经验，从化肥助剂的生产、销售，逐步延伸到与化肥产业链关联极高的相关技术研发与服务，2009年，富邦股份被湖北省科学技术厅、湖北省财政厅、湖北省国家税务局、湖北省地方税务局联合认定为高新技术企业。

2016年6月，为促进公司的长远发展，富邦股份针对公司外籍员工特制定并发布股票增值权激励计划。

1. 计划专门针对外籍员工，在程序上灵活简便。

在《上市公司股权激励管理办法》颁布实施之前，外籍自然人是无法在我国开设A股证券账户的，《上市公司股权激励管理办法》实施之后，鉴于上市公司外籍高管、技术人员股权激励的需求，这一情况得到改善：第45条第2款的规定，“激励对象为外籍员工的，可以向证券登记结算机构申请开立证券账户。”

富邦股份推出激励计划时，《上市公司股权激励管理办法》尚未正式颁布，为了能够对外籍管理人员、核心业务（技术）人员进行激励，实现利益共享和捆绑，富邦股份采用了灵活的股票增值权模式。股票增值权模式之下，基准价、行权价、有效期限、行权期限等都没有严格的规范予以限制，程序上也比较灵活简便，极大地缩减了时间和程序成本，避免了繁杂的备案和审批程序影响股权激励的进程。

2. 行权期与行权条件的设置实现长期激励和约束。

为了实现激励的长期性，富邦股份在计划中参考限制性股票的模式设计了分期行权的行权安排，即规定激励对象自激励计划授权日起满24个月后，在未来48个月内分四期行权，每一期可行权数量占获授增值权数量比例的25%。在这样的时间安排之下，股票增值权激励计划的实际有效期为6年。

对于行权条件的设置，除股票增值权本身必须要依据的股票价值增长标准之外，富邦股份还额外设定了业绩考核指标——归属于上市公司股东的扣除非经常性损益的净利润增长率。以2015年的净利润作为业绩标准，分别考察2017、2018、2019、2020年共四个解锁期的净利润增长率，只有公司业绩达到净利润增长率标准时，激励对象方可行权，否则，激励对象相对应行权期所获授的可行权数量由公司作废处理。

富邦股份的股票增值权计划创造性地将上市公司股票期权激励模式和限制性股票激励模式结合起来，发挥了股票增值权模式灵活简便的优势之外，还通过严格的行权设置保障了激励计划的长期激励性和约束性。

第七章 国有控股上市公司股权激励

实行与社会主义市场经济相适应的企业薪酬分配制度。企业内部的薪酬分配权是企业的法定权利，由企业依法依规自主决定，完善既有激励又有约束、既讲效率又讲公平、既符合企业一般规律又体现国有企业特点的分配机制。建立健全与劳动力市场基本适应、与企业经济效益和劳动生产率挂钩的工资决定和正常增长机制。推进全员绩效考核，以业绩为导向，科学评价不同岗位员工的贡献，合理拉开收入分配差距，切实做到收入能增能减和奖惩分明，充分调动广大职工积极性。对国有企业领导人员实行与选任方式相匹配、与企业功能性质相适应、与经营业绩相挂钩的差异化薪酬分配办法。对党中央、国务院和地方党委、政府及其部门任命的国有企业领导人员，合理确定基本年薪、绩效年薪和任期激励收入。对市场化选聘的职业经理人实行市场化薪酬分配机制，可以采取多种方式探索完善中长期激励机制。健全与激励机制相对称的经济责任审计、信息披露、延期支付、追索扣回等约束机制。

——《中共中央、国务院关于深化国有企业改革的指导意见》

国有控股上市公司，是指政府或国有企业（单位）拥有50%以上股本，以及持有股份的比例虽然不足50%，但拥有实际控制权（能够支配企业的经营决策和资产财务状况，并以此获取资本收益的权利）或依其持有的股份已足以对股东大会的决议产生重大影响的上市公司。

国有控股上市公司是一种以国有资产为出资主体的特殊类型企业，直接受国有资产管理部门的委托和授权，承担国有资产保值增值的责任。因此，国有控股上市公司作为一类特殊的市场主体，主要价值在于通过良好的经营和资本运营来实现国有资产的保值增值，发挥国有资产的社会作用，促进国民经济更快更好的发展。

纵观我国企业股权激励的历史，国有控股上市公司受特殊国情的影响，在我国企业股权激励实践的进程中，扮演了十分重要的角色。早在20世纪末和21世纪初，国有企业就因为企业股份制改革成为了股权激励最早的实验者。虽然这一时期内部职工股、公司职工股和职工持股会的实践都相继宣告失败，但却为后来的实践者贡献了许多宝贵的经验和教训。例如，由于当时中国股市尚不健全，一、二级市场差价收益巨大，一方面，员工获授激励股票后，一旦经过禁售期允许流通，大多数人就会马上抛出手中的股份换取收益，这种现象很大程度上影响了股市乃至整个市场的稳定性；另一方面，这种悬殊的利益差距，也使实施计划的国有企业成为权力的寻租对象，或者投机资金追逐的目标，这很大程度上造成了国有企业的不稳定性，也为国有资产带来极大的风险。

这一时期国有企业内部职工股、公司职工股和职工持股会实践充分暴露出另一类重大问题——股权分置带来的市场供需失衡、股东利益冲突、控制权僵化等问题。在股权分置改革之前，我国股市上有三分之二的股权不能流通，国有企业出于国有资产保值增值的角度，担任非流通股大股东的角色，表面上虽然可以确保履行国有资产出资人职责的机构通过绝对掌握控制权避免国有资产因控制权旁落而流失，但实际上，这种完全限制企业控制权市场的格局也导致国有控股上市公司在缺乏全面、有能力、负责任的高管，出现生产力下降、利润减少、股价下跌时，无法在市场压力下通过优胜劣汰、撤换管理层、更改经营方式而有系统地扭亏为盈，小股东也无法借此翻身。在这样的背景之下实施股权激励，不仅无法达到激励的目的，反而更容易使公司沦为权力寻租的对象、更容易达到侵占国有资产的目标。长此以往，必然也会对整个股市的发展产生严重影响。

2005年股权分置改革成功开展，我国上市公司股权激励迎来重要的转折点。通过改革，非流通股股东以送股或缩股等方式作为其股份获得流通的对价安排，直接改变了“一股独大”的股权结构，实现了同股同权和股东利益的一致化，资产市场价的最大化成为全体股东共同追求的目标。改革完成后，资本市场有效性的显著提高，客观上为上市公司股权激励创造了较为良好的市场环境，有利于保障股权激励的实施效果。

2005年9月8日，国务院国有资产监督管理委员会公布了《关于上市公司股权分置改革中国有股股权管理有关问题的通知》①，在股权分置改革成功开展的助力之下，积极探索国有控股上市公司的股权激励的实施和考核办法，明确“各级国有资产监督管理机构在认真做好股权分置改革工作的同时，要积极着手研究以下工作：一是在对上市公司国有控股股东进行业绩考核时，要考虑设置其控股的上市公司市值指标。二是积极研究上市公司管理层股权激励的具体措施。对完成股权分置改革的国有控股上市公司，可以探索实施管理层股权激励。国有控股上市公司股权激励的具体实施和考核办法由国务院国有资产监督管理委员会会同有关部门另行制定。三是认真研究国有股取得流通权后的有效监管方式和办法。”

2005年12月31日，证监会公布了《关于发布〈上市公司股权激励管理办法〉（试行）的通知》②，在通知中明确提出“已完成股权分置改革的上市公

①《关于上市公司股权分置改革中国有股股权管理有关问题的通知》已于2015年12月10日，根据国务院国有资产监督管理委员会公布2015年第1号公告，即《关于废止和宣布失效部分规范性文件的公告》宣布失效。

② 已被《上市公司股权激励管理办法》废止。

司，可遵照本办法的要求实施股权激励，建立健全激励与约束机制。”

紧随其后，国务院国有资产监督管理委员会和财政部于 2006 年 1 月 27 日和 2006 年 9 月 30 日相继颁布《国有控股上市公司（境外）实施股权激励试行办法》和《国有控股上市公司（境内）实施股权激励试行办法》。至此，国有控股上市公司规范化的股权激励实践正式拉开帷幕。

第一节　我国国有控股上市公司股权激励现状

国有控股上市公司在国民经济中具有不可替代的特殊地位，其能否良好的运作直接关乎国计民生。股权激励作为一种经典有效的公司治理方式，对国有控股上市公司治理结构的改善、各种利益关系的平衡、总体竞争力的提高、国有资产的保值增值乃至整个资本市场的健康发展都能起到非常积极的作用。

股权分置改革完成之后，以《国有控股上市公司（境外）实施股权激励试行办法》和《国有控股上市公司（境内）实施股权激励试行办法》颁布实施为标志的国有控股上市公司股权激励的相关法律法规也逐渐趋于完善，我国国有控股上市公司实施股权激励的法律环境得到根本性的改善，极大地推动了国有控股上市公司股权激励的实施。此后，越来越多的国有控股上市公司推出股权激励实施计划，它能够对国有控股上市公司的业绩水平和治理结构产生直接的正面影响，这标志着股权激励作为一种长期有效的激励约束制度，其作用和价值已经得到国有控股上市公司的普遍认可。

一、我国国有控股上市公司股权激励的立法规范与市场环境

（一）我国国有控股上市公司股权激励的立法规范

国有控股上市公司作为上市公司的一种特殊类别，在股权激励的法律适用问题上，存在“特别法”与“一般法”的关系。国有控股上市公司实施股权激励，应当优先适用专门针对国有控股上市公司股权激励制定的特别规定，在没有特别规定时，适用《上市公司股权激励管理办法》等上市公司股权激励的一般规定。

上市公司股权激励的立法规范已经在第六章作了详细介绍，在此不予赘述。根据颁布时间的先后顺序，我国国有控股上市公司现行有效的特别法律规定包括：

1.《国有控股上市公司（境外）实施股权激励试行办法》

为深化国有控股上市公司（境外）薪酬制度改革，指导和规范国有控股上市公司（境外）依法拟订和实施股权激励计划，建立中长期激励机制，充分调动国有控股上市公司（境外）高级管理人员和科技人员的积极性，国务院国有资产监督管理委员会、财政部根据《中华人民共和国公司法》《企业国有资产监督管理暂行条例》等法律、行政法规，于 2006 年 1 月 27 日联合制定并颁布《国有控股上市公司（境外）实施股权激励试行办法》，对中央非金融企业改制重组境外上市的国有控股上市公司实施股权激励的计划拟定、审核、管理等方面进行了规范。中央金融企业、地方国有或国有控股企业改制重组境外上市的公司股权激励的实施也比照《国有控股上市公司（境外）实施股权激励试行办法》执行。

2.《国有控股上市公司（境内）实施股权激励试行办法》

为指导股票在中华人民共和国境内上市的国有控股上市公司规范实施股权激励制度，建立健全激励与约束相结合的中长期激励机制，进一步完善国

有控股境内上市公司法人治理结构，充分调动高级管理人员和科技人员的积极性、创造性，国务院国有资产监督管理委员会、财政部根据《中华人民共和国公司法》《中华人民共和国证券法》《企业国有资产监督管理暂行条例》等有关法律、行政法规的规定，于2006年9与30日联合制定并颁布《国有控股上市公司（境内）实施股权激励试行办法》。该试行办法对国有控股境内上市公司股权激励实施分类指导，在程序上区分中央企业及其所出资企业控股的上市公司、中央企业所出资三级以下企业控股的上市公司、地方国有控股上市公司，政企尚未分开的部门以及国家授权投资的其他国有资产经营管理机构四个类别分别予以规范。

3.《关于严格规范国有控股上市公司（境外）实施股权激励有关事项的通知》

《国有控股上市公司（境外）实施股权激励试行办法》颁布实施之后，对国有控股境外上市公司股权激励的规范实施起到了积极的指导作用，但随着实践范围的不断扩大，部分中央企业所出资控股境外上市公司在实施股权激励计划中，暴露出了一些问题，包括：有的境外上市公司股权激励计划未经审核，违规擅自实施；有的股权激励计划不够规范，股权授予批次过多、过频，行使权限时间过短，且股权授予数量过大；有的业绩考核不严格，甚至没有业绩考核等。

有鉴于此，为了严格执行《国有控股上市公司（境外）实施股权激励试行办法》，进一步规范国有控股境外上市公司股权激励行为，国务院国有资产监督管理委员会于2007年10月10日公布了《关于严格规范国有控股上市公司（境外）实施股权激励有关事项的通知》，对股权激励计划的申报、实施、决策与绩效考核程序、依法开展股权激励计划作出了进一步的规范。

4.《关于规范国有控股上市公司实施股权激励制度有关问题的通知》

针对上市公司外部市场环境和内部运行机制尚不健全、公司治理结构有待完善、股权激励制度尚处于试点阶段的现状，为了进一步规范实施股权激励，国务院国有资产监督管理委员会、财政部于2008年10月21日公布了

《关于规范国有控股上市公司实施股权激励制度有关问题的通知》，从四个方面加强了规范，分别是：严格股权激励的实施条件，加快完善公司法人治理结构；完善股权激励业绩考核体系，科学设置业绩指标和水平；合理控制股权激励收益水平，实行股权激励收益与业绩指标增长挂钩浮动；进一步强化股权激励计划的管理，科学规范实施股权激励。

（二）我国国有控股上市公司股权激励的市场环境

与民营上市公司相比，我国国有控股的上市公司实施股权激励的环境更具复杂性和矛盾性。除了上市公司本身面临的资本市场有效性仍待提高、上市公司股权激励的相关政策法规仍不健全、上市公司内部治理水平普遍不够成熟、缺乏健全的职业经理人市场等情况之外，国有控股上市公司还受到证监会和国资委的双重监管，监管机构既想通过实施股权激励提高企业效益，又对其加以约束以预防国有资产流失，客观上也会产生更多的矛盾。

1. 国家大股东缺位导致“内部人控制”的问题

在包括国有控股上市公司在内的国有企业中，长期存在一桩久治不愈的顽疾——大股东缺位，即在国家或国有法人控股、参股的上市公司中，控股股东不是自然人，国有上市公司的产权归全民所有，全民委托政府和国资委代为行使其在国有上市公司的股东权利，而政府或国资委并不对公司直接进行管理，而是通过对高级管理人员直接任命的形式，日常的经营决策都由被任命的高级管理人员决定，这种现象客观上导致了国有上市公司只有经理人，而缺乏大股东行使权利的结果。

在大股东缺位的情况下，国有控股上市公司高级管理人员拥有绝对的权利，却缺乏相应的有效约束机制，剩余控制权和剩余索取权不匹配，剩余控制权沦为廉价投票权，最终导致“内部人控制”的问题出现。

当出现“内部人控制”的问题时，公司的经理人利用信息不对称和手中的权力，掌握了公司的实际控制权，架空了国有股股东，在设计和实施股权激励方案时，经理人可能会通过过低的行权价格设置、不合理的大量激励股票发放等手段对激励方案进行操纵，牟取私利。这不仅造成公司内部利益矛盾、影响公司长远发展，股权激励还会沦为侵占国有资产的工具，最终损害国家和社会公众的利益。

2. 国有控股上市公司股权激励监督机制不健全

国有控股上市公司股权激励监督机制不健全主要体现在内部监督和外部监督两个方面。

内部监督方面，一个健全的上市公司治理结构一般包括董事会、监事会和股东大会，由于股东大会是非常设机构，上市公司股东为了保护自身权益，会通过独立董事制度、监事会制度等实现监督的职能。然而，在国有控股上市公司中，独立董事和监事都由政府任命，且这种任命缺乏有效的考核机制，这大大降低了独立董事和监事的独立性，使内部监督的作用很难得以发挥。

外部监督方面，国有控股上市公司实施股权激励主要受到证监会和国资委两大政府部门的监督。证监会出于完善国有上市公司治理结构的目的，对股权激励机制的实施持肯定、鼓励和引导的态度；而国资委为了确保国有资产增值保值，对国有控股上市公司股权激励的实施采取了相对保守的态度。从现有规定和政策来看，两大部门在国有控股上市公司的股权激励监管中，尚未形成一个合适的平衡点，这在客观上造成了国有控股上市公司加入股权激励实践的步伐十分缓慢，而即使积极推出股权激励的国有控股上市公司，在激励力度上采取十分保守的策略，也难以达到特别理想的激励效果。

二、我国国有控股上市公司股权激励现状

（一）我国国有控股上市公司股权激励概况

自《上市公司股权激励管理办法》《国有控股上市公司（境外）实施股权激励试行办法》《国有控股上市公司（境内）实施股权激励试行办法》相继颁布实施之后，国有控股上市公司股权激励逐渐增多。根据上海荣正投资咨询

有限公司发布的《2017 中国企业家价值报告》[①] 统计，截至 2017 年 3 月 24 日，1022 家国有控股上市公司共公告了 121 份国有控股上市公司股权激励方案，公告比例为 9.90%。

从统计结果显示的数量上看，在近十年实施股权激励计划的上市公司中，国有企业实施股权激励计划的公司数量明显少于民营企业实施股权激励的公司数量，主要原因在于国有控股上市公司受到的严格双重监管，导致其在审批流程、业绩考核、收益分配等各方面的要求都十分严苛，客观上为国有控股上市公司实施股权激励制造了障碍。

从统计结果显示的行业分布情况来看，已经实施过股权激励的国有控股上市公司行业分布比较广泛，包括制造业、电力、热力、燃气及水生产和供应业、房地产业、仓储和邮政业、交通运输、批发和零售业、租赁和商务服务业等，但从数量上看，我国国有控股上市公司中实施股权激励最多的行业是制造业，占比超过 50%，其他行业占比较为分散。这种现象并非是市场原因造成的，而是由于在我国国有控股上市公司中，制造业企业本身就占有绝对多数的比重，客观上造成了实施股权激励的公司数量也相应增加。

（二）我国国有控股上市公司股权激励存在的问题

在十余年的实践中，我国国有控股上市公司股权激励实践积累了丰富的经验，也暴露出一些值得重视的问题。

1. 国有控股上市公司股权激励的股票来源问题

《国有控股上市公司（境内）实施股权激励试行办法》第 9 条规定："实施股权激励计划所需标的股票来源，可以根据本公司实际情况，通过向激励对象发行股份、回购本公司股份及法律、行政法规允许的其他方式确定，不得由单一国有股股东支付或擅自无偿量化国有股权。"该规定直接禁止了通过

① 参见上海荣正投资咨询有限公司官方网站：http://www.realize.com.cn/Study.aspx，最后访问时间为 2019 年 4 月 22 日。

国有大股东转让解决激励股票来源问题的可能性，主要规定了定向增发和回购本公司股份两种方式。

回购本公司股份的方式，其优点在于不会稀释公司现有股份，影响控制权结构，但缺点在于公司需要承担现金兑付压力，影响现金流的稳定；与此相反，采用定向增发的方式则不会使公司面临较大的现金兑付压力，但是必然造成公司股权的稀释。从国有控股上市公司股权激励的实施现状来看，更多的国有控股上市公司倾向于选择定向增发的方式。

此外，值得注意的是，虽然“单一国有股股东支付或擅自无偿量化国有股权”的方式遭到了明令禁止，但部分国有控股上市公司变通地采用了由国有股东转让部分激励股票的方式解决激励股票来源问题。这在客观上容易造成国有资产流失的风险。

2.“内部人控制”现象及其引发的风险

国有控股上市公司大股东的缺失、公司治理结构不合理，极易引发“内部人控制”的问题，在股权激励计划的制定和实施过程中，表现为管理层的自我激励现象，这种自我激励现象一旦产生，管理层就可以通过设置过低行权价格、过低行权条件和过度激励操纵股权激励。

“内部人控制”还会诱发管理层操纵股价的风险问题，当国有控股上市公司高级管理人员获得实际控制权时，在股权激励计划的实施过程中，可以通过信息操纵、盈余管理甚至利润操纵来控制股票市场价格，通过压低授予日公司股票市场价格来降低行权成本，或者通过提升行权日公司股票市价来获取更多的收益，最终造成国有资产的流失。

高级管理人员通过操纵股权激励、操纵股价获得了巨额非法利益，客观上作为激励对象的高管人员和普通员工的收入差距越来越大，这种差异会极大地诱发企业内部矛盾，打压普通员工的工作积极性。

3. 长期激励效果不显

一方面，股权激励作为一种长期的激励和公司治理机制，通过不同激励模式的禁售期、行权期等期限的设置，形成较长的有效期，从而实现长期的激励和约束效果。我国国有控股上市公司已公布的早期股权激励计划中，大部分计划设置的等待期都在 2 年或者 3 年，等待期过短，导致长期激励的效果难以达到。

另一方面，在股权激励计划的总额上，部分国有控股上市公司在首期激励计划实施时激励总额的设置就已经接近国资委规定的 10% 的上限，直接透支了未来股权激励计划可使用的股份，客观上阻断了通过多期、滚动方案实现中长期激励的可能性。

第二节 国有控股上市公司股权激励的特殊性

国有控股上市公司在我国国民经济中的独特地位决定了其作为一种特殊类型的企业，与国有控股非上市公司和普通上市公司在实施股权激励计划方面存在比较明显的区别，比普通上市公司的规定更为严格。

一、主体资格条件

对于普通上市公司股权激励的主体资格条件，证监会要求上市公司完成自查、公众评议和整改三个阶段的专项公司治理活动，而对于实施股权激励的必要性条件，并未作出明文的规定，只是通过负面条件列举的方式，规定出现下列情形之一的，不得实行股权激励：

（1）最近一个会计年度财务会计报告被注册会计师出具否定意见或者无法表示意见的审计报告;（2）最近一个会计年度财务报告内部控制被注册会计师出具否定意见或无法表示意见的审计报告;（3）上市后最近 36 个月内出现过未按法律法规、公司章程、公开承诺进行利润分配的情形;（4）法律法规规定不得实行股权激励的;（5）中国证监会认定的其他情形。

对于国有控股上市公司，《国有控股上市公司（境外）实施股权激励试行办法》和《国有控股上市公司（境内）实施股权激励试行办法》都严格规定了国有控股上市公司实施股权激励必须达到的主体资格条件。

国有控股境外上市公司实施股权激励应具备以下条件：（1）公司治理结构规范，股东会、董事会、监事会、经理层各负其责，协调运转，有效制衡。董事会中有3名以上独立董事并能有效履行职责；（2）公司发展战略目标和实施计划明确，持续发展能力良好；（3）公司业绩考核体系健全、基础管理制度规范，进行了劳动、用工、薪酬制度改革。

国有控股境内上市公司实施股权激励应具备以下条件：（1）公司治理结构规范，股东会、董事会、经理层组织健全，职责明确。外部董事（含独立董事，下同）占董事会成员半数以上；（2）薪酬委员会由外部董事构成，且薪酬委员会制度健全，议事规则完善，运行规范；（3）内部控制制度和绩效考核体系健全，基础管理制度规范，建立了符合市场经济和现代企业制度要求的劳动用工、薪酬福利制度及绩效考核体系；（4）发展战略明确，资产质量和财务状况良好，经营业绩稳健；近三年无财务违法违规行为和不良记录；（5）证券监管部门规定的其他条件。

二、用于激励的股票数量

《上市公司股权激励管理办法》对上市公司股权激励的总额度进行了限制性规定，即"上市公司全部在有效期内的股权激励计划所涉及的标的股票总数累计不得超过公司股本总额的10%。"

国有控股上市公司股权激励的总额度受到了更为严格的规定。

《国有控股上市公司（境外）实施股权激励试行办法》第9条规定："在股权激励计划有效期内授予的股权总量，应结合上市公司股本规模和股权激励对象的范围、薪酬结构及中长期激励预期收益水平合理确定。（一）在股权激励计划有效期内授予的股权总量累计不得超过公司股本总额的10%。（二）首次股权授予数量应控制在上市公司股本总额的 1% 以内。”

《国有控股上市公司（境内）实施股权激励试行办法》第 14 条规定：“在股权激励计划有效期内授予的股权总量，应结合上市公司股本规模的大小和股权激励对象的范围、股权激励水平等因素，在 0.1%—10% 之间合理确定。但上市公司全部有效的股权激励计划所涉及的标的股票总数累计不得超过公司股本总额的 10%。上市公司首次实施股权激励计划授予的股权数量原则上应控制在上市公司股本总额的 1% 以内。”

三、激励对象的个人授予额度

对于普通上市公司股权激励对象的个人授予额度，《上市公司股权激励管理办法》规定：“非经股东大会特别决议批准，任何一名激励对象通过全部在有效期内的股权激励计划获授的本公司股票，累计不得超过公司股本总额的 1%。”

而对于国有控股上市公司股权激励对象的个人授予额度，《国有控股上市公司（境外）实施股权激励试行办法》和《国有控股上市公司（境内）实施股权激励试行办法》均区分普通激励对象和高级管理人员，进行了双重限制性规定。

	国有控股境外上市公司	国有控股境内上市公司
普通激励对象个人获授额度	上市公司任何一名激励对象通过全部有效的股权激励计划获授的本公司股权，累计不得超过公司股本总额的 1%，经股东大会特别决议批准的除外。	授予高级管理人员的股权数量按下列办法确定： 1. 在股权激励计划有效期内，高级管理人员个人股权激励预期收益水平，应控制在其薪酬总水平（含预期的期权或股权收益）的 30% 以内。高级管理人员薪酬总水平应参照国有资产监督管理机构或部门的原则规定，依据上市公司绩效考核与薪酬管理办法确定。 2. 参照国际通行的期权定价模型或股票公平市场价，科学合理测算股票期权的预期价值或限制性股票的预期收益。按照上述办法预测的股权激励收益和股权授予价格（行权价格），确定高级管理人员股权授予数量。

续表

	国有控股境外上市公司	国有控股境内上市公司
高级管理人员个人获授额度	在股权激励计划有效期内任何 12 个月期间授予任一人员的股权（包括已行使的和未行使的股权）超过上市公司发行总股本 1% 的，上市公司不再授予其股权。	授予高管人员的股权数量按下列办法确定： 1. 在股权激励计划有效期内，高管人员预期股权激励收益水平原则上应控制在其薪酬总水平的 40% 以内［境内 30%］。高管人员薪酬总水平应根据本公司业绩考核与薪酬管理办法，并参考境内外同类人员薪酬市场价位、本公司员工平均收入水平等因素综合确定。各高管人员薪酬总水平和预期股权收益占薪酬总水平的比例应根据上市公司岗位分析、岗位测评、岗位职责按岗位序列确定； 2. 按照国际通行的期权定价模型，计算股票期权或股票增值权的公平市场价值，确定每股股权激励预期收益； 3. 按照上述原则和股权授予价格（行权价格），确定高管人员股权授予的数量。

四、股权激励的时间

对于股票期权和限制性股票激励模式涉及的等待期、行权期、禁售期和解锁期，普通上市公司和国有控股上市公司存在不同的限制，具体差别对比如下：

	普通上市公司	国有控股境外上市公司	国有控股境内上市公司
等待期 / 禁售期	不得少于 12 个月	原则上定为 2 年	不得低于 2 年
行权期 / 解锁期	不得少于 12 个月	原则上不得低于 3 年	不得低于 3 年
激励计划有效期	从首次授予权益日起不得超过 10 年	一般不超过 10 年，自股东大会通过股权激励计划之日起计算	自股东大会通过之日起计算，一般不超过 10 年

五、股权激励的行权价

为了保障上市公司股权激励的公平合理，避免大股东或实际控制人通过设置过低的行权价格操纵股权激励牟取私利，《上市公司股权激励管理办法》对上市公司股票期权和限制性股票激励的行权价格和授予价格分别进行了限制性规定。国有控股上市公司在此基础之上，进行了更为严格的限定。

上市公司类型	行权价格 / 授予价格的限制性规定
普通上市公司	限制性股票的授予价格： 上市公司在授予激励对象限制性股票时，应当确定授予价格或授予价格的确定方法。授予价格不得低于股票票面金额，且原则上不得低于下列价格较高者： （一）股权激励计划草案公布前 1 个交易日的公司股票交易均价的 50%； （二）股权激励计划草案公布前 20 个交易日、60 个交易日或者 120 个交易日的公司股票交易均价之一的 50%。 上市公司采用其他方法确定限制性股票授予价格的，应当在股权激励计划中对定价依据及定价方式作出说明。
	股票期权的行权价格： 上市公司在授予激励对象股票期权时，应当确定行权价格或者行权价格的确定方法。行权价格不得低于股票票面金额，且原则上不得低于下列价格较高者： （一）股权激励计划草案公布前 1 个交易日的公司股票交易均价； （二）股权激励计划草案公布前 20 个交易日、60 个交易日或者 120 个交易日的公司股票交易均价之一。 上市公司采用其他方法确定行权价格的，应当在股权激励计划中对定价依据及定价方式作出说明。
国有控股境外上市公司	股权的授予价格根据公平市场价原则，按境外上市规则及本办法的有关规定确定。 上市公司首次公开发行上市时实施股权激励计划的，其股权的授予价格按上市公司首次公开发行上市满 30 个交易日以后，依据境外上市规则规定的公平市场价格确定。 上市公司上市后实施的股权激励计划，其股权的授予价格不得低于授予日的收盘价或前 5 个交易日的平均收盘价，并不再予以折扣。

续表

上市公司类型	行权价格 / 授予价格的限制性规定
国有控股境内上市公司	根据公平市场价原则，确定股权的授予价格（行权价格）。 （一）上市公司股权的授予价格应不低于下列价格较高者： 1. 股权激励计划草案摘要公布前 1 个交易日的公司标的股票收盘价； 2. 股权激励计划草案摘要公布前 30 个交易日内的公司标的股票平均收盘价。 （二）上市公司首次公开发行股票时拟实施的股权激励计划，其股权的授予价格在上市公司首次公开发行上市满 30 个交易日以后，依据上述原则规定的市场价格确定。

六、特殊的业绩考核

《上市公司股权激励管理办法》就激励对象的行权条件未作统一的强制性规定，仅规定激励对象为董事、高级管理人员时，上市公司应当设立绩效考核指标作为激励对象行使权益的条件。对于绩效考核的指标，“应当包括公司业绩指标和激励对象个人绩效指标。相关指标应当客观公开、清晰透明，符合公司的实际情况，有利于促进公司竞争力的提升。

上市公司可以公司历史业绩或同行业可比公司相关指标作为公司业绩指标对照依据，公司选取的业绩指标可以包括净资产收益率、每股收益、每股分红等能够反映股东回报和公司价值创造的综合性指标，以及净利润增长率、主营业务收入增长率等能够反映公司盈利能力和市场价值的成长性指标。以同行业可比公司相关指标作为对照依据的，选取的对照公司不少于 3 家。

激励对象个人绩效指标由上市公司自行确定。

上市公司应当在公告股权激励计划草案的同时披露所设定指标的科学性和合理性。

与普通上市公司相比，国有控股上市公司的业绩考核指标和标准更为严格，具体规定如下：

<table>
<tr><th>国有控股境外上市公司</th><th>国有控股境内上市公司</th></tr>
<tr><td>参与上市公司股权激励计划的上市公司母公司（控股公司）的负责人，其股权激励计划的实施应符合《中央企业负责人经营业绩考核暂行办法》（国资委令第 2 号）的有关规定。上市公司或其母公司（控股公司）为中央金融企业的，企业负责人股权激励计划的实施应符合财政部有关国有金融企业绩效考核的规定。</td><td>参与上市公司股权激励计划的上市公司母公司（控股公司）的负责人，其股权激励计划的实施应符合《中央企业负责人经营业绩考核暂行办法》或相应国有资产监管机构或部门的有关规定。</td></tr>
<tr><td colspan="2">（一）上市公司实施股权激励，应建立完善的业绩考核体系和考核办法。业绩考核指标应包含反映股东回报和公司价值创造等综合性指标，如净资产收益率（ROE）、经济增加值（EVA）、每股收益等；反映公司赢利能力及市场价值等成长性指标，如净利润增长率、主营业务收入增长率、公司总市值增长率等；反映企业收益质量的指标，如主营业务利润占利润总额比重、现金营运指数等。上述三类业绩考核指标原则上至少各选一个。相关业绩考核指标的计算应符合现行会计准则等相关要求。
（二）上市公司实施股权激励，其授予和行使（指股票期权和股票增值权的行权或限制性股票的解锁，下同）环节均应设置应达到的业绩目标，业绩目标的设定应具有前瞻性和挑战性，并切实以业绩考核指标完成情况作为股权激励实施的条件。
1. 上市公司授予激励对象股权时的业绩目标水平，应不低于公司近 3 年平均业绩水平及同行业（或选取的同行业境内、外对标企业，行业参照证券监管部门的行业分类标准确定，下同）平均业绩（或对标企业 50 分位值）水平。
2. 上市公司激励对象行使权利时的业绩目标水平，应结合上市公司所处行业特点和自身战略发展定位，在授予时业绩水平的基础上有所提高，并不得低于公司同行业平均业绩（或对标企业 75 分位值）水平。凡低于同行业平均业绩（或对标企业 75 分位值）水平以下的不得行使。
（三）完善上市公司股权激励对象业绩考核体系，切实将股权的授予、行使与激励对象业绩考核结果紧密挂钩，并根据业绩考核结果分档确定不同的股权行使比例。
（四）对科技类上市公司实施股权激励的业绩指标，可以根据企业所处行业的特点及成长规律等实际情况，确定授予和行使的业绩指标及其目标水平。
（五）对国有经济占控制地位的、关系国民经济命脉和国家安全的行业以及依法实行专营专卖的行业，相关企业的业绩指标，应通过设定经营难度系数等方式，剔除价格调整、宏观调控等政策因素对业绩的影响。</td></tr>
</table>

七、股权激励计划的报批与备案

2005 年《上市公司股权激励管理办法（试行）》[①] 规定了上市公司股权激励计划的备案制度，即"董事会审议通过股权激励计划后，上市公司应将有关材料报中国证监会备案，同时抄报证券交易所及公司所在地证监局。""中国证监会自收到完整的股权激励计划备案申请材料之日起 20 个工作日内未提出异议的，上市公司可以发出召开股东大会的通知，审议并实施股权激励计划。在上述期限内，中国证监会提出异议的，上市公司不得发出召开股东大会的通知审议及实施该计划。"

在我国上市公司股权激励实践之初，证监会通过备案制度发挥了较好的引导、规范和监督的作用，但随着股权激励的普及，备案制度逐渐暴露出其影响上市公司股权激励实施的效率、增加了上市公司股权激励实施的成本等弊端。随着简政放权的行政体制改革的不断深化，2016 年《上市公司股权激励管理办法》正式颁布实施后，证监会取消了上市公司实施股权激励的备案制度，代之以更加严格的公司治理制度规范和信息披露制度。

对于国有控股上市公司而言，虽然证监会取消了备案制度，但其股权激励计划仍然应当遵循国资委严格的审批和备案制度：

---

① 已失效。

国有控股境外上市公司	国有控股境内上市公司
国有控股股东代表在股东大会审议批准上市公司拟实施的股权激励计划之前，应将拟实施的股权激励计划及管理办法报履行国有资产出资人职责的机构或部门审核，并根据其审核意见在股东大会行使表决权。 上市公司按批准的股权激励计划实施的分期股权授予方案，国有控股股东代表应当报履行国有资产出资人职责的机构或部门备案。其中因实施股权激励计划而增发股票及调整股权授予范围、超出首次股权授予规模等，应按本办法规定履行相应申报程序。	上市公司国有控股股东在股东大会审议批准股权激励计划之前，应将上市公司拟实施的股权激励计划报履行国有资产出资人职责的机构或部门审核（控股股东为集团公司的由集团公司申报），经审核同意后提请股东大会审议。 国有控股股东应将上市公司按股权激励计划实施的分期股权激励方案，事前报履行国有资产出资人职责的机构或部门备案。

案例 7.1

内蒙古伊利实业集团股份有限公司 2006 年股票期权激励计划（草案）节选[①]

三、激励对象的确定依据和范围

（一）激励对象的确定依据

1. 激励对象确定的法律依据

激励对象以《中华人民共和国公司法》《中华人民共和国证券法》、《上市公司股权激励管理办法（试行）》等有关法律、法规和规范性文件以及伊利股份《公司章程》的相关规定为依据而确定。

2. 激励对象确定的职务依据

激励对象为公司总裁、总裁助理和核心业务骨干及公司认为应给予激励的其他人员。上述人员须在公司工作并在公司领取薪酬。

（二）激励对象的范围

激励对象的范围为公司总裁、总裁助理和核心业务骨干及公司认

① 详见：“内蒙古伊利实业集团股份有限公司股票期权激励计划（草案）摘要”，网易财经网：http://quotes.money.163.com/f10/ggmx_000788_183540.html，最后访问时间为 2017 年 7 月 1 日。

为应给予激励的其他人员，具体包括：

姓名	职务	持有公司股份情况
潘刚	总裁	0
胡利平	总裁助理	0
赵成霞	总裁助理	0
刘春海	总裁助理	0
其他人员 *		

* 激励对象中的其他人员（约 29 人左右）为公司核心业务骨干及公司认为应该给予激励的其他人员。具体人员名单及其授予数量在本次股票期权激励计划经公司股东大会审议通过后的半年内由董事会确定（这些人员中没有公司董事、监事及高级管理人员）。

四、股票期权激励计划的股票来源和股票数量

伊利股份授予激励对象 5000 万份股票期权，每份股票期权拥有在授权日起 8 年内的可行权日以行权价格和行权条件购买一股伊利股份股票的权利。

（一）激励计划的股票来源

本激励计划的股票来源为伊利股份向激励对象定向发行 5000 万股伊利股份股票。

（二）激励计划的股票数量

股票期权激励计划拟授予的股票期权数量 5000 万份；涉及的标的股票种类为人民币 A 股普通股；涉及的标的股票数量为 5000 万股；标的股票占当前伊利股份股票总额的比例为 9.681%。

五、激励对象的股票期权分配情况

本次授予激励对象的股票期权总数为 5000 万份，激励对象及其分配情况为：

姓名	职务	获授的股票期权数量（万份）	股票期权占授予股票期权总量的比例	标的股票占授予时伊利股份总股本的比例
潘刚	总裁	1500	30%	2.9043%
胡利平	总裁助理	500	10%	0.9681%
赵成霞	总裁助理	500	10%	0.9681%
刘春海	总裁助理	500	10%	0.9681%
其他人员*		2000	40%	3.8724%
合计		5000	100%	9.681%

*激励对象中的其他人员（约29人左右）为公司核心业务骨干及公司认为应该给予激励的其他人员。具体人员名单及其授予数量在本次股票期权激励计划经公司股东大会审议通过后的半年内由董事会确定（这些人员中没有公司董事、监事及高级管理人员）。

六、股票期权行权价格及确定依据

（一）行权价格

股票期权的行权价格为13.33元，即满足行权条件后，激励对象获授的每份股票期权可以13.33元的价格购买一股伊利股份股票。

（二）行权价格的确定方法

行权价格的确定方法为：行权价格依据下述两个价格中的较高者确定，为13.33元。

1. 股票期权激励计划草案摘要公布前一个交易日的伊利股份股票收盘价13.33元；

说明：股票期权激励计划草案摘要公告前，2006年3月10日为伊利股份最后一个交易日，该日收盘价为17.85元，由于2006年4月10日公司实施了10转3.2的公积金转增方案及每10股派现2.6元的利润分配方案，因此对3月10日的收盘价也须作除权处理，除权后的价格为13.33元；

2. 股票期权激励计划草案摘要公布前30个交易日内的伊利股份股票平均收盘价12.30元。

说明：由于在激励计划草案摘要公告前，2006年3月10日为伊利股份最后一个交易日，因此以2006年3月10日为基准，计算前30个交易日的伊利股份股票平均收盘价，计算结果为16.49元，同前款所述原由，该价格也应做除权处理，除权后的价格为12.30元。

七、股权激励的有效期、授权日、可行权日、禁售期

（一）有效期

自股票期权授权日起的8年内。

（二）授权日

股票期权激励计划的授权日由董事会在本激励计划报中国证监会备案且中国证监会无异议、伊利股份股东大会特别决议批准后确定。

注：授权日不得为下列期间：

1. 定期报告公布前30日；

2. 重大交易或重大事项决定过程中至该事项公告后2个交易日；

3. 其他可能影响股价的重大事件发生之日起至公告后2个交易日。

（三）可行权日

自股票期权授权日1年后可以开始行权，激励对象应当在上市公司定期报告公布后第2个交易日，至下一次定期报告公布前10个交易日内行权，但不得在下列期间内行权：

1. 重大交易或重大事项决定过程中至该事项公告后2个交易日；

2. 其他可能影响股价的重大事件发生之日起至公告后2个交易日。

（四）禁售期

1. 激励对象转让其持有伊利股份的股票，应当符合《公司法》、《证券法》等法律法规的规定；

2. 激励对象在公司任职期间，每年可以转让的公司股份不得超过

其所持本公司股份总数的百分之二十五，离职后半年内不得转让其所持有的本公司股份；

3. 激励对象在任职期间不得将其持有的公司股份在买入后6个月内卖出，或者在卖出后6个月内又买入，由此所得收益归公司所有，公司董事会应当收回其所得收益；

4. 激励对象因本次激励计划行权后获得的股票，自行权之日起一年内不得卖出，否则所得收益归公司所有，公司董事会应当收回其所得收益。

八、股票期权的获授条件、行权条件、行权安排

（一）获授条件

激励对象未发生如下任一情形：

1. 最近三年内被证券交易所公开谴责或宣布为不适当人员；

2. 最近三年内因重大违法违规行为被中国证监会予以行政处罚；

3. 具有《中华人民共和国公司法》规定的不得担任公司董事、监事、高级管理人员情形。

（二）行权条件

激励对象对已获授的股票期权行权时必须同时满足以下条件：

1. 根据《内蒙古伊利实业集团股份有限公司股票期权激励计划实施考核办法》，激励对象上一年度绩效考核合格。

2. 首期行权时，伊利股份上一年度扣除非经常性损益后的净利润增长率不低于17%且上一年度主营业务收入增长率不低于20%。

3. 首期以后行权时，伊利股份上一年度主营业务收入与2005年相比的复合增长率不低于15%。

举例说明：2005年的主营业务收入为121.75亿元，则2008年的主营业务收入至少需达到121.75×（1+15%）×（1+15%）×（1+15%）=185.17（亿元），激励对象才能在2009年获得行权资格；2010年主营业务收入至少达到244.88亿元，激励对象才能在2011年

获得行权资格。

4. 伊利股份未发生如下任一情形：

（1）最近一个会计年度的财务会计报告被注册会计师出具否定意见或者无法表示意见的审计报告；

（2）最近一年内因重大违法违规行为被中国证监会予以行政处罚；

（3）中国证监会认定不能实施期权激励计划的其他情形。

5. 激励对象未发生如下任一情形：

（1）最近三年内被证券交易所公开谴责或宣布为不适当人选的；

（2）最近三年内因重大违法违规行为被中国证监会予以行政处罚的；

（3）具有《中华人民共和国公司法》规定的不得担任公司董事、监事、高级管理人员情形的。

6. 激励对象行权时还须符合下述条件：

（1）激励对象因对获授的本次股票期权行权及股权分置改革的追加支付安排而已经持有的股票数量未超过呼和浩特投资有限责任公司应有的持股数量 72.874.732 股（若公司以后发生送股、公积金转增股本等情形时，该数量须作相应调整，下同）；

（2）或者，若激励对象因对获授的本次股票期权行权及股权分置改革的追加支付安排而已经持有的股票数量已超过呼和浩特投资有限责任公司应有的持股数量 72.874.732 股，激励对象须对申请行权后超过的部分暂时放弃表决权，直至激励对象因对获授的本次股票期权行权及股权分置改革的追加支付安排而持有的股份数量总和下降到 72.874.732 股后，恢复该部分股份的表决权。

注：呼和浩特投资有限责任公司的持股数量的计算标准为：

A. 目前持有的股份数量为 51.504.813 股；

B. 收回股权分置改革时为其他非流通股股东垫付的股份后的持

股数量为 56.057.486 股；

C. 呼和浩特投资有限责任公司对免费获派的认股权证充分行权后，持股数量上升为 72.874.732 股。

（三）行权安排

自股票期权激励计划授权日一年后，满足行权条件的激励对象可以在可行权日行权。激励对象应分期行权。激励对象首期行权不得超过获授股票期权的 25%，剩余获授股票期权，激励对象可以在首期行权的 1 年后、股票期权的有效期内自主行权。激励对象因对获授的本次股票期权行权及股权分置改革的追加支付安排而已经持有的股票数量超过呼和浩特投资有限责任公司应有的持股数量 72.874.732 股时，激励对象须对申请行权后超过的部分暂时放弃表决权，直至激励对象因对获授的本次股票期权行权及股权分置改革的追加支付安排而持有的股份数量总和下降到 72.874.732 股后，恢复该部分股份的表决权；否则，须等待激励对象因对获授的本次股票期权行权及股权分置改革的追加支付安排而持股数量加上拟申请行权后的股份数量总和低于 72.874.732 股时，才能申请行权。

激励对象必须在授权日之后 8 年内行权完毕，本次激励对象获授股票期权的行权资金全部由激励对象以自筹的方式解决，在此时期内未行权的股票期权作废。

评价：内蒙古伊利实业集团股份有限公司（以下简称为“伊利股份”）的前身是内蒙古呼市回民奶食品加工厂，1993 年改制后成立内蒙古伊利实业股份有限公司，1996 年 3 月 12 日在上交所挂牌上市。伊利股份的控股股东是呼和浩特投资有限责任公司，实际控制人是呼和浩特市政府，是十分典型的地方国有控股上市公司。

2006 年 4 月，伊利股份拟推出股权激励计划，对以新任高管层为主的公司员工实施股权激励，以期在竞争对手的有力进攻和行业平均利润率趋薄的形势之下，激发新任高管层全力以赴，提升竞争力。然而在董事会提出激励计划草案后，其条款因多处不合理被证监会要求修改。几经调整，直到当年 11 月才获得最终审核通过。2006 年 11 月 27 日，伊利股份正式公布实施股票期权激励计划。

2007 年 4 月 30 日，伊利股份修改股权激励计划中业绩考核的计算口径，该修改使得当期的利润因为扣除摊销期权费而大幅减少，但在计算是否满足行权条件时却可以忽略期权费的影响，这样的双重标准使得股份支付对于伊利的管理层来说简直形同虚设，被质疑为降低行权条件。2008 年 1 月 31 日，伊利发布预亏公告，称公司 2007 年度净利润将出现亏损，但实际上伊利 2007 年前三季度已经实现了 3.3 亿元的净利润，其亏损竟然像是一夜之间。

2008 年 3 月 11 日伊利股份公布 2007 年年报，公示数据表明，伊利股份亏损的真相是其大幅度计提 5.54 亿股权激励费用，最终导致 2007 年亏损 1.15 亿。公告当日，伊利股票就放量跌停，投资者损失惨重。随后，伊利股份出现 2007 年、2008 年连续两年亏损，2009 年 5 月 4 日起，交易所对伊利股票交易实行退市风险警示。

与伊利股份的亏损截然相反，其高管层却通过股权激励获得了高达 5.7 亿的股票期权收益，市场普遍质疑伊利的股权激励计划存在高管为自身谋福利的嫌疑。

虽然 2007 年伊利股份恰逢受三聚氰胺事件所累，在 2009 年三聚氰胺事件影响降低之后，伊利股份最终实现了扭亏为盈，渡过危机，但其 2006 年的股票期权激励计划至今仍然广受诟病，这与其激励计划在制定过程中就表现出的严重问题密切相关，也值得实施股权激励计划的国有控股上市公司予以重视，引以为戒。

首先，在股权激励总数的设置上，伊利股份 2006 年首次计划的激励总数就达到了 5000 万股，占当时总股本的 9.68%，直接逼近证监会和国资委规定的股权激励总量的上限，透支了未来实施股权激励的额度，对公司的长期发展造成不利影响。

其次，在激励对象的选择上，伊利股份将激励对象集中在总裁、总裁助理和核心业务骨干之中，忽视了对中高层管理人员和其他员工的激励，激励对象与激励总额的设置完全不成比例，结合伊利股份股权激励计划发布时公司董事会成员的基本情况，高级管理人员与董事会高度重合，“内部人控制”问题不容忽视，难免受到高管操纵股权激励的质疑。

最后，在行权安排和业绩指标的设置方面，伊利股份仅设置了两期行权安排，与此相对应，也仅设计了两期的业绩条件，还采用了单一的净利润增长率指标，这也为内部人控制提供了温床。查阅伊利股份的年报发现，伊利股份仅在两年内就把费用摊销完毕，这直接导致伊利股份所赚取的利润不够负担该公司股权激励成本的后果，将利润支付给激励对象之后，留给公司及广大公众投资者的，就只剩下亏损了。

第八章 高新技术企业股权激励

人才是经济社会发展的第一资源，是创新的根基，创新驱动实质上是人才驱动。深入实施人才优先发展战略，坚持把人才资源开发放在科技创新最优先的位置，优化人才结构，构建科学规范、开放包容、运行高效的人才发展治理体系，形成具有国际竞争力的创新型科技人才制度优势，努力培养造就规模宏大、结构合理、素质优良的创新型科技人才队伍，为建设人才强国作出重要贡献。

——《“十三五”国家科技创新规划》

知识经济时代以微电子和现代信息技术为核心的高新技术产业的建立和发展已经逐渐取代传统产业的优势地位，成为一个国家获得长期综合竞争优势的最主要的原动力，更是世界经济发展和社会进步的巨大推动力。与传统产业不同，高新技术产业发展的主导因素不再是厂房、机器、设备、原材料、土地、货币、有价证券等物质资本，取而代之的是以知识和创新能力为基本特征的人力资本的开发与应用。在高新技术企业中，人力资本作为最活跃的生产要素变得越来越重要，它是企业的主体，并造就了企业的核心竞争力。

高新技术企业间的竞争在很大程度上就是优秀人才的竞争。传统的高薪、高福利手段已经失去了原有可观的竞争力，高新技术企业要想吸引、留住人才，就不得不采用股权激励的手段，实现利益捆绑，风险共担、利益共享，这也是由高新技术企业的特点决定的。

首先，从企业人员构成和投资结构看，高新技术企业从事技术和产品开发的科技人员在员工总数中占有较高比例，专业技术人员的作用要远远大于其他员工，大多数高新技术企业的组织结构呈现扁平化的特征，企业的工作重心集中在研究与开发、营销与售后服务两个方面，高新技术企业的人、财、物也必然会集中于这两个方面，而高新技术企业的持续性发展又要求研发经费的持续性投入，其在经营收入的应用中占极高比例。

其次，从高新技术行业的周期定律来看，随着现代科技应用丁生产周期越来越短的趋势，高新技术产品的制造周期、物化周期、更新周期也日益缩短。高新技术企业必须高度重视高新技术成果的开发，以加速适应市场的需要，在瞬息万变的市场环境中迅速调整企业发展战略和方针，敏锐地发现市场机遇，主动快速的作出反应。

最后，从高新技术企业的成长性与风险来看，由于技术创新、市场创新以及管理创新在高新技术企业中的显著作用，高新技术企业想要保持高度的竞争优势和成长性，就需要时刻在技术创新、市场创新以及管理创新上持续付出成本，但风险在于，这类成本带来的创新回报具有不确定性，因此，在激烈的市场竞争环境之下，一旦企业创新跟不上市场需求和发展，就必然面临淘汰。据调查，我国改革开放后陆续涌现的民营科技企业，至今还能保持运营和竞争力的，十不存一。

高新技术企业的本质特征决定了其对人才资本的强烈依赖性，为了提高企业的竞争力、保障长远发展，高新技术企业不仅需要数量众多的人才，还要求企业内的人才拥有相对的稳定性。股权激励恰巧满足了高新技术企业的这一特殊需求，成为高新技术企业的必然选择。从各国股权激励的实践来看，高新技术行业也是采用股权激励措施进行薪酬制度改革、人事管理制度改革和公司治理最频繁和最具代表性的行业。

第一节 我国高新技术企业股权激励现状

2006 年 1 月 26 日，中共中央、国务院公布了《关于实施科技规划纲要增强自主创新能力的决定》，认定"进入 21 世纪，科学技术发展日新月异，科技进步和创新愈益成为增强国家综合实力的主要途径和方式，依靠科学技术实现资源的可持续利用、促进人与自然的和谐发展愈益成为各国共同面对的战略选择，科学技术作为核心竞争力愈益成为国家间竞争的焦点。我国已进入必须更多依靠科技进步和创新推动经济社会发展的历史阶段。"并决定组织实施《国家中长期科学和技术发展规划纲要（2006—2020 年）》，增强自主创新能力，努力建设创新型国家。

为适应新的形势发展，全面贯彻落实党的十七大精神和中共中央、国务院《关于实施科技规划纲要增强自主创新能力的决定》，配合落实 2007 年 3 月全国人大通过的《企业所得税法》有关高新技术企业的优惠政策，大力提升我国高新技术企业的自主创新能力，实现产业升级发展，科技部在总结以往高新技术企业认定管理工作的基础上，同财政部、国家税务总局共同制定了新的《高新技术企业认定管理办法》（以下简称《认定办法》），并于 2008

年4月14日正式公布。

《认定办法》对我国高新技术企业的定义、认定工作的组织与实施、条件与程序、罚则等进行了详细的规定。自2008年实施以来，总体运行平稳、效果良好，科技部、财政部、税务总局联合成立了高新技术企业认定管理工作领导小组，指导各省级认定机构负责具体认定工作，但随着科学技术的不断创新和发展，以及政府行政改革的逐步推进，旧的《认定办法》也逐步显露出一些问题。

为了贯彻落实党的十八届五中全会提出的创新、协调、绿色、开放、共享五大发展理念，落实推进供给侧结构性改革的各项举措，用税收减法换“双创”新动能加法，以促进产业结构调整，增强持续增长动力，科技部、财政部、税务总局在广泛深入调查研究的基础上，修订完善了《认定办法》，经国务院批准后于2016年1月29日印发。

根据最新的《认定办法》，我国的高新技术企业，是指“在《国家重点支持的高新技术领域》内，持续进行研究开发与技术成果转化，形成企业核心自主知识产权，并以此为基础开展经营活动，在中国境内（不包括港、澳、台地区）注册的居民企业。”《国家重点支持的高新技术领域》包括电子信息、生物与新医药、航空航天、新材料、高技术服务、新能源与节能、资源与环境、先进制造与自动化八个类别。

2002年8月21日，财政部、科技部公布了《关于国有高新技术企业开展股权激励试点工作指导意见的通知》[①]，决定在坚持效率优先、兼顾公平、风险与收益对等、激励与约束相结合的原则下，在经省级以上科技主管部门认定为高新技术企业的国有独资公司和国有控股的有限责任公司、股份有限公司（上市公司除外）中开展股权激励试点，为我国高新技术企业实施股权激励开辟了“绿色通道”，促使高新技术企业成为我国股权激励实践的先行者。

① 该通知已于2016年6月25日被《国务院关于宣布失效一批国务院文件的决定》（国发〔2016〕38号）废止。

随着国家《科学技术进步法》《促进科技成果转化法》《专利法》等法律法规的修订和完善，国家进一步鼓励科学探索和技术创新，推进科技进步，促进科技成果转化。在国家的鼓励和引导下，我国高新技术企业积极推出股权激励计划，无论是在上市公司，还是非上市公司中，实施股权激励的高新技术企业数量在不断地增加，成为了实施股权激励企业的中坚力量。

一、我国高新技术企业股权激励的立法规范与市场环境

（一）我国高新技术企业股权激励的立法规范

自 2002 年 8 月 21 日《关于国有高新技术企业开展股权激励试点工作指导意见的通知》[①] 公布实施以来，我国高新技术企业股权激励围绕国有高新技术企业为试点而展开，先后公布系列规定均以国有高新技术试点企业的股权激励规范为主要内容。现行高新技术企业股权激励的立法规范包括：

1. 财政部、国家发展改革委、科技部、劳动保障部《关于企业实行自主创新激励分配制度的若干意见》

为了贯彻实施《国家中长期科学和技术发展规划纲要（2006—2020 年）》，支持企业自主创新，维护企业及其研发人员的知识产权权益，改革和完善企业分配和激励机制，2006 年 10 月 25 日，财政部、国家发展改革委、科技部、劳动保障部联合公布了《关于企业实行自主创新激励分配制度的若干意见》，意见指出，“高新技术企业在实施公司制改建或者增资扩股过程中，可以对关键研发人员奖励股权（股份）或者按一定价格系数出售股权（股份）。”

2.《国有科技型企业股权和分红激励暂行办法》

早在 2010 年，中关村国家自主创新示范区就在开展企业股权和分红激励试点工作，此后，试点政策陆续推广到武汉东湖、上海张江等国家自主创新

① 已失效。

示范区及安徽合芜蚌等自主创新综合试验区，取得了较好的政策效果。为了将中关村试点的股权激励推广到全国国有科技型企业，加快实施创新驱动发展战略，建立国有科技型企业自主创新和科技成果转化的激励分配机制，调动技术和管理人员的积极性和创造性，推动高新技术产业化和科技成果转化，促进国有科技型企业健康可持续发展，2016 年 2 月 26 日，财政部、科技部、国资委联合制定并公布了《国有科技型企业股权和分红激励暂行办法》，对中国境内具有公司法人资格的国有及国有控股未上市科技企业（含全国中小企业股份转让系统挂牌的国有企业）实施股权激励和分红激励进行指导和规范。

（二）我国高新技术企业股权激励的市场环境

2016 年 4 月 24 日，2016 年度全国高新技术发展及产业化工作会议在北京召开。会议总结了“十二五”以来高新领域重点工作和成就，准确地概括了高新技术产业的市场环境：“十二五”时期是高新领域科技创新成果涌现、喜报频传的五年，特别是党的十八大以来，高新领域积极贯彻落实党中央国务院关于科技创新的一系列重大决策部署，创新能力显著增强，战略高技术实现重大突破，重点产业领域攻克了一批核心关键技术，创新创业环境明显改善，我国高新技术和产业化工作不断取得新成就。[①] 总体来说，我国高新技术企业实施股权激励，目前拥有非常良好的市场环境。

1. 全国高新技术企业研发投入稳定攀升

R&D 经费，即全社会研究与试验发展经费，是决定国际科技发展的一个关键。R&D 经费投入强度，即 R&D 经费支出与 GDP 之比，是国际上用于衡量一国或一个地区在科技创新方面努力程度的重要指标。

根据国家统计局发布《2018 年国民经济和社会发展统计公报》统计，

---

① “2016 年度全国高新技术发展及产业化工作会议在北京召开”，南方网：http://tech.southcn.com/t/2016-04/28/content_146801451.htm，最后访问时间为 2017 年 5 月 23 日。

2018年我国研究与试验发展（R&D）经费支出为19657亿元，比上年增长11.6%，其中基础研究经费1118亿元。[①]“2018年我国研究开发费用支出占GDP比重预计为2.15 %，研发人员总量预计达到418万人，居世界第一。国际科技论文总量和被引次数稳居世界第二。发明专利申请量和授权量居世界首位。国家综合创新能力目前位列世界第17位。”在全社会R&D支出中，占有绝对大比例的企业研发支出也在逐年攀升，证明中国企业，特别是高新技术企业对创新研发也愈加重视，对提升整个国家的科技创新能力发挥着举足轻重的作用。

以华为为例，其“在过去10年间的研发投入达到约380亿美元。华为高管近日公开透露，在2016年全球研发投入排名前十的企业中，华为名列第九，约92亿美元，超过苹果、思科等巨头。”[②]

2. 系统的科技政策对企业科技创新起到良好的推动作用

我国自改革开放以来，有关促进企业科技创新的政策经历了从无到有、从零散到系统、从笼统概括到更具针对性和可操作性的发展过程。

1978—1985年是高新技术产业政策的恢复和探索期，1978年3月，全国科学技术大会的召开，标志着中国迎来“科学的春天”。这一时期政策制定的主要目的是积极探索、恢复和发展因“文革”而中断的科学技术，一系列有利于科技发展的政策文件包括《关于闲散在社会上的科学技术人员安排使用意见的报告》《关于抓紧研制重大技术装备的决定》《关于科技工作者合理流动的若干规定》《中共中央关于科技体制改革的决定》等，但总体来讲，缺乏明确的发展高新技术的计划和政策。

1986—1990年是高新技术产业政策的启动和发展期。1986年11月18日，中共中央、国务院批准《国家高技术研究发展计划纲要》，标志着中国高技术

① “2018年我国研发经费支出近2万亿元：主要科技创新指标稳步提升”，中国政府网：http://www.gov.cn/shuju/2019-03/05/content_5370819.htm，最后访问时间为2019年4月22日。

② “2017年科技部工作会议：2016年研发支出占GDP的2.1%”，东方财富网：http://finance.eastmoney.com/news/1355,20170111701729338.html，最后访问时间为2017年5月23日。

政策的真正启动，正式把中国推向了世界高技术竞争的起跑线上。国家随后颁发了《1986—2000年科学技术发展规划》《关于进一步推进科技体制改革的若干规定》《关于深化科技体制改革的若干决定》等政策文件，并于1988年批准实施“火炬计划”——中国第一个发展高新技术产业的计划，有力地促进了这一时期中国高新技术领域的良好快速发展。

1991—1999年应用和规范期，随着《中华人民共和国科学技术进步法》《中华人民共和国科技成果转化法》《国家高新技术产业开发区高新技术企业认定条件和办法》《国家高新技术产业开发区若干政策的暂行规定》等法律法规的相继颁布，在强有力的法律保障之下，中国政府为真正促进高新技术为经济发展服务，实现高新技术产业化，陆续出台了一系列重大政策文件。据不完全统计，这一时期，国务院与有关部委针对高新技术的引导和规范先后出台了150多个政策性文件，内容几乎涉及高新技术产业发展的各个方面，我国高新技术政策的制定思路逐渐开阔与规范，但值得注意的是，这一阶段中国高新技术政策的指导思想仍然停留在“市场换技术”“模仿创新”阶段，自主创新的意识仍未树立，也缺乏法制化。

2000—2005年进入转型期，政府越来越意识到自主创新的重要价值，逐渐抛弃了“引进”和“模仿”的战略，颁布和出台了一系列有利于高新技术产业增强自主创新能力的政策文件，包括:《鼓励软件产业和集成电路产业发展的若干政策》《关于鼓励软件产业和集成电路产业发展有关税收政策问题的通知》《关于鼓励海外留学人员以多种形式为国服务的若干意见》《国民经济和社会发展第十个五年计划科技教育发展专项规划》《国家高新技术产业开发区技术创新纲要》等。

2006年之后，国家部署实施《国家中长期科学和技术发展规划纲要（2006—2020年）》，明确提出将“自主创新，重点跨越，支撑发展，引领未来”作为未来15年科技工作的指导方针，这标志着我国高新技术产业政策的重大转型，国家彻底抛弃了“技术引进”“市场换技术”的指导思想。此后，国家陆续公布《关于实施科技规划纲要增强自主创新能力的决定》《关于促进国家高新技术产业开发区进一步发展增强自主创新能力的若干意见》《高新技术产业发展"十一五"规划》《国务院关于加快培育和发展战略性新兴产业的决定》等系列政策，高新技术产业发展政策越来越细致、具有可操作性，促进我国高新技术产业发展到一个新的历史高度，并持续影响着国家、企业和科研工作实践者自主创新能力的提高以及科技成果产业化的转化。

3. 持续、大力度的税收优惠政策提高了高新技术企业抵御风险的能力

高新技术企业科技创新活动的收益性是非常可观的，但这种高收益性往往也伴随着高风险性。只有研发成功，且能够适应市场的科研成果，才能带来较高的利润。研发失败往往也会导致企业的重大损失。特别是处于初创期的高新技术企业，科研创新的成本和风险都十分巨大。因此，许多重视高新技术产业创新发展的国家都会针对初创和发展初期的高新技术产业给予许多的优惠政策，其中最常见的就是税收优惠政策。

在科研技术创新的过程中，包括研究开发、技术管理与组织、工程设计与制造、市场营销等诸多方面，许多环节都涉及缴税问题。这些复杂的税收环节给初创和发展期的高新技术企业增加了许多研发成本和风险。为了鼓励高新技术企业技术创新、提高其抗风险的能力，我国税收法律规定及相关政策为高新技术企业的快速发展提供了较好的税收支持。

税收优惠政策提高了高新技术企业抵御风险的能力，增强了研发能力，对我国高新技术企业的发展起到了积极的促进作用。

二、我国高新技术企业股权激励现状

随着我国高新技术产业的不断崛起和发展，其在国民经济中占有的比重越来越大，对我国综合国力的提升具有重要意义。高新技术产业的大力发展及其本身的产业特征共同决定了其在股权激励实践中的"导航标"作用。无论是在上市公司还是非上市公司，高新技术企业都在为股权激励的实施和全面推广贡献着最为丰富和宝贵的经验。

根据2017年6月8日上海荣正投资咨询有限公司发布的《中国企业家价值报告（中国上市公司高管薪酬与持股状况综合研究报告）（2017年）》①，在2006年—2016年期间，在实施股权激励的A股上市公司中，数量排名前三的行业分别是计算机、通信和其他电子设备制造业，电气机械及器材制造业以及软件和信息技术服务业，三个行业都属于资本、技术密集型的高新技术行业。

据和君咨询股权激励研究中心分析整理，在2016年实施股权激励的新三板挂牌企业中，信息技术行业成为全年新三板公布股权激励方案公司数量最多的行业。“按照中国证监会的行业分类标准，出台股权激励计划的软件和信息技术服务业新三板公司数量高达75家，占比超过四分之一，遥遥领先于其他行业。居2—4位的行业分别是互联网和相关服务业（26家），专用设备制造业（20家），计算机、通信和电子设备制造业（19家）。排名前四位的行业合计占全年披露股权激励方案的新三板公司数量的47.61%。此外，生物医药、化工、商务服务、机械制造等行业，也是推行股权激励公司数量较多的行业。上述行业处于创新创业时代的前沿，优秀管理团队和技术人才对于企业发展的助推作用尤为突出，推行股权激励的需求相比其他行业更为迫切。”②

高新技术企业股权激励的发展过程是伴随着高新技术行业的不断发展而增长的，从21世纪初的国家引导和鼓励的企业试点，到目前的大规模应用与实施，已经形成了难以逆转的急速增长态势，并占有绝对的数量和质量优势。十多年来，高新技术企业的股权激励实践通过不断地试验改进，新颖有效的股权激励方案不断推出。从现阶段看来，我国高新技术企业的股权激励实践也呈现出了鲜明的特征。

---

① “荣正咨询发布《中国企业家价值报告（2017）》”，金融界：http://finance.jrj.com.cn/2017/06/08180322588760.shtml，最后访问时间为2017年5月10日。

② “2016年新三板挂牌公司股权激励概览”，知乎专栏：https://zhuanlan.zhihu.com/p/26673196，最后访问时间为2017年5月10日。

（一）股权激励多样化、多期次

高新技术企业在设计和实施股权激励计划时，不再局限于选择单一的股权激励工具，或者推出一次性适用的激励计划，而是越来越倾向于选择与企业本身的行业特征、发展阶段相适应的，多样化、多期次的股权激励方案。

高新技术企业多样化的股权激励方案，主要指在实施方案上，除单一选择股票期权、限制性股票、股票增值权、期股、虚拟股权、岗位分红权等某一种股权激励方式，还会选择和设计多种股权激励方式的组合；除选用现有的经典股权激励方式之外，还会根据企业发展特征和激励对象的具体情况，量身定做适用于自身的股权激励模式。例如，上海家化就分别实施了股票期权、限制性股票和股票增值权激励方式，用友网络两次实施股票期权计划和限制性股票激励计划。

多期次的股权激励方案主要指在实施次数上，高科技企业越来越倾向于推出多期、多轮激励方案，连续实施股权激励计划，不断建立和完善企业的中长期激励机制。具有代表性的是网速科技，已公告了五期规范类股权激励计划，形成了良性的内部激励系统和中长期激励文化，驱动人才和企业的深度合作、共同成长。

（二）核心科技人才成为最主要的激励对象

近年来，随着高新技术行业竞争的加剧，高新技术企业实施股权激励的比例不断增加，核心科技人才成为最主要的激励对象。高新技术企业股权激励方案中，用于激励核心科技人才的股份数额占激励总数额的比重逐渐增大，激励比例一般都在 50% 以上。例如，在上市公司中，万马股份、动力源、英威腾等对于核心科技人才的激励比例都超过了 50%。

高新技术企业在股权激励方案中单独将高管人员作为激励对象的股权激励方案占少数，整体的激励重点放在企业核心技术和业务人员上。高新技术企业越来越重视科技人才的激励，高额的股权激励比例激发科技人才积极努力工作，直接保障了企业的核心竞争力，推动企业不断的发展和进步。

（三）激励方案的周期较长

较长的激励方案周期能够加大激励对象的退出成本，实现长期的约束：在股权的退出机制方面，只要股权激励计划未全部实施完毕，一旦激励对象离开公司，其享有的激励股份直接被收回，激励对象也因此丧失股权激励可能带来的全部收益。

在大力的激励强度保障激励作用的前提下，高新技术企业往往会在方案中设计较长的周期。例如，设计较长的激励对象的考察期、股票期权的等待期、限制性股票的禁售期，或者要求激励对象分期分批行权等。数据显示，高新技术企业的股权激励周期最短为 1 年，最长为 10 年，大部分保持在 4—5 年。较长的激励周期可以保证激励对象，特别是科技人才留在企业研发新项目和开发新技术，促进企业科技成果的转化，为企业创造更高的业绩。

第二节　我国高新技术企业股权激励的区域实践

第二次世界大战以后，各国纷纷致力于工业区的开发建设，到第三次工业革命中后期，革命促进了社会经济结构和社会生活结构的重大变化、世界经济结构的重新调整，传统工业被逐渐淘汰，高科技工业迅速发展，工业区的开发也逐渐上升为集聚高新技术企业的高科技园区的开发，高科技园区成为吸引高科技工业、促进经济发展的重要手段。

我国高科技园区的建设起源于 20 世纪 80 年代初，园区企业主要以集成电路、软件、生物医药、移动通信设备、新能源、新材料等高科技类型的产业为主导。经过 30 年的发展，国家高新区和产业化基地已成为推动区域经济发展的重要增长极，为国家战略性新兴产业的培育和发展提供强大支撑。

与普通经济开发区相比，高科技园区除产业结构特殊之外，还拥有两大优势：政策和人才。政策方面，高科技园区及园区企业往往可以享受国家和地方的诸多优惠政策，享受高速互联网服务、政府资金补助等多种优惠资源；人才方面，高科技园区的规划与建设往往考虑了所在区划的高新技术人才优势，大部分的高科技园区都临近高校，或者在高校毕业生就业辐射的重点范围之内，可以为高新技术企业的发展提供源源不断的人才资源。

正因为相比独立的高新技术企业而言，高科技园区对于人才的依赖和人才的优势都十分突出，为了保持人才优势，保障高科技园区及园区企业核心人才的稳定性，高科技园区也会更加迫切地需求股权激励等中长期激励和约束机制，以吸引人才、留住人才。

在目前国务院批准的一百余个高科技园区中，许多园区均推出了符合园区特色的股权激励指导和实施政策，实施时间较长，且比较有代表性的是中关村国家自主创新示范区、天津滨海新区和武汉东湖高科技园区。

一、中关村国家自主创新示范区企业股权激励实践

1984 年前后，在北京市海淀区中关村地区陆续出现了一批“下海”经商的科技人员，他们通过创办民营科技企业的方式，探索科技成果转化为生产力的途径。直至 1987 年，以“两通两海”（即四通公司、信通公司、科海公司、京海公司）为代表的近百家科技企业聚集在南起白石桥，沿白颐路（今中关村大街）向北至成府路和中关村路至海淀路一带、东至学院路，形成大写的英文字母“F”型地区，这就是著名的“中关村电子一条街”，也是中关村国家自主创新示范区的源起。

1988 年 5 月，经国务院批准，北京市人民政府印发了《北京市新技术产业开发试验区暂行条例》，规定“以中关村地区为中心，在北京市海淀区划出 100 平方公里左右的区域，建立外向型、开放型的新技术产业开发试验区”，实验区内的新技术企业可以享受税收减免、生产出口产品所需的进口原材料

和零部件免领进口许可证、优先提供外汇贷款等各项优惠政策。由此，中国第一个国家级高新技术产业开发区正式成立。

1999 年 8 月，北京市新技术产业开发试验区更名为中关村科技园区。2009 年 3 月 13 日，国务院印发《关于同意支持中关村科技园区建设国家自主创新示范区的批复》，明确“同意中关村科技园区建设国家自主创新示范区”，并同意开展股权激励试点支持中关村科技园区建设国家自主创新示范区，“在中关村科技园区范围内的高等院校、科研院所中，开展职务科技成果股权和分红权激励的试点。在中关村科技园区范围内的院所转制企业以及国有高新技术企业中进行股权和分红权激励改革，对作出突出贡献的科技人员和经营管理人员实施期权、技术入股、股权奖励、分红权等多种形式的激励。由财政部、科技部会同有关部门制订具体实施办法。”

2009 年 4 月 2 日，中共北京市委、北京市人民政府公布了《关于建设中关村国家自主创新示范区的若干意见》，进一步明确“开展股权激励和科技成果转化奖励的试点。在高等院校、科研院所、国有高新技术企业中，开展职务科技成果股权和分红权激励试点。在院所转制企业、国有高新技术企业中，对作出突出贡献的科技人员和经营管理人员，实施期权、技术入股、股权奖励等多种形式的股权和分红权激励。在高等院校、科研院所中，开展对职务科技成果完成人进行科技成果转化收益奖励的试点。”

在《关于同意支持中关村科技园区建设国家自主创新示范区的批复》《关于同意支持中关村科技园区建设国家自主创新示范区的批复》两个规范性文件的指导之下，中关村国家自主创新示范区正式展开了股权和分红权激励的试点工作，至今已经积累了许多先行先试的经验，为高新技术企业股权激励向全国的推广提供了许多优秀的范式和有益的借鉴。

（一）中关村国家自主创新示范区企业股权激励的相关政策

按照公布的时间顺序，中关村国家自主创新示范区企业股权激励的现行相关政策包括：

1.《关于印发股权激励改革试点单位试点工作指导意见的通知》

为贯彻《关于同意支持中关村科技园区建设国家自主创新示范区的批复》和《关于建设中关村国家自主创新示范区的若干意见》的精神，推进中关村国家自主创新示范区股权激励试点工作，调动广大科技人员的积极性和创造性，促进科技研发、科技成果转化与转移，提高高等院校、科研院所、院所转制企业以及国有高新技术企业的自主创新能力，2009 年 5 月 8 日，北京市中关村科技园区管理委员会公布实施《关于印发股权激励改革试点单位试点工作指导意见的通知》，规范了示范区股权激励的试点范围与激励对象、激励方式、组织落实、工作流程。

2.《关于中关村国家自主创新示范区股权激励改革试点工作若干问题的解释》

为进一步推动中关村国家自主创新示范区实施股权激励改革试点工作，针对试点初期阶段所遇到的具体问题，北京市中关村科技园区管理委员会继《关于印发股权激励改革试点单位试点工作指导意见的通知》公布后，于同年公布《关于中关村国家自主创新示范区股权激励改革试点工作若干问题的解释》，按照国家和北京市有关政策的规定，就股权激励改革试点工作的条件、标准和方式等相关问题作出了解释。

3.《中关村国家自主创新示范区企业股权和分红激励实施办法》

《关于印发股权激励改革试点单位试点工作指导意见的通知》等相关文件公布之后，中关村国家自主创新示范区股权激励试点迅速得以开展，自主创新激励政策的辐射带动效果已经显现。在地方和企业的“试水”和“破冰”实践中，要求细化或改革现行政策的呼声越来越大。2010 年 2 月 1 日，根据《关于同意支持中关村科技园区建设国家自主创新示范区的批复》“由财政部、科技部会同有关部门制订具体实施办法”的委任性规则，财政部和科技部联合制定并下发《中关村国家自主创新示范区企业股权和分红激励实施办法》，对示范区股权激励试点进行了四个方面的规定：

“一是区分股权奖励、股权出售和股票期权 3 种股权激励形式，规定了每种情形下激励对象、实施条件、可授予的股权数额、业绩考核条件等，并对股权来源、转让条件、股权份额限制等股权管理内容作出了规定。

二是落实《促进科技成果转化法》的规定，允许企业在以科技成果自行实施产业化、对外转让、合作、作价入股过程中给予技术人员分红激励，并探索岗位分红制度。

三是完善激励方案的拟订和审批的内外部程序，对激励方案涵盖内容、审核程序、责任承担作出了明确规定。

四是建立股权和分红激励的后续管理机制，要求企业将激励方案等进行报备和适当披露。"①

4.《中关村国家自主创新示范区市属单位股权激励改革试点工作实施意见》

为了更好地贯彻落实财政部、科技部《中关村国家自主创新示范区企业股权和分红激励实施办法》，进一步推动中关村国家自主创新示范区市属单位股权激励改革试点工作，中关村示范区领导小组办公室于2010年下发《中关村国家自主创新示范区市属单位股权激励改革试点工作实施意见》，对示范区内市属国有及国有控股的院所转制企业、高新技术企业、高等院校和科研院所以科技成果作价入股的企业以及其他科技创新企业开展股权激励试点的相关工作进行规范，主要内容包括：激励方式和要求、市属单位科技成果评估结果备案、市属企业资产评估值核准或备案、市属事业单位非经营性资产转经营性资产的有关问题、市属单位国有产权变更手续、市属科研院所、高等学校工资总额管理、股权激励实施相关财务信息的披露与报送。

5.《中关村国家自主创新示范区企业股权激励登记试行办法》

为了促进建立有利于企业自主创新的激励与约束机制，推动高新技术产业化和科技成果转化，规范股权激励的有关登记行为，2010年9月6日，北

① "财政部企业司、科技部政策法规司负责人就《中关村国家自主创新示范区企业股权和分红激励实施办法》答记者问"，中关村国家自主创新示范区官网：http://www.zgc.gov.cn/zcfg10/zcjd_jd/gqjl_10jd/57842.htm，最后访问时间为2017年5月12日。

京市工商行政管理局颁布《中关村国家自主创新示范区企业股权激励登记试行办法》，对中关村国家自主创新示范区内的国有及国有控股的院所转制企业、高新技术企业及其他科技创新企业以企业股权为标的对作出突出贡献的技术人员和经营管理人员实施激励，以及示范区内的高等院校、科研院所以科技成果入股实施股权激励申请办理登记注册进行了规范。

6.《关于进一步推进中关村国家自主创新示范区股权激励试点工作的通知》

在中关村国家自主创新示范区成功推进股权激励试点工作的前提下，中关村示范区领导小组办公室于2010年12月9日公布《关于进一步推进中关村国家自主创新示范区股权激励试点工作的通知》，以实现“在市、区所属国有全资和控股的科技型企业中全面开展分红激励，稳妥推进符合条件的科技型企业开展股权奖励与出售、股票期权的激励，确保2010年年底前完成100家以上企业股权激励方案的申报审批工作。积极鼓励中关村民营科技企业开展股权激励。”

7.《关于〈中关村国家自主创新示范区企业股权和分红激励实施办法〉的补充通知》

2011年1月10日，财政部、科学技术部公布《关于〈中关村国家自主创新示范区企业股权和分红激励实施办法〉的补充通知》，进一步明确了中央级事业单位全资与控股企业股权和分红激励方案的审批主体及程序。

（二）中关村国家自主创新示范区企业股权激励的特点

中关村国家自主创新示范区是全中国第一个国家级高新技术产业开发区、第一个国家自主创新示范区，也是全国第一个出台股权激励政策的园区，通过系列的政策规定和试点实践，中关村国家自主创新示范区股权激励形成了自身特色，天津滨海高新技术产业开发区、武汉东湖国家自主创新示范区等国家高新技术产业园区随后相继出台的股权激励政策均借鉴了中关村园区的先进政策和经验。

1. 示范区企业参与股权激励的条件

在高新技术企业开展股权激励试点，其根本目的在于“调动广大科技人员的积极性和创造性，促进科技研发、科技成果转化与转移，提高高等院校、科研院所、院所转制企业以及国有高新技术企业的自主创新能力”。为了大力度的鼓励和引导示范区企业参与到试点中来，中关村国家自主创新示范区为试点企业提供了诸多的支持措施，包括：优先参与高新技术企业认定辅导，优先享受相关优惠政策辅导，将符合条件的产品认定列入《北京市自主创新产品目录》，同等条件下政府优先采购等。诸多的优惠措施也同时为成为股权激励试点的企业设置了门槛。

首先，相关政策圈定了股权激励的试点范围。《中关村科技园区股权激励改革试点单位试点工作指导意见》第 3 条规定：“示范区内的北京市属高等院校、科研院所、院所转制企业以及国有高新技术企业，可以申请成为股权激励改革的试点单位。示范区外的北京市属高等院校、科研院所、院所转制企业以及国有高新技术企业可以参照本意见执行。”《中关村国家自主创新示范区企业股权和分红激励实施办法》第 2 条规定：“本办法适用于中关村国家自主创新示范区内的以下企业：（一）国有及国有控股的院所转制企业、高新技术企业。（二）示范区内的高等院校和科研院所以科技成果作价入股的企业。（三）其他科技创新企业。”

其次，示范区的股权激励政策还规定了试点单位应当满足的条件。《中关村科技园区管理委员会关于中关村国家自主创新示范区股权激励改革试点工作若干问题的解释》第 1 条规定：“试点单位应满足以下条件：（一）根据《关于国有高新技术企业开展股权激励试点工作的指导意见》（国办发〔2002〕48 号）[①] 和《关于企业实行自主创新激励分配制度的若干意见》（财企〔2006〕383 号）的规定，国有企业实施股权激励工作，应是高新技术企业和中关村国家自主创新示范区内的创新创业型企业。（二）根据《关于国有高新技术企业开

① 该文件由《国务院关于宣布失效一批国务院文件的决定》（国发〔2016〕38 号）文件宣布失效。

展股权激励试点工作的指导意见》（国办发〔2002〕48号）规定，拟采取股权奖励、股权出售或者技术折股方式的非公司制企业，可以在企业改制同时实施股权激励，但应同时符合企业改制和股权激励的政策规定。（三）试点单位有合并、分立行为的，应在完成上述行为后实施股权激励。（四）试点单位存在产权（股权）纠纷的，应在清晰产权（股权）关系后，方可开展股权激励改革试点工作。”

《中关村国家自主创新示范区企业股权和分红激励实施办法》第5条规定，“实施股权和分红激励的企业，应当符合以下要求：（一）企业发展战略明确，专业特色明显，市场定位清晰。（二）产权明晰，内部治理结构健全并有效运转。（三）具有企业发展所需的关键技术、自主知识产权和持续创新能力。（四）近3年研发费用占企业销售收入2%以上，且研发人员占职工总数10%以上。（五）建立了规范的内部财务管理制度和员工绩效考核评价制度。（六）企业财务会计报告经过中介机构依法审计，且近3年没有因财务、税收违法违规行为受到行政、刑事处罚。”

2. 示范区企业股权激励的激励对象

中关村国家自主创新示范区股权激励的相关政策较为严格地限制了激励对象的范围，从2009年《中关村科技园区股权激励改革试点单位试点工作指导意见》起，就规定，“激励对象是对试点单位做出突出贡献的科技人员和经营管理人员。做出突出贡献的科技人员，是指关键科技成果的主要完成人、重大研发项目的负责人、对主导产品或核心技术做出重大创新或改进的主要技术人员。做出突出贡献的经营管理人员，是指利用自己的管理知识，参与战略决策、领导某一主要业务领域、全面负责实施某一领域业务工作并做出突出贡献的中、高级经营管理人员。”

《中关村科技园区管理委员会关于中关村国家自主创新示范区股权激励改革试点工作若干问题的解释》在对股权（份）出售和奖励的有关问题作解释时明确“经营管理人员不适用股权奖励方式”。

《中关村国家自主创新示范区企业股权和分红激励实施办法》进一步明确

了示范区企业股权和分红激励的对象，第4条规定：“激励对象应当是重要的技术人员和企业经营管理人员，包括以下人员：（一）对企业科技成果研发和产业化做出突出贡献的技术人员，包括企业内关键职务科技成果的主要完成人、重大开发项目的负责人、对主导产品或者核心技术、工艺流程做出重大创新或者改进的主要技术人员，高等院校和科研院所研究开发和向企业转移转化科技成果的主要技术人员。（二）对企业发展做出突出贡献的经营管理人员，包括主持企业全面生产经营工作的高级管理人员，负责企业主要产品（服务）生产经营合计占主营业务收入（或者主营业务利润）50%以上的中、高级经营管理人员。企业不得面向全体员工实施股权或者分红激励。企业监事、独立董事、企业控股股东单位的经营管理人员不得参与企业股权或者分红激励。”

3. 示范区企业股权激励的激励工具

在中关村国家自主创新示范区股权激励的相关政策为示范区内企业实施股权激励提供了多样化的激励工具，充分体现出试验和鼓励精神。

根据《中关村科技园区股权激励改革试点单位试点工作指导意见》第5条的规定，“参加试点的高等院校和科研院所可以采取科技成果入股、科技成果收益分成以及其它激励方式；院所转制企业和国有高新技术企业可以采取科技成果入股、科技成果折股、股权奖励、股权出售、股份期权、分红权、科技成果收益分成以及其它激励方式。”

《中关村国家自主创新示范区企业股权和分红激励实施办法》进一步明确了示范区内使用该实施办法的企业股权激励方式：“股权激励，是指企业以本企业股权为标的，采取以下方式对激励对象实施激励的行为：（一）股权奖励，即企业无偿授予激励对象一定份额的股权或一定数量的股份。（二）股权出售，即企业按不低于股权评估价值的价格，以协议方式将企业股权（包括股份，下同）有偿出售给激励对象。（三）股票期权，即企业授予激励对象在未来一定期限内以预先确定的行权价格购买本企业一定数量股份的权利。分红激励，是指企业以科技成果实施产业化、对外转让、合作转化、作价入股形成的净收益为标的，采取项目收益分成方式对激励对象实施激励的行为。”

4. 示范区企业股权激励的监管

为了更好地规范示范区企业股权激励实践，确保正确的引导，在相关政策中，中关村国家自主创新示范区还特别设置了监管措施。

《中关村科技园区股权激励改革试点单位试点工作指导意见》第16条规定："拟参加试点的单位提出试点申请，报上级主管部门同意后，向试点工作组提出申请，并向试点工作组办公室报送相关材料，经试点工作组审核同意后列入试点单位名单。"

《中关村国家自主创新示范区企业股权和分红激励实施办法》在第七章激励方案管理中，明确企业应当向本级财政、科技部门报送激励方案、批准文件、股东（大）会决议、审计报告、资产评估报告、法律意见书等，要求企业应当在经审计的年度财务会计报告中披露实施激励涉及的业绩条件、净收益等财务信息等情况，及时办理国有资产产权登记和工商变更登记手续。

在《关于〈中关村国家自主创新示范区企业股权和分红激励实施办法〉的补充通知》中，财政部、科学技术部明确企业股权和分红激励方案的审批主管部门为教育部（财务司、科技发展中心）、工业和信息化部（财务司）、中科院（计划财务局），明确了主管部门的审批时间和程序，同时规定企业股权和分红激励方案申报前，应当由中央级事业单位审核通过。

二、天津滨海高新技术产业开发区企业股权激励实践

天津滨海高新技术产业开发区的前身为"天津新技术产业园区"，1988年3月经天津市委、市政府批准建立。1991年，天津新技术产业园区被批准成为首批国家级高新技术产业开发区。2009年3月5日，《国务院关于同意天津新技术产业园区更名为天津滨海高新技术产业开发区的批复》同意将"天津新技术产业园区"更名为"天津滨海高新技术产业开发区"。

天津滨海高新技术产业开发区总体规划面积超过300平方公里，由华苑

科技园、未来科技城南区（渤龙湖科技园）、未来科技城北区（宁河科技园）、海洋科技园四个核心区组成，作为我国未来四大科技城之一，天津滨海高新技术产业开发区的功能定位为：全新运行机制的国际人才特区；引领科技创新的产业研发平台；聚焦高端要素的成果转化基地；发展战略产业的全球策源高地；创新发展模式的先导示范区域；彰显人文生态的宜居乐业新城。

天津滨海高新技术产业开发区十分重视示范区内人才，特别是高端科技人才的招纳和培养，除股权激励的相关政策外，还出台了许多鼓励和奖励科技研发、培养高端科技人才的政策，包括《天津新技术产业园区鼓励科技领军人才创新创业暂行办法》《天津新技术产业园区技术创新奖奖励办法（试行）》《天津滨海高新技术产业开发区鼓励海外高层次留学人员创新创业暂行办法》《天津滨海高新技术产业开发区支持产业技术创新鼓励办法》等。在大力的人才政策的引导之下，天津滨海高新技术产业开发区吸引了来自美国、英国、日本等 20 多个国家的数百名归国留学人员，其中多人入选中央和天津市“千人计划”。

（一）天津滨海高新技术产业开发区企业股权激励的相关政策

1.《天津高新区科技型企业股权激励先行先试工作暂行办法》

根据天津滨海高新技术产业开发区相关发展建设文件，为了“促进天津滨海高新技术产业开发区科技和金融结合，加快科技成果转化，增强自主创新能力，培育发展战略性新兴产业，通过股权激励先行先试工作，聚集高端资源，鼓励和支持高新技术人才创新创业，完善科技型企业的公司法人治理结构，支撑和引领经济发展方式转变，加快天津滨海高新技术产业开发区建设国家创新型园区和国家高层次人才基地”，天津滨海高新技术产业开发区管理委员会于 2009 年 2 月 9 日颁布实施《天津高新区科技型企业股权激励先行先试工作暂行办法》。暂行办法的内容包括：实施目的、适用范围、试点企业条件、激励股份的数额限制、股权激励协议的内容要求、审批程序等。

2.《天津滨海高新技术产业开发区科技型企业股权激励先行先试工作试点方案》

为了进一步落实《天津滨海高新技术产业开发区科技型企业股权激励先行先试工作暂行办法》的实施，细化相关条件和程序，天津滨海高新技术产业开发区管理委员会在暂行办法颁布的同时，还制定颁布了《天津滨海高新技术产业开发区科技型企业股权激励先行先试工作试点方案》，对方案特点、试点范围和条件、试行内容、工作程序、相关事项、受理部门、试行时间作出了详细的规定。

（二）天津滨海高新技术产业开发区企业股权激励的特点

天津滨海高新技术产业开发区的股权激励政策是在中关村国家自主创新示范区股权激励成功开展之后开始制定实施的，在借鉴其试点经验基础之上，天津滨海高新技术产业开发区根据区域定位、发展规划和区域内企业的特色，在一定程度上对股权激励政策予以变动和创新，形成了自身的特点。

1. 天津滨海高新技术产业开发区放宽试点企业的参与条件

为了更大范围地鼓励区内企业参与股权激励先行先试的试点工作中来，天津滨海高新技术产业开发区放弃了中关村国家自主创新示范区对企业参与试点的严格条件要求，形成了整体、框架式的条件要求——实行股权激励的试点企业，技术先进，市场潜力大，产业化条件成熟，具有明确的发展战略；企业产权明晰，建立与企业发展相适应的公司治理体系和内部控制制度；新创办企业的启动资金应包含个人和社会其他类型的投资资金等。

2. 激励方式上未采用分红权激励方式

与中关村国家自主创新示范区股权激励试点政策不同的是，天津滨海高新技术产业开发区采用了股份期权、现股激励的方式，而没有采用分红权的激励方式，以确保激励的长期性和稳定性。《天津高新区科技型企业股权激励先行先试工作暂行办法》第 7 条规定：“为鼓励试点企业实施股权激励计划，根据产品市场发展前景、行业发展潜力和企业所处发展阶段，以试点企业实际运营的经济效益为基数，以协议的股份期权相应金额为限，设定不同奖励实施梯度，奖励高新技术人才用于认购试点企业的现有股份或定向增发股份。”

3. 在激励资金来源上灵活采用管委会奖励

根据《天津高新区科技型企业股权激励先行先试工作暂行办法》第 5 条的规定，“股权激励资金的股份期权占公司股份的比例不超过 20%；管委会奖励金最高为 1000 万元。股权激励资金由管委会奖励金、试点企业奖励金和高新技术人才个人资金等三部分按一定比例构成。”管委会奖励金参与的具体方式为：“根据高新技术人才的项目条件，由管委会、试点企业和高新技术人才约定股权激励支持方式，将拟支持的激励资金，按商定的计算办法折算成股份，作为持股额度在未来约定期限内，由指定的高新技术人才持有该部分股权。”

天津滨海高新技术产业开发区将区内已执行中的部分政策性支持资金转化为股权激励的来源资金，落实到支持核心团队持股、完善公司法人治理结构等着力点上，开创了政策性资金使用与管理的新方法。这一开创性的做法突破了以往由企业和激励对象负担股权激励资金的办法，更大程度地调动了企业开展股权激励试点的积极性，激励效果更加显著。

4. 股权激励协议由三方签订

天津滨海高新技术产业开发区股权激励试点企业的激励资金由高新区管委会奖励金、试点企业奖励金和激励对象个人资金三部分组成，试点企业股权激励计划的制定和实施应当接受高新区管委会的审查、引导和监督。有鉴于此，天津滨海高新技术产业开发区股权激励政策对于股权激励涉及三方的协议签订也作出了特别规定。

首先，对于提供奖励金的管委会与试点企业之间，《天津高新区科技型企业股权激励先行先试工作暂行办法》规定，“经认定符合条件的企业，须与管委会签订协议，协议规定企业最终获得资金支持所须符合的条件、支持方式等；并要求新创办或增资的企业按协议规定在一定时间内完成资本金注入工作。”

其次，对于股权激励计划涉及三方所签订所有协议的内容，《天津高新区科技型企业股权激励先行先试工作暂行办法》也作出了详细的要求：“在管委会与试点企业、试点企业股东之间、试点企业与高新技术人才之间的相关协议中，要明确规定试点企业实现高新技术产业化的指标、成长目标和进度、吸纳社会投资资金的金额和比例、公司治理结构的完善程度、高新技术人才享有期权等相关条件及持股方式。”

三、武汉东湖国家自主创新示范区企业股权激励实践

武汉东湖国家自主创新示范区早在20世纪80年代起即开始筹建，1988年正式创立成为“东湖高新区”。1991年被国务院批准成为首批国家级高新区之一，成为“东湖新技术产业开发区”。2001年，东湖新技术产业开发区被原国家计委、科技部批准为国家光电子产业基地，即“武汉·中国光谷”，2007年被国家发改委批准为国家生物产业基地。

2009年12月8日，国务院正式下发了《关于同意支持武汉东湖新技术产业开发区建设国家自主创新示范区的批复》，武汉东湖新技术产业开发区被国务院批准建设国家自主创新示范区，使其成为继中关村国家自主创新示范区之后，全国第二家被批准建设的国家自主创新示范区。该批复明确了武汉东湖国家自主创新示范区适用的相关政策，即“同意东湖新技术产业开发区适用《国务院关于同意支持中关村科技园区建设国家自主创新示范区的批复》（国函〔2009〕28号）中确定支持中关村科技园区的有关政策措施，包括开展股权激励试点、深化科技金融改革创新试点、支持新型产业组织参与国家重大科技项目、组织编制发展规划等。财政部、税务总局研究支持东湖新技术产业开发区的税收政策。”

东湖国家自主创新示范区获批后，有关国务院部委、湖北省、武汉市、东湖国家自主创新示范区在财税、科技金融创新、股权激励、创新创业、发展战略新兴产业等方面相继出台了50多项配套政策，初步形成了支持示范区

科技创新与产业化的政策框架体系。

（一）武汉东湖国家自主创新示范区企业股权激励的相关政策

按照发布的时间顺序，武汉东湖国家自主创新示范区企业股权激励的现行相关政策包括：

1.《东湖国家自主创新示范区企业股权和分红激励试点办法》

根据国务院《关于同意支持武汉东湖新技术产业开发区建设国家自主创新示范区的批复》2010 年 8 月 11 日，武汉市人民政府颁布实施《东湖国家自主创新示范区企业股权和分红激励试点办法》，对在武汉东湖国家自主创新示范区内开展企业股权和分红激励试点工作涉及的试点企业范围、激励方式、激励对象、试点企业条件、激励方案的拟订和审批、激励方案管理等事项作出了详细规定。

2.《东湖国家自主创新示范区企业股权和分红激励试点工作实施细则》

为贯彻落实《国务院关于同意支持东湖新技术产业开发区建设国家自主创新示范区的批复》《东湖国家自主创新示范区企业股权和分红激励试点办法》等文件内容及精神，推进示范区内企业股权和分红激励试点工作的展开，调动广大科技人员、经营管理人员的积极性和创造性，促进科技研发、科技成果转化与转移，提高高等院校、科研院所、院所转制企业以及国有高新技术企业的自主创新能力，武汉市人民政府于 2010 年 8 月 11 日颁布实施《东湖国家自主创新示范区企业股权和分红激励试点工作实施细则》，对试点工作的原则、试点范围、激励方式和激励对象、组织落实、工作流程等内容作出了进一步的规定。

3.《东湖国家自主创新示范区发展规划纲要（2011—2020 年）》

2012 年 4 月 1 日，科学技术部印发《东湖国家自主创新示范区发展规划纲要（2011—2020 年）》，肯定了“东湖新技术产业开发区已成为我国重要的科技资源密集区和高新技术产业基地，在我国以光电子信息为代表的高新技术创新与产业发展中具有重要的战略地位”，并对示范区创新发展的行动纲领作出了指导和部署。对于总体战略中涉及的发展目标，该发展规划纲要明确，2015年东湖示范区创新发展的主要预期目标之一是“机制体制创新取得重要突破”，即“科技金融、股权激励、知识产权等领域的体制机制改革取得新突破，探索一批支持自主创新和产业发展的新机制、新政策，政府职能加快转变，科技金融创新和人才队伍建设取得显著成效。”

4.《关于贯彻落实国务院关于东湖国家自主创新示范区发展规划纲要批复的实施意见》

为全面推动国务院《关于东湖国家自主创新示范区发展规划纲要（2011—2020年）的批复》各项目标任务和政策措施的贯彻实施，加快东湖国家自主创新示范区建设，湖北省人民政府于2012年5月28日颁发《关于贯彻落实国务院关于东湖国家自主创新示范区发展规划纲要批复的实施意见》，在“不断推进自主创新体制机制创新”方面，对“完善创新激励机制”提出了进一步的实施意见，即“落实比照中关村执行研究开发费用加计扣除、职工教育经费税前扣除、股权激励个人所得税分期缴纳、科研项目经费分配管理改革等试点政策。加快推进部属高校下属企业、中央在汉企业开展职务科技成果股权和分红激励试点。加大政府购买自主创新产品试点力度。学习借鉴硅谷创新体制机制，凝练、提升东湖示范区创新创业政策，研究制定出台在全国范围内具有影响力的鼓励创业创新政策举措。”

5.《东湖国家自主创新示范区条例》

2015年1月15日，湖北省人大审议通过了《东湖国家自主创新示范区条例》，将东湖高新区30多年的发展经验以及国家赋予高新区先行先试的政策赋予法律保障，全面厘清了高新区的产业政策，从管理体制、规划建设与产业发展、科技创新、金融服务、人才支撑、开放合作、法治环境等方面进行了法律规范，被称为“光谷基本法”。在人才支撑的部分，这部“光谷基本法”明确规定：“示范区设立股权激励代持专项资金，支持企业、高等院校、科研院所采取科技成果入（折）股、股权奖励、科技成果收益分成等方式，对作出贡献的科研人员和管理人员给予股权和分红权激励。示范区企业探索建立股票期权激励制度，激励企业核心技术人员、高层管理人员创新创业。企业核心技术人员、高层管理人员达成业绩、服务年限等企业设定条件后，可以按照约定价格购入对应权益。”

（二）武汉东湖国家自主创新示范区企业股权激励的特点

武汉东湖国家自主创新示范区企业股权激励的相关政策体现了对中关村国家自主创新示范区政策的继承和创新，其创新主要体现在股权与分红的激励工具方面。

根据《东湖国家自主创新示范区企业股权和分红激励试点办法》《东湖国家自主创新示范区企业股权和分红激励试点工作实施细则》，武汉东湖国家自主创新示范区在中关村已有的股权奖励、股权出售、股份期权、分红激励等方式的基础之上，增加了绩效奖励和增值权奖励两种激励工具，并在相关政策中明确了两种新增股权激励工具的定义、实施方式等。“绩效奖励是企业完成绩效考核目标后，将税后利润超额部分按规定比例计提激励总额，自批准之日起分年度匀速兑现”，“增值权奖励是企业给予激励对象的一种权利，在规定的有效期内根据其持有增值权份额和所对应的账面价值的增加额度，作为由企业支付的行权收入。”

在激励工具的选择之上，东湖国家自主创新示范区允许试点企业选用一种或多种激励工具，但是对同一激励对象不得就同一职务科技成果或者产业化项目进行重复激励，避免不合理的激励方案造成利益分配不公。

图书在版编目（CIP）数据

股权激励法律实务 / 谢心乐，朱崇坤著. —北京：中国法制出版社，2019.10

ISBN 978-7-5216-0542-6

Ⅰ.①股… Ⅱ.①谢… ②朱… Ⅲ.①股权激励—法律—研究—中国 Ⅳ.① D922.291.914

中国版本图书馆 CIP 数据核字（2019）第 203252 号

责任编辑 卜范杰　　封面设计 杨泽江

股权激励法律实务

GUQUAN JILI FALÜ SHIWU

著者 / 谢心乐 朱崇坤

经销 / 新华书店

印刷 / 三河市国英印务有限公司

开本 / 710 毫米 ×1000 毫米 16 开　　印张 / 25 字数 / 356 千

版次 / 2019 年 10 月第 1 版　　2019 年 10 月第 1 次印刷

中国法制出版社出版

书号 ISBN 978-7-5216-0542-6　　定价：75.00 元

北京西单横二条 2 号

邮政编码：100031　　传真：010-66031119

网址：http://www.zgfzs.com　　**编辑部电话：010-66066621**

市场营销部电话：010-66033393　　**邮购部电话：010-66033288**

（如有印装质量问题，请与本社印务部联系调换。电话：010-66032926）